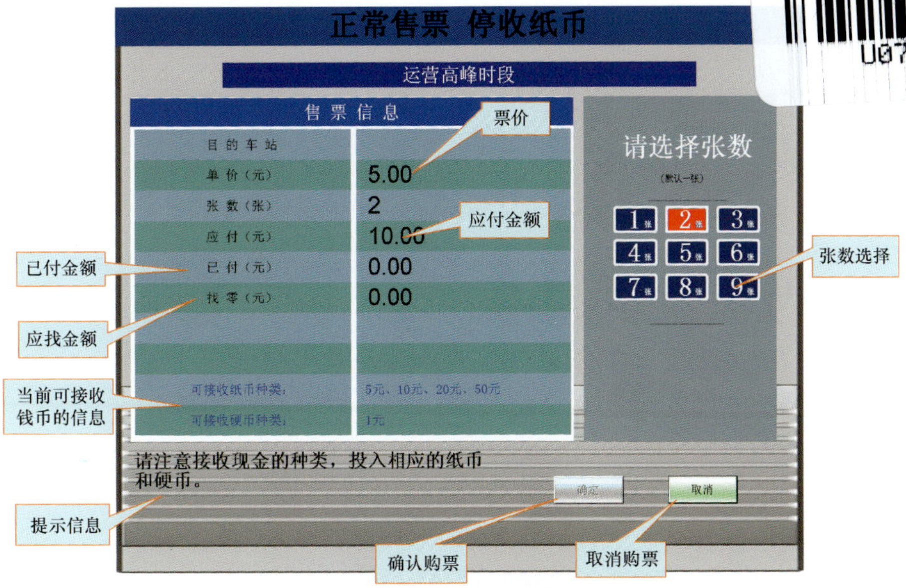

图 4-21　数量选择/投币提示界面图示

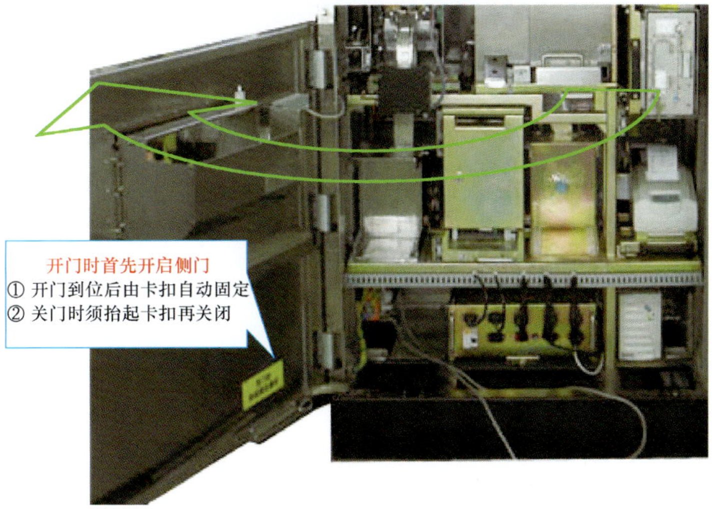

图 4-32　侧门的开启与关闭图示

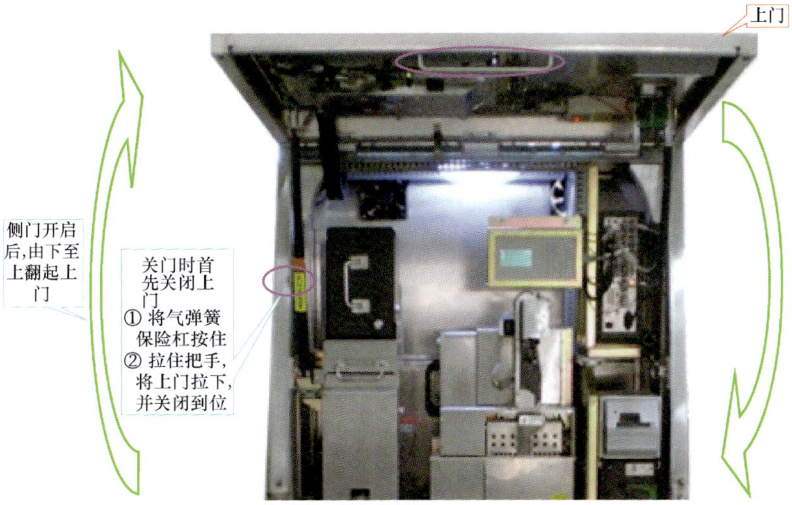

图 4-33　上门的开启与关闭图示

图 4-41　紧固螺钉

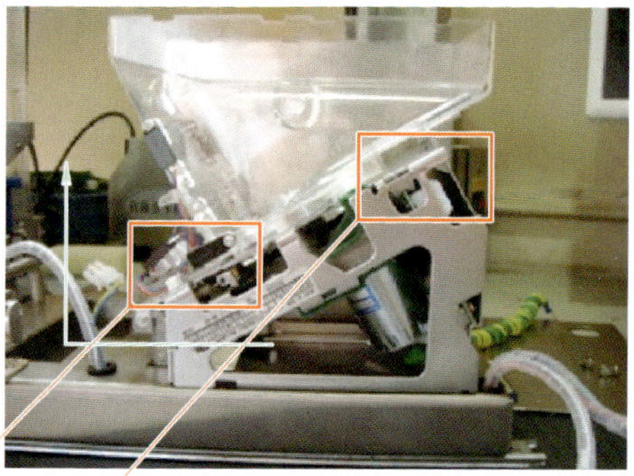

图 4-42　循环找零器

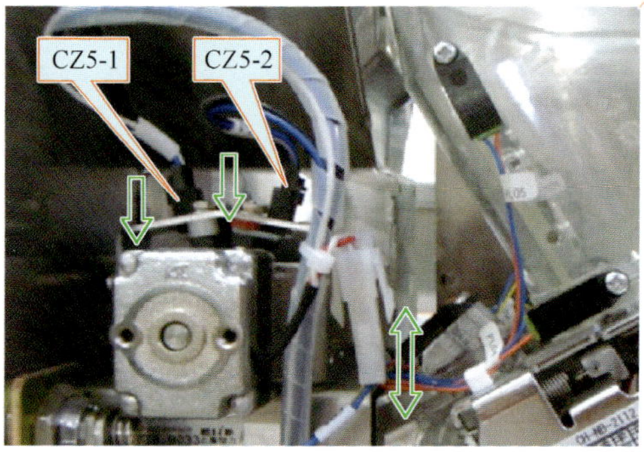

图 4-43　电源线

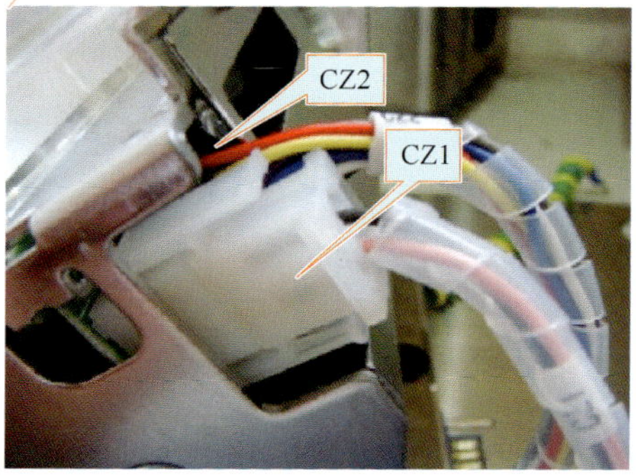

图 4-44　光感线

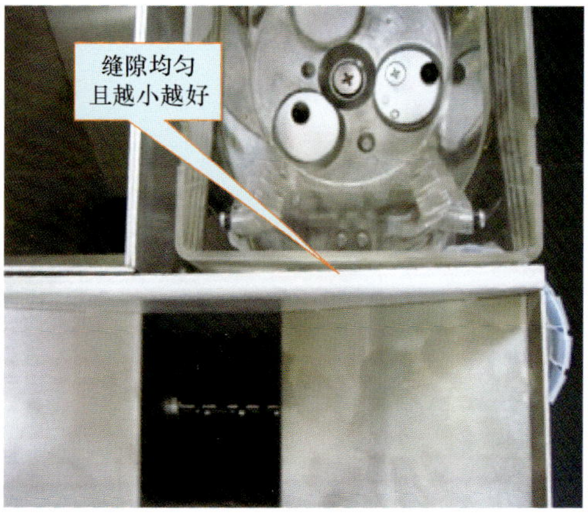

图 4-45　循环找零器位置图示

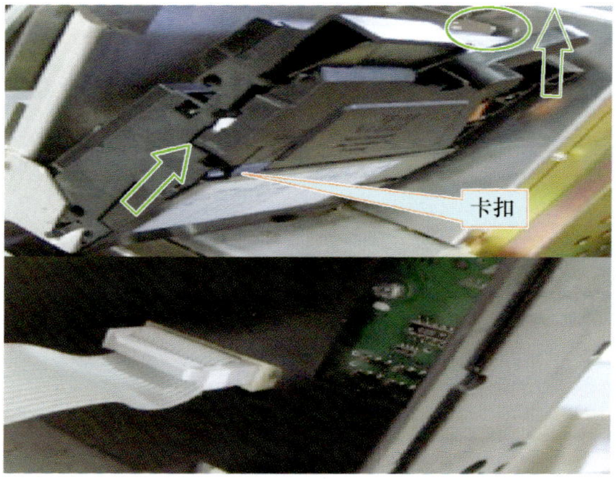

图 4-46　抬起硬币识别器卡扣

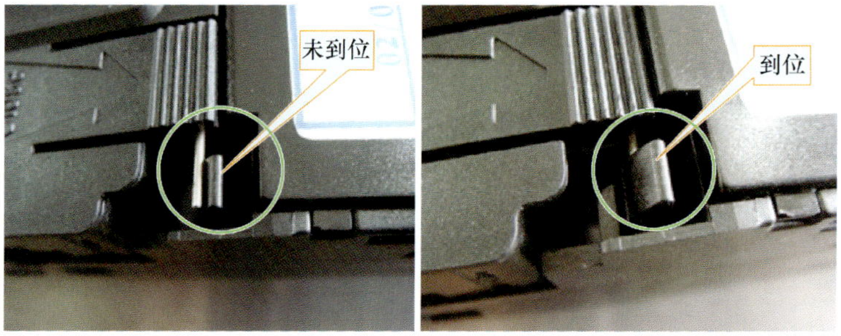

图 4-47　硬币识别器卡扣

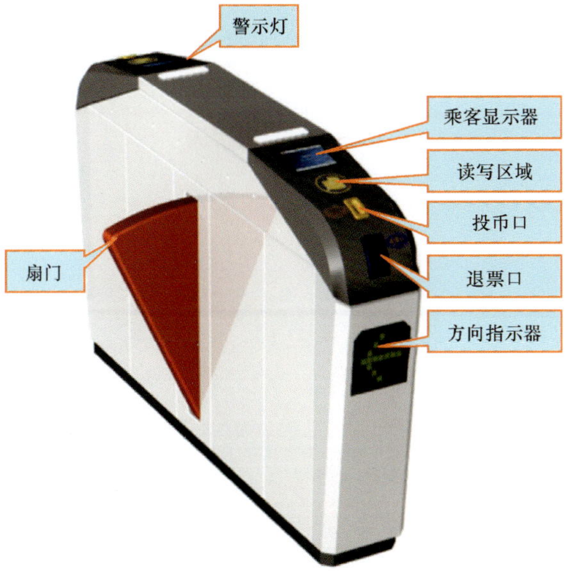

图 6-5　扇门式检票机

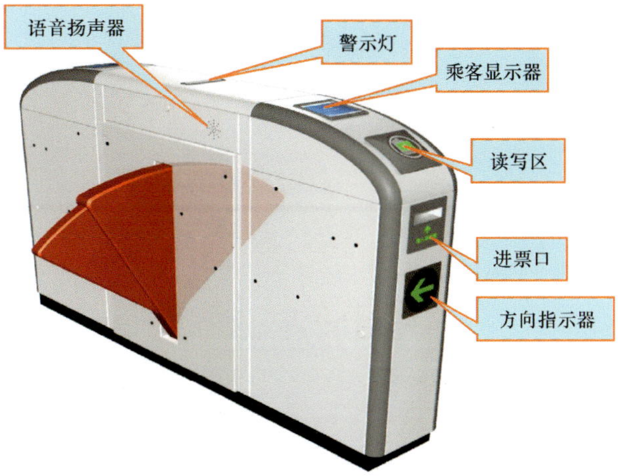

图 6-6　宽通道的扇门式检票机

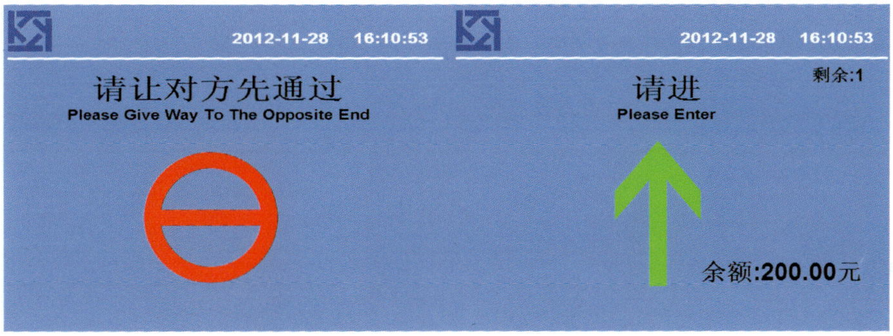

图 6-19　双向模式下刷卡界面图示

图 6-20　暂停服务模式下的界面图示

图 6-21　紧急模式下的界面图示

图 6-26　方向指示器实物图示(绿灯)

图 6-27　方向指示器实物图示(红灯)

图 6-29　警示灯实物图示(绿)

图 6-30　警示灯实物图示(红)

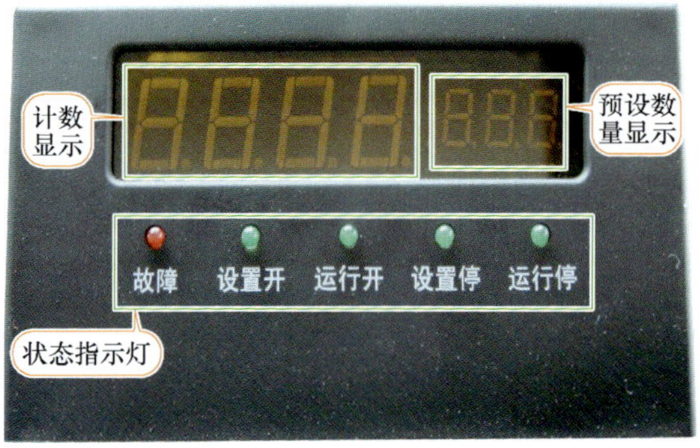

图 7-2　LED 显示屏

职业教育城市轨道交通专业系列教材

城市轨道交通自动售检票系统实务

主编　邵震球　于　丹
参编　燕　玲　许锡伟　徐　瑛　潘　波　仲爱萍
主审　刘志钢　黄　璐

机械工业出版社

城市轨道交通自动售检票（Automatic Fare Collection，AFC）系统是通过对计算机、统计和财务等专业知识的综合运用，实现轨道交通的售票、检票、计费、收费、统计、清分结算和运行管理等全过程管理的自动化系统。

本书是为职业院校开设城市轨道交通运营管理专业编写的专业教材，全面结合了城市轨道交通自动售检票系统的实务，内容包括：自动售检票系统概述、计算机系统、轨道交通票卡、自动售票系统、半自动售票机（BOM 设备）、自动检票系统和运营辅助设备七个单元。

本书是新形态教材，因为本书倡导学生“做中学、学中练”，故在每个单元（单元一、单元五除外）后通过二维码形式嵌入城市轨道交通自动售检票各系统实训操作视频。各单元后还有单元练习，书后附有参考答案。

本书可作为职业院校城市轨道交通专业教材，也可作为各城市轨道交通企业的岗位培训教材。

为方便教学，本书配有电子课件，凡选用本书作为授课教材的教师均可登录 www.cmpedu.com，以教师身份进行注册、下载，或来电咨询：010-88379375。

图书在版编目（CIP）数据

城市轨道交通自动售检票系统实务/邵震球，于丹主编. —北京：机械工业出版社，2016.6（2024.8 重印）

职业教育城市轨道交通专业系列教材

ISBN 978-7-111-53416-7

Ⅰ.①城… Ⅱ.①邵… ②于… Ⅲ.①城市铁路-旅客运输-售票-铁路自动化系统-中等专业学校-教材 Ⅳ.①U293.2

中国版本图书馆 CIP 数据核字（2016）第 066066 号

机械工业出版社（北京市百万庄大街 22 号 邮政编码 100037）
策划编辑：曹新宇 责任编辑：曹新宇 陈瑞文
责任校对：赵 蕊 封面设计：马精明
责任印制：单爱军
北京虎彩文化传播有限公司印刷
2024 年 8 月第 1 版第 8 次印刷
184mm×260mm · 12.75 印张 · 2 插页 · 314 千字
标准书号：ISBN 978-7-111-53416-7
定价：39.00 元

编 委 会

前　言

城市轨道交通具有运量大、速度快、安全、准点、保护环境、节约能源和地面用地少等优点，所以解决城市交通拥堵问题的出路在于优先发展以轨道交通为骨干的城市公共交通系统。目前，中国城市轨道交通正处在一个欣欣向荣的发展时期，现已成为世界上最大的城市轨道交通建设市场。城市轨道交通建设对专业人才的需求量很大，而学校与企业携手是培养轨道交通专业人才的重要途径，也利于打造针对性强的实用教材，更贴近日常教学，本书就是在这样的契机下组织编写的。

自动售检票（Automatic Fare Collection，AFC）系统是通过对计算机、统计和财务等专业知识的综合运用，实现轨道交通的售票、检票、计费、收费、统计、清分结算和运行管理等全过程管理的自动化系统。本书全面整合了城市轨道交通 AFC 系统的实务内容，全书包括：自动售检票系统概述、计算机系统、轨道交通票卡、自动售票系统、半自动售票机（BOM 设备）、自动检票系统和运营辅助设备七个单元。本书以单元教学和课题引领为编写脉络，注重理实一体化，重点体现城市轨道交通自动售检票系统实务知识模块，并适度增加了设备养护内容。

本书是新形态教材的首次尝试，因为本书倡导学生“做中学、学中练”，故在每个单元（单元一、单元五除外）后通过二维码形式嵌入城市轨道交通自动售检票各系统实训操作视频。本书配套的光盘内包含了二维码嵌入的所有视频，课堂上学生可以跟着老师观看视频，课下学生通过扫描二维码复习或者预习。本书使用的扫描工具“扫扫看”还支持视频下载功能，在没有网络情况下也能观看。各单元还有单元练习，书后附有参考答案。

本书由宁波市职业技术教育中心学校与宁波轨道集团有限公司运营分公司联合组织编写。全书由邵震球、于丹任主编，燕玲、徐瑛、许锡伟、潘波、仲爱萍参与编写，上海工程技术大学轨道交通学院刘志钢、黄璐担任主审。在本书的编写过程中，得到了宁波市轨道交通集团有限公司运营分公司领导与清分中心工程师的鼎力相助，以及外省市地铁公司同仁的大力帮助；得到了宁波市职成教教研室与宁波市职教中心学校领导、轨道交通专业教研大组教师们的支持，在此表示衷心感谢。

鉴于编写人员学术水平和实践经验的局限性，书中错误和不足之处在所难免，恳请广大使用者和同行朋友多提宝贵意见。

编　者

目　录

自动检票机

运营辅助设备

单元一 自动售检票系统概述

课题一 自动售检票系统概况

【课题目标】

掌握城市轨道交通自动售检票系统的原理。

【课题内容】

一、自动售检票的定义

自动售检票（Automatic Fare Collection，AFC）系统是基于计算机、通信、网络和自动控制等技术，实现轨道交通售票、检票、计费、收费、统计、清分和管理等全过程的自动化系统。国内轨道交通自动售检票系统的发展经历了从无到有的过程，随着计算机技术和软件的发展，我国城市轨道交通 AFC 的技术已与城市一卡通接轨，实现了城市甚至城际的一卡通。轨道交通自动售检票系统图示如图 1-1 所示，AFC 系统配置如图 1-2 所示。

二、自动售检票的应用背景

自 20 世纪 80 年代，北京市建成首条轨道交通线以来，经历了单条线路、小运量、单线运营到如今的多条线路、大运量、网络化运营的发展历程。票价也由最初单线路的单一票价发展到现今多线联网的分级票价，由此推动了售检票系统的不断创新与进步。由最初的人工售检票，进步到半自动售检票，并发展到现在的自动售检票。

自动售检票系统既适用于单条轨道交通线路，也适用于多线路组成的轨道交通路网。单条线路的自动售检票系统包含终端设备、车站系统和中央系统，其特点是在单条线路上建立完整的自动售检票系统，具备票卡管理、票款管理及运营管理等所有功能。

三、自动售检票系统涉及的信息技术

轨道交通自动售检票是涉及机电一体化、信息识别、信息处理、信息安全、信息管理、

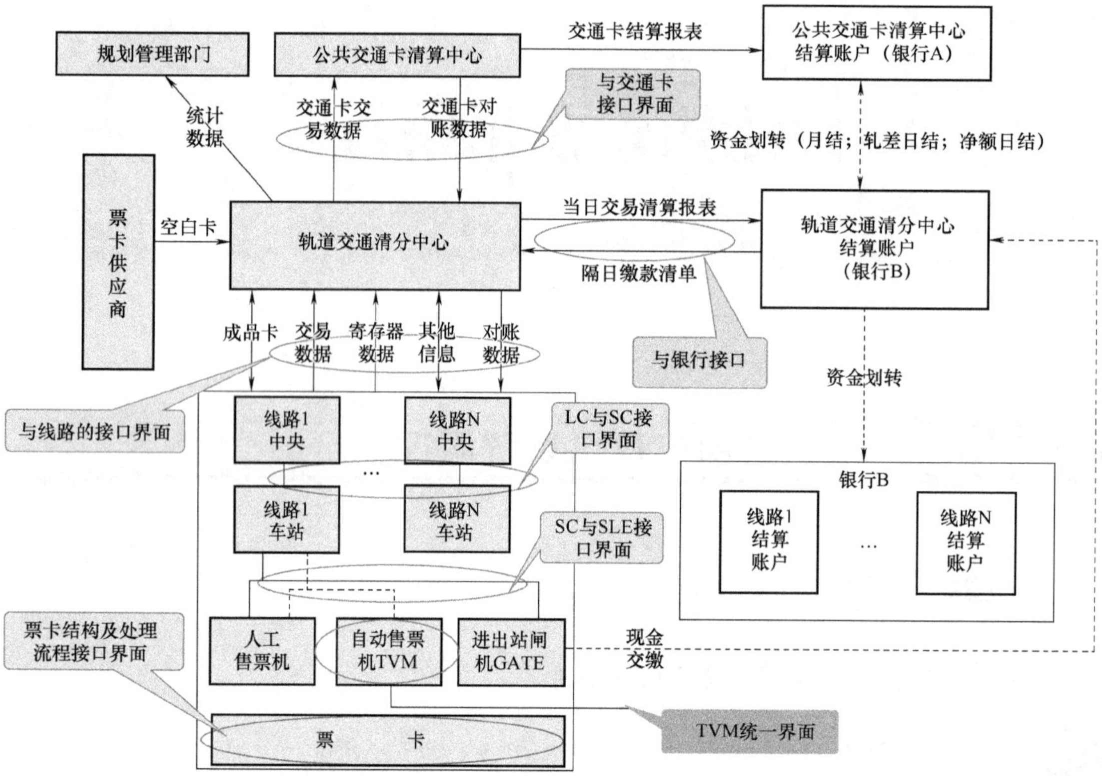

图 1-1　轨道交通自动售检票系统图示

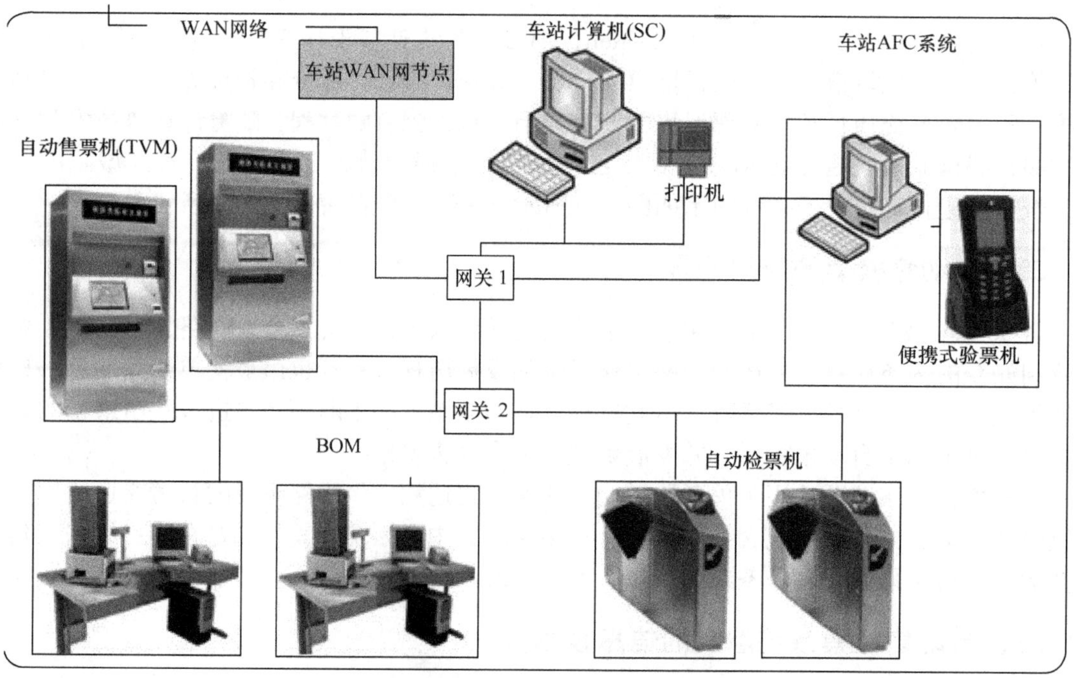

图 1-2　AFC 系统配置

网络通信、数据库、智能卡、嵌入式、过程控制、测试、仿真、图像处理、操作系统和集成等多种技术的大型信息系统。

轨道交通自动售检票系统的技术基础主要是信息技术，轨道交通自动售检票系统从系统架构的各方面到使用效应，无不与信息技术密切相关。

自20世纪90年代起，信息技术结合互联网技术在全球掀起信息化发展高潮，至今方兴未艾。在信息技术发展的推动下，轨道交通自动售检票系统的实现技术及其信息化程度得到了一次飞跃。

四、国内外自动售检票系统的发展历程

1967年，世界上第一套AFC系统在法国巴黎地铁安装使用成功。

1979年，中国香港地铁首条线路在开通时就采用了AFC系统，是中国的首个AFC系统。

1999年2月16日，在广州地铁1号线开通试运营的同时，AFC系统也投入了使用；同年3月1日，上海地铁1号线的AFC系统投入使用，这是中国内地最初的两套AFC系统。

五、自动售检票系统的主要功能

1. 售票

用于乘客自助式购买地铁单程票和乘客自助查询车票。

2. 检票

乘客持车票在非付费区进站通道右侧闸机刷卡区域上方出示票卡，验证票卡有效后三杆启锁或扇门打开，乘客进入付费区。出站步骤相同，单程票需回收。

3. 统计

车站的AFC设备通过网络将数据传到车站计算机（Station Computer，SC）中，各车站计算机将数据传给线路中央计算机（Line Central Computer，LCC）继而传给地铁自动售检票系统的清分中心（AFC Clearing Center，ACC）。

课题二 自动售检票系统架构

【课题目标】

掌握城市轨道自动售检票系统的基本架构。

【课题内容】

一、自动售检票系统的层次结构

对城市轨道交通自动售检票系统的结构进行层次划分，共分为车票、车站终端设备、车

站计算机系统、线路中央计算机系统和中央清分系统五个层次，如图 1-3 所示。

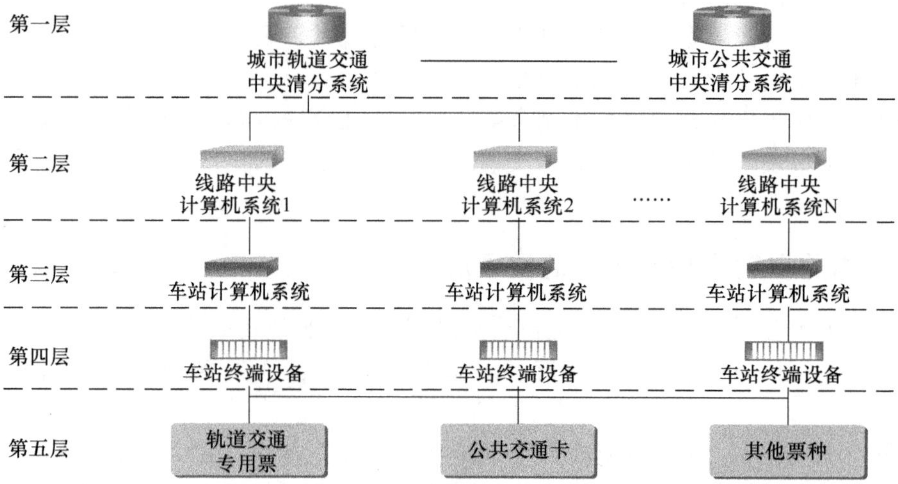

图 1-3　自动售检票系统结构分层图

层次结构是按照全封闭的运行方式，以计程收费模式为基础，采用非接触式 IC 卡为车票介质的组成原则，根据各层次设备和子系统的功能、管理职能和所处的位置进行划分的。目前确定的五层结构形式，是根据我国国情和城市发展现状，综合考虑轨道交通建设的特点（如线路多而复杂、建设周期长、多个业主单位等情况）而设置的，具有一定的可伸缩性。对各层次必须实现的功能和要求做出如下规定。

第五层：车票是乘客所持的车费支付媒介，规定了储值卡和单程票两种类型的物理特性、电气特性、应用文件组织以及安全机制等技术要求。

第四层：车站终端设备安装在各车站的站厅，是直接为乘客提供售检票服务的设备，规定了车站终端设备及其运营管理的技术要求。

第三层：车站计算机系统的主要功能是对第四层车站终端设备进行状态监控，以及收集本站产生的交易和审计数据，规定系统的数据管理、运营管理及系统维护管理的技术要求。

第二层：线路中央计算机系统的主要功能是收集本线路 AFC 系统产生的交易和审计数据，并将此数据传送给城市轨道交通清分系统，以及与其进行对账，规定对该线路的车票票务管理、运营管理及系统维护的技术要求。

第一层：中央清分系统的主要功能是统计城市轨道交通 AFC 系统内部的各种运行参数、收集城市轨道交通 AFC 系统产生的交易和审计数据并进行数据清分和对账。同时，负责连接城市轨道交通 AFC 系统和城市一卡通清分系统，规定对车票管理、票务管理、运营管理和系统维护管理的技术要求。

二、自动售检票系统的设备组成

1. 车站设备

1）车站计算机（SC），用于对车站终端设备进行状态监控以及收集各终端产生的交易和审计数据。

2）自动售票机（TVM），用于出售单程票，接受纸币和硬币，如图 1-4a 所示。

3）半自动售票机（BOM），用于出售票卡和处理乘客事务，如图 1-4b 所示。

4）闸机（AGM）设备有票卡控制系统和扇门（三杆），在付费区和非付费区之间控制人流，如图 1-4c 所示。

5）便携式验票机（PCA），用来读取票卡内的信息，它是个移动设备，能通过通信单元便携地连接到车站计算机上，如图 1-4d 所示。

a)　b)　c)　d)

图 1-4　AFC 车站设备

a）TVM　b）BOM　c）AGM　d）PCA

2. 中央计算机系统

中央计算机系统包括：

1）数据中心。

2）管理控制台和认证授权服务器（AC&CA）。

3）中间件服务器。

4）网络管理控制台，存档服务器，备份服务器和时钟中心。

5）操作员工作站。

3. 介质处理工具

介质处理工具包括卡的初始化机。

4. 维护和培训中心

带有一套车站设备的维护和培训中心。

5. 地铁公司的互联网数据中心

地铁公司的互联网数据中心（Internet Data Center，IDC），未来用于与中央计算机数据中心通信的子系统。

6. 地铁公司广域网

用来连接各车站的计算机到中央计算机。

课题三 自动售检票系统业务管理

【课题目标】

掌握自动售检票系统的业务管理知识。

【课题内容】

城市轨道交通自动售检票系统业务管理是运用物流、信息、财会和统计等必要的技术方法，通过该系统的网络和计算机等设备，充分发挥自动售检票系统的整体功能，以满足运营管理的需求。

一、业务管理的内容及主要职责

一个较完整的城市轨道交通自动售检票系统业务管理通常包括票卡管理、规则管理、信息管理、账务管理、模式管理和运营监督六类主要内容，各主要职责如下：

1. 票卡管理

票卡是旅客乘坐轨道交通的有效凭证，是自动售检票系统中不可缺少的信息载体和信息交互媒介。票卡管理就是对票卡的发行、发售、使用、票务处理和回收等全过程进行有效管理。轨道交通的正常运营离不开对票卡的有效管理，其中包括：车票的编码定义、初始化、赋值发售、使用管理、进/出站处理、更新、加值、退换、回收、监督管理、注销及黑名单管理等。

2. 规则管理

票务系统涉及多个部门和多个环节，要确保这些部门和环节能有效协作、高效联动，就必须依托一整套科学、严密的规则和流程。规则管理就是为确保系统规范运作而制定出的一系列规则和流程并加以实施，包括票价策略、收益分配、结算规则、权限管理和操作流程等。

3. 信息管理

轨道交通自动售检票系统是一个庞大的信息系统，它涵盖了乘客进/出站、乘车费用、流向、流量等基本信息，同时为满足运营管理及相关各方的需要，必须对系统收集的基本数据进行深度的挖掘和加工，开展统计分析并发布信息。信息管理就是对系统中相关的信息进行收集、传递和处理，包括信息收集、信息传输、信息存储、信息统计分析和信息发布等。

4. 账务管理

轨道交通自动售检票系统中涉及票卡发售、票款汇缴、收入清分和资金划拨等一系列账务处理过程。账务管理就是对系统内的票务收入进行汇缴、分配和入账等过程的管理，包括账户设置、票款汇缴、登账稽核、收益清算、对账、资金划拨和对凭证进行有效管理等。

5. 模式管理

所谓模式就是在不同的状况和条件下，为达到某些特定效果所采取的方式方法。模式管理就是针对不同的运营状况和条件所做出的相应操作行为的选择和实施，包括正常运营模式、降级运营模式以及相配套的运营管理。

6. 运营监督

系统运营涉及通信、信号、列车、运营组织以及乘客、线路、车站等方方面面。轨道交通自动售检票系统的运营监督就是通过本系统的设备以及所具有的完整、严密、及时的信息流对运营状况进行实时跟踪监督，以提高运营质量和服务水平，包括信息传输状况监督、客流状况监督、车票调配监督、收款监督及收益监督等。

二、票卡管理

一方面，票卡是整个轨道交通自动售检票系统的信息源头。票卡信息的正确有效能确保系统的正常运作；另一方面，票卡是有价凭证，有效票卡的流通实际代表着资金的流动，一旦票卡管理不善将会造成经济损失。

通常由专门的机构（可以是运营单位，也可以委托专门单位）对票卡的发行、发售、使用、票务处理和回收等全过程进行严格、规范的管理。该机构通过对票卡进行初始化，使得票卡成为在系统内可使用的媒介，同时也负责车票的赋值发售、使用管理、进/出站处理、更新、加值、退换、回收、监督管理、注销及黑名单等规范流程的管理。

三、规则管理

票务系统涉及的部门和环节很多，要确保这些部门和环节能有效协作、高效联动，就必须依托一整套科学严密、行之有效的规则进行管理。规则管理就是为确保系统规范运作而制定出的一系列规则和流程，供各方遵守并能进行有效的监督。

轨道交通自动售检票系统业务涉及的规则通常包括票价策略、结算规则、收益分配原则、权限管理和操作规则等。

四、信息管理

信息管理就是对轨道交通自动售检票系统中相关的信息进行收集、传递和处理的行为，包括信息收集、信息统计分析和信息发布等。

轨道交通自动售检票系统是一个庞大的信息系统，按信息的生成方式分为原始信息和派生信息两种：

1）原始信息是指系统运行过程中自动生成、无须进行任何人为加工的信息，如购票记录、乘客进/出站信息、乘车费用、流向和流量等，是运营管理和生成派生信息时最基础和必要的信息源。

2）派生信息是指在原始信息的基础上，为进一步满足运营管理及相关各方的需要，对原始信息进行的深度挖掘、加工和分析，如客流量、运营收入、平均票价和平均运距等信息。

五、账务管理

由于轨道交通自动售检票系统日常运营管理中涉及票卡发售、票款汇缴、收益分配和资金划拨等一系列工作内容，因此应对形成的账务进行有效管理。

账务管理就是对自动售检票系统中产生的以票务收入为主的各项收入进行账户设置、资金汇缴、登账稽核、收益清算、资金划拨和凭证归档等过程的管理。

六、模式管理

一般地，自动售检票系统在正常运营模式下是自动运行的。正常运营模式主要包括正常服务状态、关闭状态、暂停服务状态、设备故障状态、测试（或维修）状态及离线运行状态等。

当出现运营故障时，部分车站将暂时中止运营服务，暂停服务的车站需根据相关规定设置运营故障模式。可通过中央计算机系统和车站计算机系统将车站终端设备设置为运营故障模式，并做好相关记录。

七、运营监督

中央系统是整个轨道交通的信息汇集点，它全面掌握轨道交通售票及客流信息。通过实时监控，一方面能及时掌握中央系统自身及各线路系统的接口工作状态；另一方面对汇集到中央系统的各类数据信息可进行充分、有效的利用。中央系统所采集的数据信息无论对轨道交通的运营管理，还是对包括地面交通在内的综合交通管理均具有较高的参考价值。

单元练习

一、名词解释

1. 自动售检票系统
2. 车站计算机
3. 票卡
4. 票卡管理
5. 账务管理

二、单项选择题

1. 自动售检票系统既适用于（　　），也适用于多线路组成的轨道交通路网。

A. 多条轨道交通线路　B. 路网　C. 单条轨道交通线路　D. 轨道交通

2. 1967 年，世界上第一套 AFC 系统在（　　）地铁安装使用成功。

A. 美国纽约　B. 英国伦敦　C. 法国巴黎　D. 日本东京

3. 闸机装备有票卡控制系统和扇门（或三杆），在（　　）之间控制人流。

A. 付费区和非付费区　B. 站台和站厅　C. 站内和站外　D. 出入口和通道

4. 信息管理就是对系统中相关的信息进行收集、传递和处理，其中不包括（　　）。

A. 信息收集　B. 信息管理　C. 信息传输　D. 信息存储

5. 模式管理就是针对不同的运营状况和条件所做出的相应操作行为的选择和实施，其中不包括的是（　　）。

A. 正常运营模式　B. 降级运营模式　C. 相配套的运营管理　D. 升级运营模式

6.（　　）就是通过本系统的设备以及所具有的完整、严密、及时的信息流对运营状况进行实时跟踪监督，以提高运营质量和服务水平。

A. 运营监督　B. 模式管理　C. 财务管理　D. 票卡管理

三、多项选择题

1. 自动售检票系统的主要功能有（　　）。

A. 售票　B. 检票　C. 统计　D. 结算　E. 清分

2. 轨道交通自动售检票系统的层次结构主要有（　　）。

A. 车票　B. 车站终端设备　C. 车站计算机系统

D. 线路中央计算机系统　E. 清分系统

3. 车站设备主要包括（　　）。

A. 车站计算机　B. 自动售票机　C. 半自动售票机

D. 闸机　E. 便携式验票机

4. 中央计算机系统包括（　　）。

A. 数据中心　B. 管理控制台和认证授权服务器

C. 中间件服务器　D. 几台操作员工作站

E. 网络管理控制台，存档服务器，备份服务器和时钟中心

5. 业务管理的内容通常包括票卡管理和（　　）。

A. 规则管理　B. 信息管理　C. 账务管理　D. 模式管理　E. 运营监督

四、判断题

（　　）1. 自动售票机用于出售单程票，只接受纸币。

（　　）2. 便携式验票机用来读取票卡内的信息，PCA 是个移动设备，它能通过通信单元便携地连接到车站计算机上。

（　　）3. 票卡是旅客乘坐轨道交通的有效凭证，是自动售检票系统中不可缺少的信息载体和信息交互媒介。

（　　）4. 可通过中央计算机系统、车站计算机系统将车站终端设备设置为运营故障模式，并做好相关记录，以先设的为优先。

（　　）5. 账务管理就是对系统内的票务收入进行汇缴、分配、入账等过程的管理。

（　　）6. 乘客进/出站信息是运营管理和生成派生信息时最基础和必要的信息源。

五、问答题

1. 自动售检票的功能有哪些?

2. 自动售检票系统由哪几层组成，每层的主要功能是什么?

3. 简述中央计算机系统由哪些设备组成?

4. 自动售检票系统有哪几类业务管理?

5. 简述票卡管理的主要作用。

单元二

计算机系统

课题一 中央计算机系统

【课题目标】

掌握城市轨道交通中央计算机系统知识。

【课题内容】

一、中央计算机系统概述

城市轨道交通自动售检票系统的结构分为第五层车票、第四层车站终端设备、第三层车站计算机系统、第二层线路中央计算机系统、第一层中央清分系统五个层次。其中，中央清分系统和线路中央计算机系统可合称为中央计算机系统，如图 2-1 所示。

中央清分系统又可以称为路网中央计算机系统，其主要功能是统计城市轨道交通 AFC 系统内部的各种运行参数，收集城市轨道交通 AFC 系统产生的交易和审计数据，并对数据进行清分和对账。城市一卡通清分系统一般通过路网中央计算机系统，与城市轨道交通 AFC 系统相连。路网中央计算机系统规定了对整个城市轨道交通的车票管理、票务管理、运营管理和系统维护管理的技术要求。

线路中央计算机系统的主要功能是收集本线路 AFC 系统产生的交易和审计数据，并将此数据传送给中央清分系统，与其进行对账。线路中央计算机系统规定了对该线路的车票票务管理、运营管理及系统维护的技术要求。

中央计算机系统（Operating Control Center，OCC）是 AFC 系统的核心，它提供了监控、监视、设定参数、收集验证和销售数据、审计所有其他设备类型的功能，并产生各活动报表。通过与中央计算机系统相连的编码分拣机等设备，同样能控制非接触式票卡的生产。

中央计算机系统是自动售检票系统的管理控制中心，其框架图如图 2-2 所示。中央计算机系统与各车站计算机系统进行通信可收集全线的交易数据和设备运营状态信息，并进行财

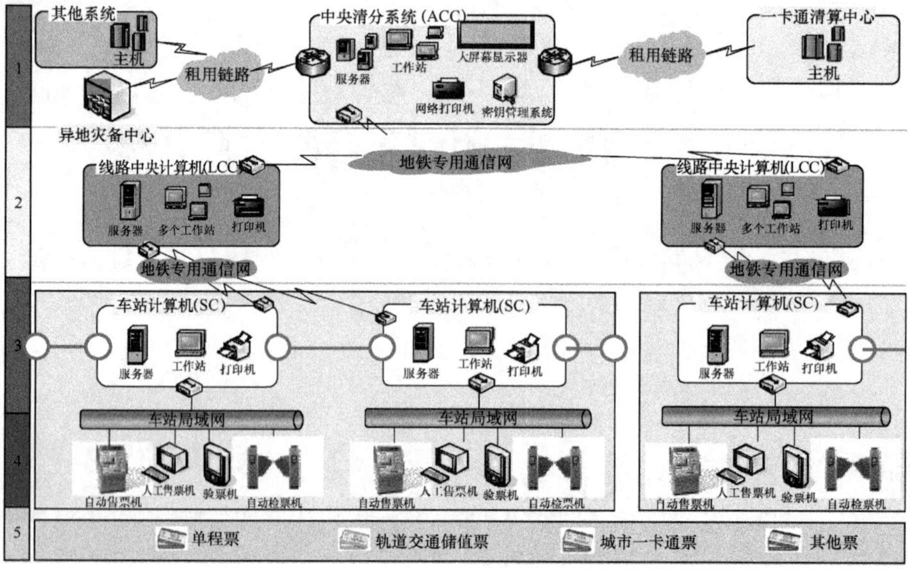

图 2-1　中央计算机系统架构图

务和客流统计。中央计算机系统能传送相关的参数和信息至各有关终端设备；能将需要清分的信息上传给清分系统，接收清分系统下传的清分数据、黑名单和费率等数据；实现系统数据的集中采集、统计及管理；实现系统运作、收益及设备维护集中管理；实现对本线自动售检票系统内所有设备的监控；可通过网络对下级设备的软件进行更新；可通过通信系统的时钟子系统获取标准时间，自动进行同步，并将标准时间信息下传至车站计算机和各终端设备；具有备份、恢复及灾难恢复功能。

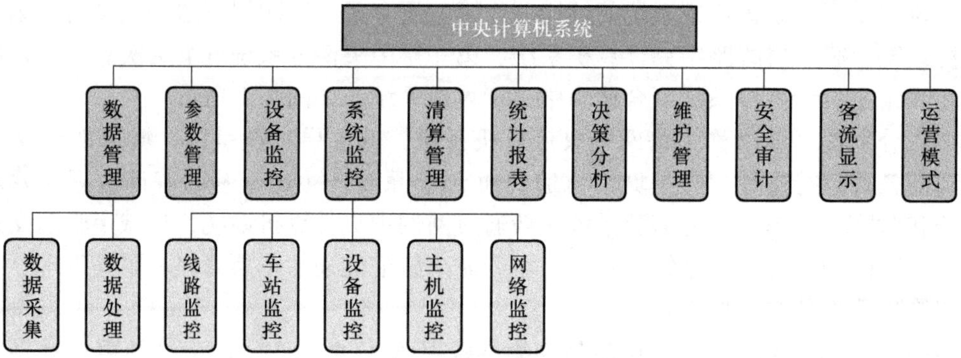

图 2-2　中央计算机系统框架图

1. 路网中央计算机系统的功能

1）收集及保存车站计算机上传的各类有关票务、账务、客流、车站设备运行状态等数据。

2）监视和控制所有车站设备的运行状态。

3）设置系统运营参数及系统运行模式，并下达给车站计算机和车站设备。

4）按照设定的周期（日、月、季、年）处理和统计收集到的各类数据，生成相应的各类报表并打印。

5）时钟同步功能。

2. 线路中央计算机系统的功能

1）具备部分清分功能，能下发全线系统运行参数、车票费率表、运营模式、交易结算数据、账务清分数据、黑名单及票卡调配管理指令。

2）能完成清算对账工作。

3）接受车站计算机系统上传的各类车票原始交易数据、设备状态数据及设备维修数据等。

4）向车站计算机系统和车站售检票设备下发系统运行参数、车票费率表、运营模式及黑名单等。

5）对采集的本线路数据进行分类处理，同时打印各类统计报表。

6）对重要数据具有自动备份和恢复功能。

7）对本线路车票进行跟踪管理，并能提供车票交易的历史数据和车票余额等信息的查询及黑名单管理功能。

8）负责本线路系统内各层面操作权限的设置和管理。

9）对本线路系统设备进行集中维护和网络管理。

二、中央计算机系统的设备组成

一个典型的中央计算机系统由冗余配置的服务器、磁盘阵列、磁带机、工作站、各种网络设备、打印机、不间断电源及编码机等组成，具体见表 2-1。

表 2-1 计算机系统的设备组成

系　　统	设 备 组 成
中央清分系统	清分服务器 数据库服务器 磁盘阵列 磁带库
线路中央计算机系统	中央服务器 数据库服务器 磁盘阵列 磁带库 光纤交换机 通信服务器 报表服务器 监控工作站 操作员管理工作站
车站计算机系统	车站服务器 车站工作站 紧急按钮

三、中央计算机系统的主要技术要求

主机采用成熟、可靠的主流产品，可用性达到 99.99%，以集群方式运行，支持实时在线程序的运行，满足系统的处理能力。具有高度可靠性及稳定性，以及 7×24 小时不间断的工作能力，满足系统的各类管理要求。

1）系统存储单元满足系统所有数据、参数、报表、日志及软件的存储。

2）系统数据处理能力应满足近期高峰客流规模及全日客流规模。

3）系统数据处理能力的扩展应只通过增加或更新硬件来实现。

中央计算机系统传输图示如图 2-3 所示。

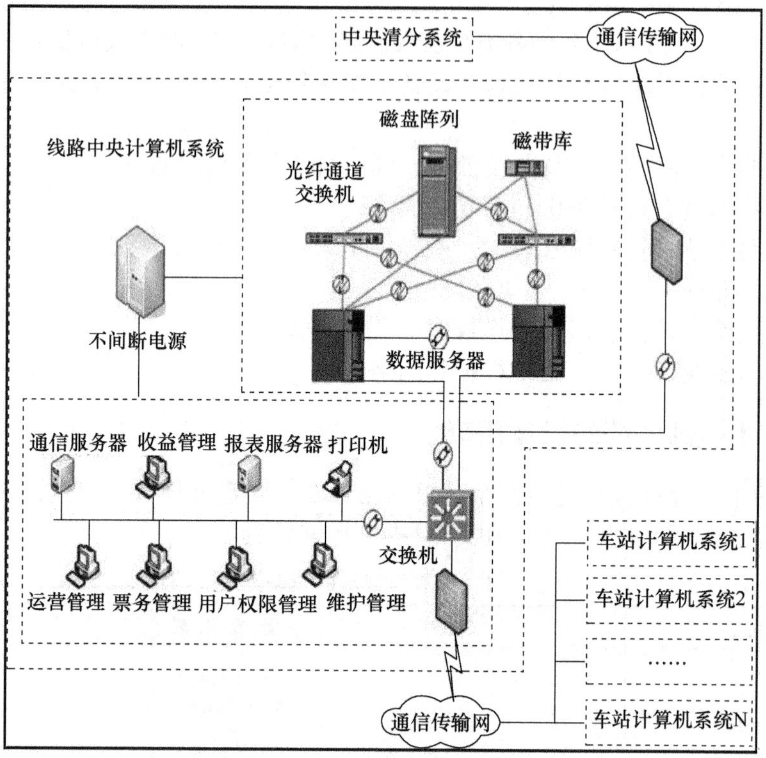

图 2-3　中央计算机系统传输图示

课题二　车站计算机系统

【课题目标】

掌握轨道交通车站计算机系统知识。

【课题内容】

一、车站计算机系统

车站计算机系统的主要功能是进行车站收益管理、设备维护管理、数据管理和电源管理等。车站计算机（见图2-4）用于收集存储本站各种终端设备产生的交易和审计数据，为车站运营提供即时数据查询及终端设备状态监控，准确生成各种运营报表，同时肩负着为线路中央计算机及时上传当站设备数据的任务。车站计算机要求具有大容量的硬盘存储空间以及高效的数据读写速度，同时必须具备良好的数据容错能力，以确保交易、审计数据的完整性和准确性。

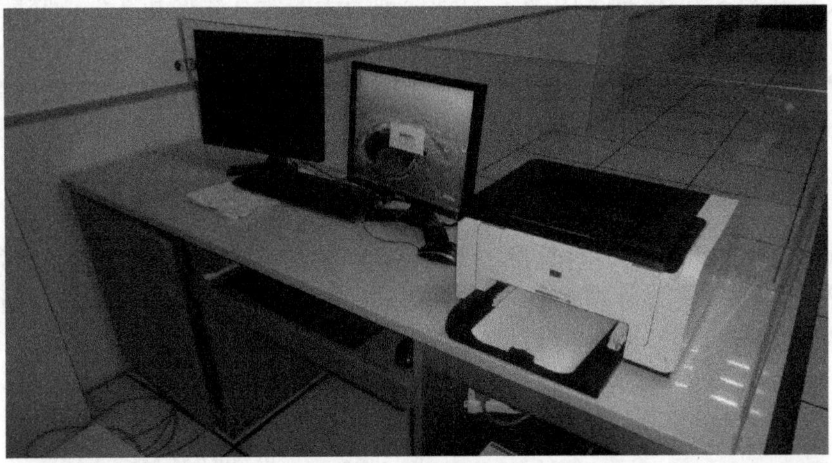

a)

b)

图2-4　车站计算机图示

车站计算机系统的主要功能如下：

1）接受线路中央计算机系统下发的系统运行参数、运营模式和黑名单等，并下传给车站检票设备。

2）采集车站售检票设备的原始交易数据和设备状态数据，并上传给线路中央计算机系统。

3）对车站售票设备进行实时监控，并能显示设备的通信、运营状态及故障等信息。

4）完成车站的各类票务管理工作，自动处理当天的所有数据和文件，并能生成定期的统计报告。

5）在紧急情况下，车站值班员按下紧急按钮，控制所有自动检票机呈自由通行状态，便于乘客快速疏散。

二、车站计算机系统的组成

车站计算机系统主要由车站计算机、系统操作工作站、各种网络设备、紧急报警按钮、打印机和 UPS 等组成。车站计算机系统可监控车站终端设备的运行状态、控制设备、监控客流、下达系统运营模式和系统参数，系统架构如图 2-5 所示。

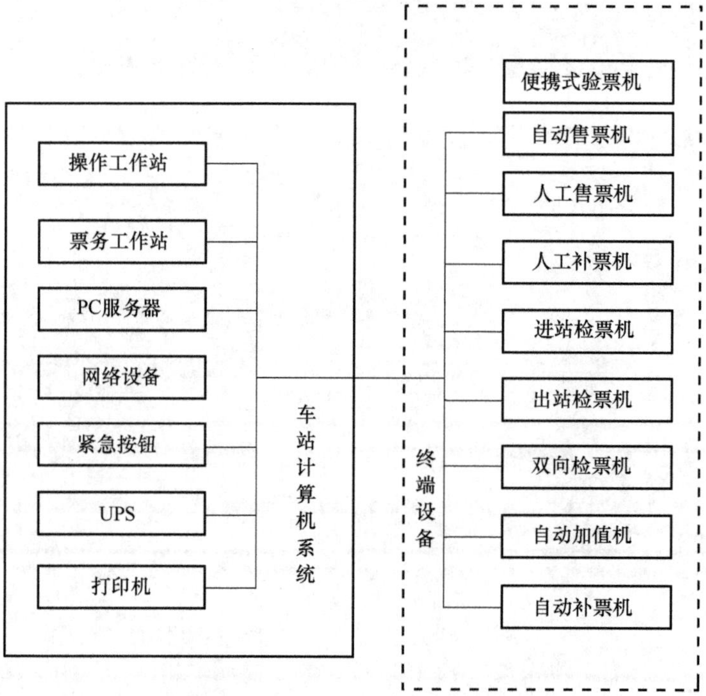

图 2-5　车站计算机系统架构

车站计算机系统连接多个非接触卡设备、操作控制管理系统、线路中央计算机和路网中央计算机以及打印机等设备，如图 2-6 所示。

车站计算机系统控制非接触卡设备和产生设备事件的报告，打印每天的总计报表，格式化非接触卡的用户数据，为线路中央计算机和总部中心计算机审计交易记录，格式化单程票交易数据，从操作控制管理系统、线路中央计算机和路网中央计算机中接收配置数据、设备配置和设备应用程序。

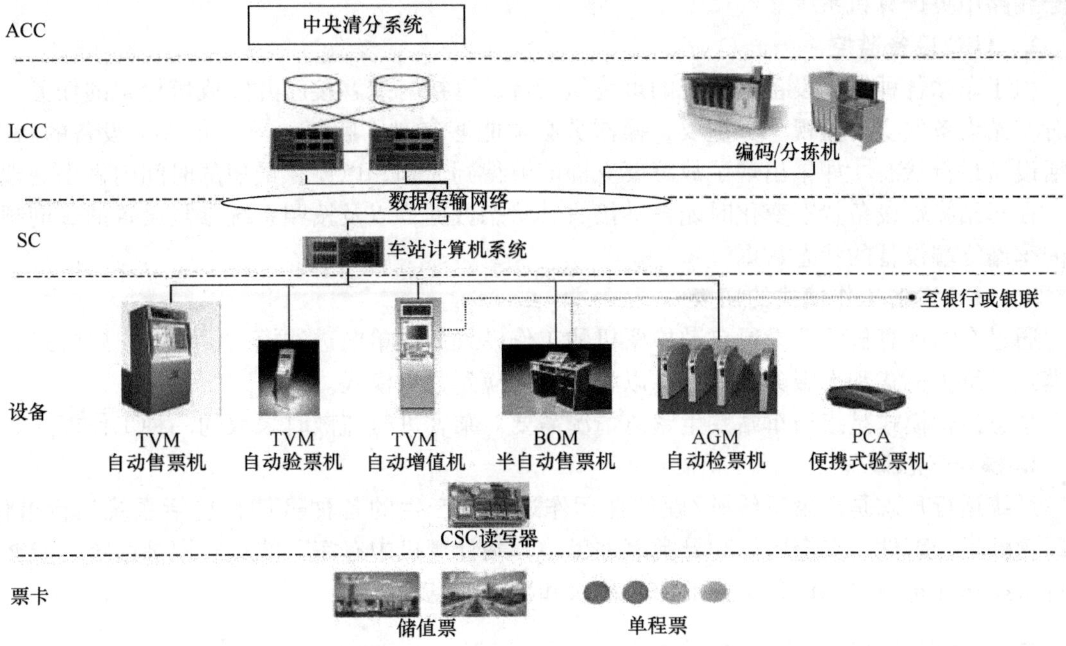

图 2-6　车站计算机系统连接示意图

三、车站计算机系统的主要技术要求

车站计算机系统的主要技术要求与中央计算机系统的主要技术要求基本一致，这里不再赘述。

课题三　车站计算机操作

【课题目标】

掌握轨道交通车站计算机系统的日常操作内容。

【课题内容】

车站计算机系统由车站计算机、网络设备、车站紧急按钮和各种终端设备等组成。车站计算机系统是线路中央计算机系统与各个车站终端设备连接的重要管理节点，通过车站计算机系统可以观察所有连接到该车站计算机系统的终端设备的实时运行状态，同时还可以直接进行设置。

一、车站计算机系统的主要功能

1. 数据管理

数据管理完成车站各个终端设备的数据采集与采集过程中异常的处理，并将相关数据转发给线路中央计算机系统。

2. AFC 设备监控

由于车站各种终端设备是系统的最终执行者，直接与乘客接触并完成售检票的任务，因此对车站设备的实时监视十分重要，操作员必须能够实时了解每一刻、每一个设备的状态，包括设备运行状态，如果出现了故障要立即能够得到通知，以便在最短的时间内做出处理。

在车站终端设备状态变化时能自动接收其状态数据，以及按照系统参数设置的查询频率查询车站终端设备的状态数据。

3. AFC 设备工作模式的切换

通过车站计算机系统设置自动检票机的工作模式，如单向进站模式、单向出站模式、双向模式、维护模式和无服务模式，可以将设备切换到紧急模式。

紧急运营模式是指当车站发生紧急情况需要对乘客进行疏散时采取的一种工作模式。

4. 操作日志管理

系统运行日志是记录系统软/硬件在运作过程中产生的各种事件，包括系统运行事件、应用软件运行事件、安全事件和异常事件等。车站计算机中有完善的日志记录系统，能够记录自身操作和车站终端设备上传的用户登录和操作信息等。

二、AFC 运营管理系统

AFC 运营管理系统中有 AFC 系统监控、AFC 系统管理、报表系统和用户管理等功能，其主界面如图 2-7 所示。

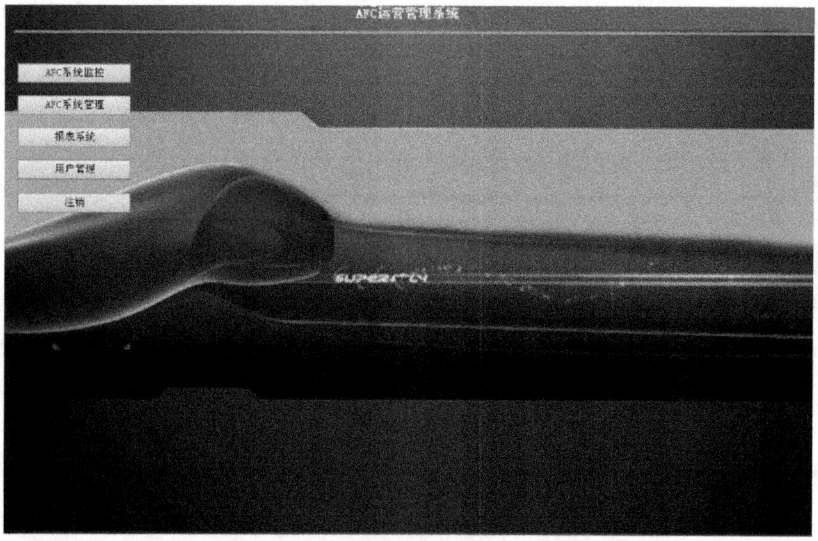

图 2-7　AFC 运营管理系统主界面

1. AFC 系统监控

此处的主要功能是查看设备的状态、控制和管理设备以及查看客流信息。最下面的一栏是设备显示状态栏目，显示了所有设备的状态，SC 会定时获取设备状态并刷新显示，如图 2-8所示。

设置设备的模式，以及相关参数的上传和下载（预留），如图 2-9 所示。

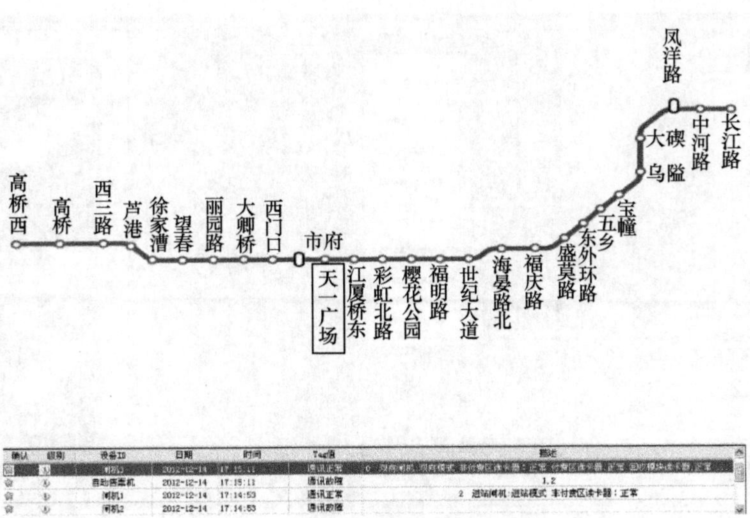

图 2-8　设备状态和线路查看图

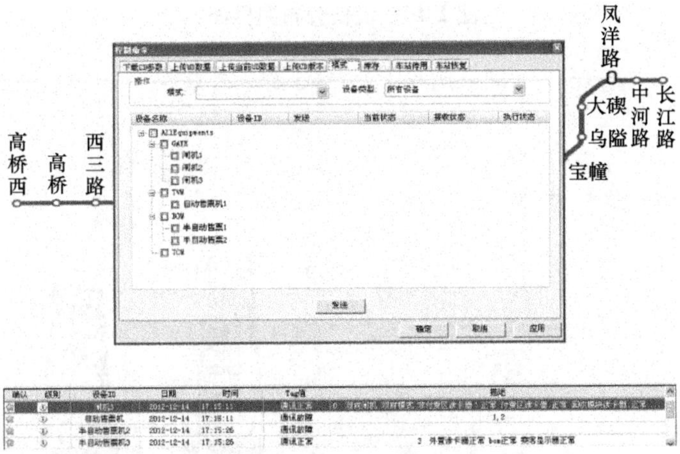

图 2-9　“控制命令”对话框

先选择要改变模式的设备，然后在“模式”下拉列表框中选择要改变的模式，最后单击“发送”按钮即可，设备会做出相应的响应。这里可以设置闸机的各种模式，如暂停服务、进站模式、出站模式和紧急模式等；BOM 的暂停服务和正常服务；TVM 的暂停服务和正常服务。

（1）查看设备分布图

双击线路图中站名的圆圈即可进入设备分布图界面（见图 2-10），将鼠标光标移到设备图上有设备的信息显示，并且可以单击设备图片进入详细状态界面，如图 2-11 ~ 图 2-13 所示。

（2）客流查看

SC 根据闸机上传过来的交易记录统计出当日的客流信息，并显示在客流统计图表中，最后生成客流量统计报表，如图 2-14 所示。

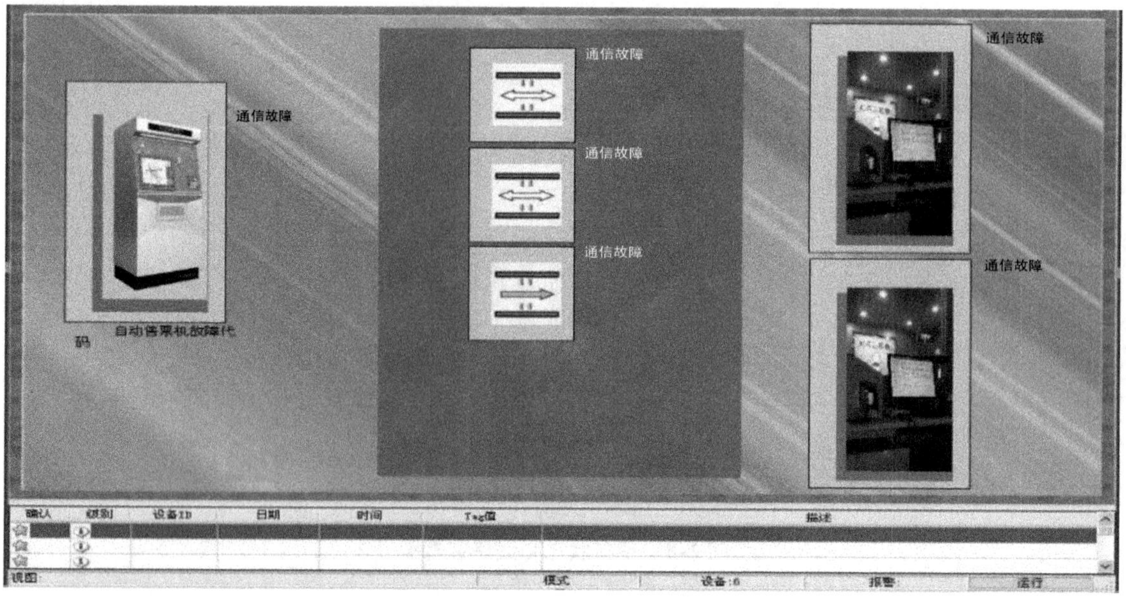

图 2-10　设备分布图界面

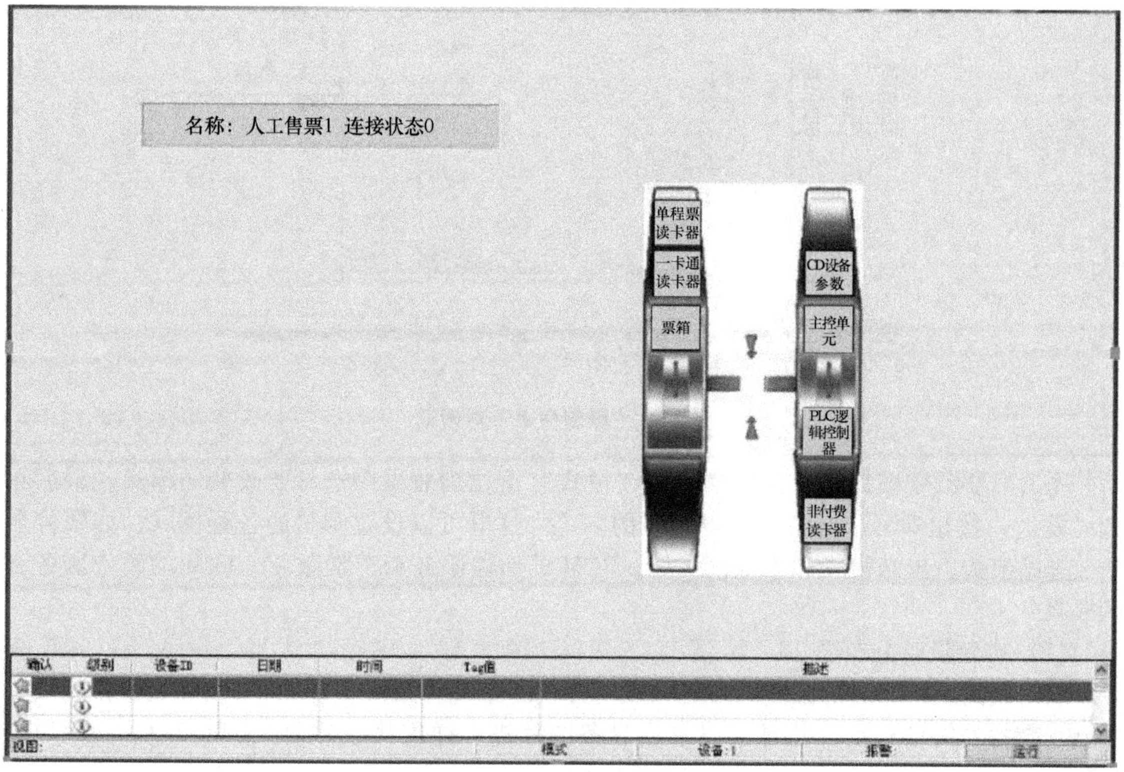

图 2-11　闸机详细状态界面

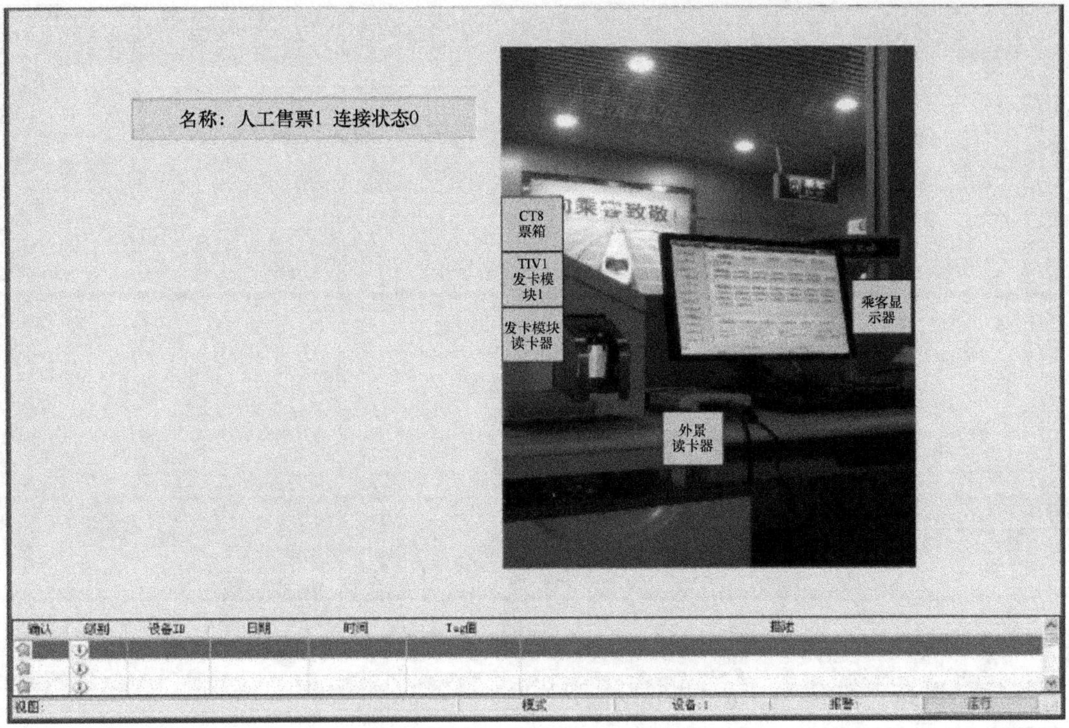

图 2-12　BOM 详细状态界面

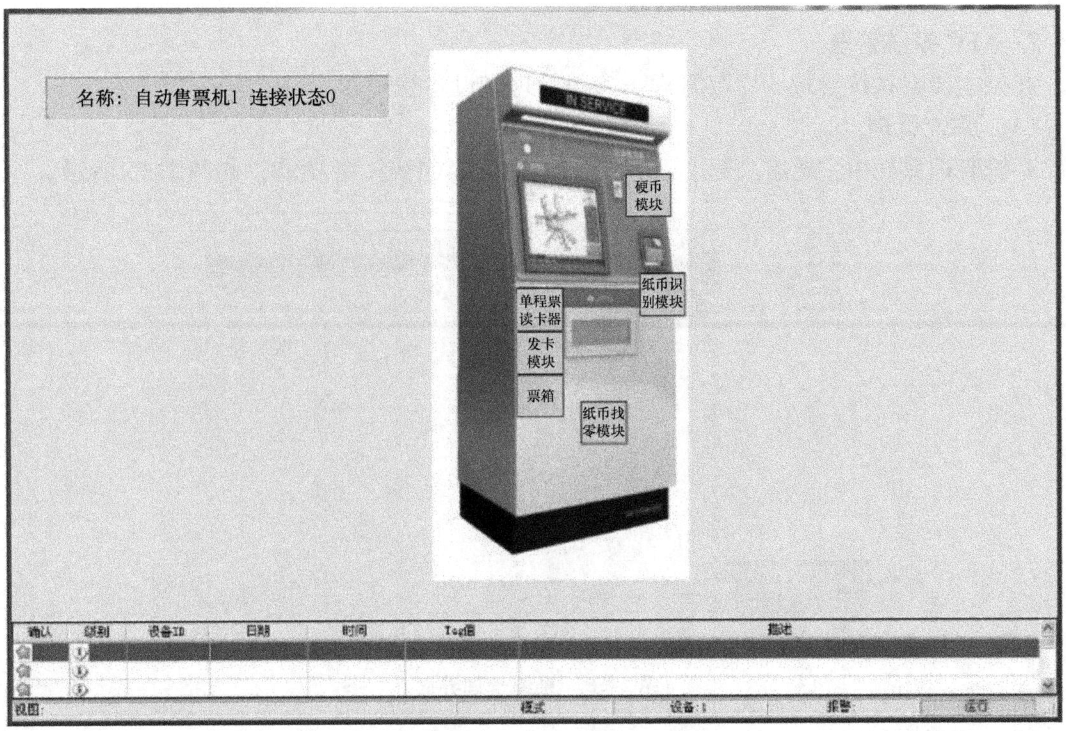

图 2-13　TVM 详细状态界面

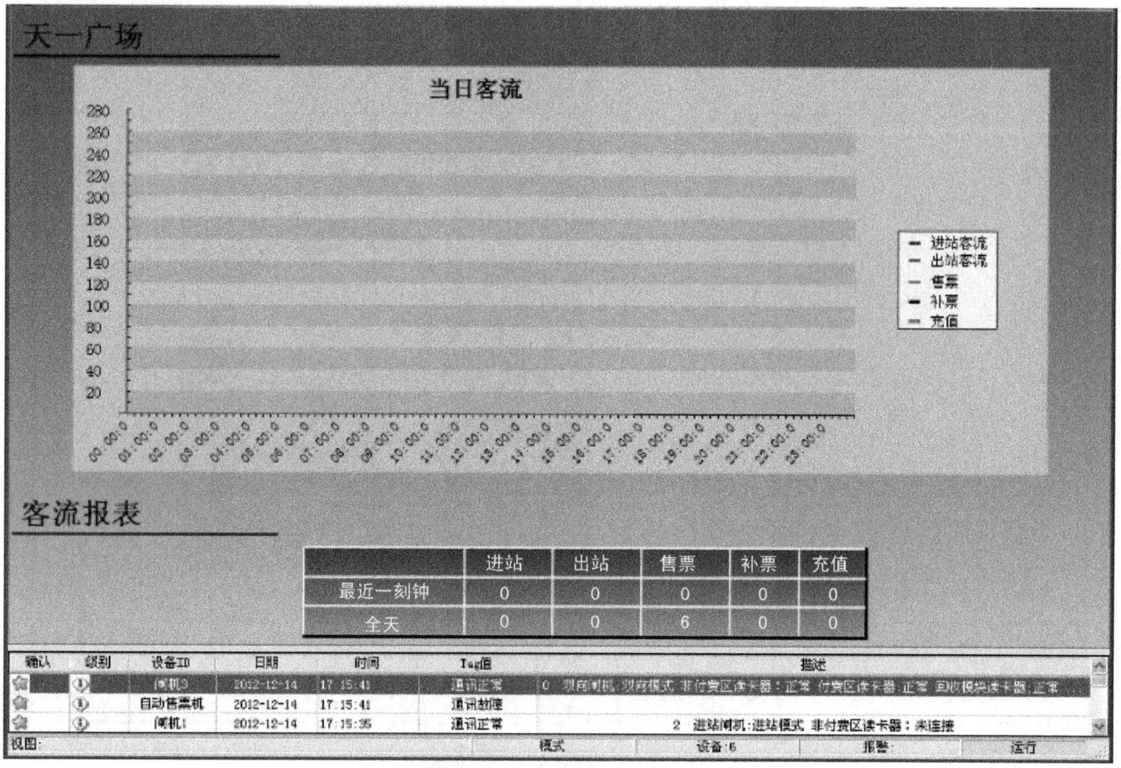

图 2-14　客流量统计报表

2. AFC 系统管理

此处主要有系统管理、库存管理、参数管理和设备管理。

（1）系统管理

系统管理界面中主要有“运营-开始”和“运营-结束”等功能，如图 2-15 所示。

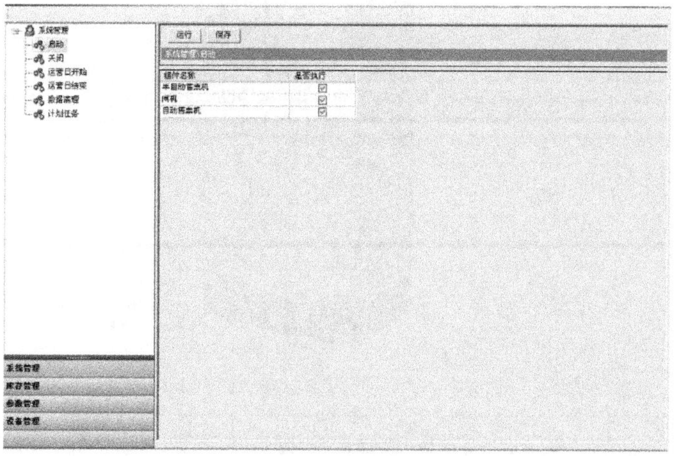

图 2-15　系统管理界面

（2）库存管理

库存管理界面主要用于管理地铁自动售检票系统的清分中心、线路票务中心、站区站、普通车站之间的票卡调度，以保证各个车站的票卡库存保持在合理水平。此外还用于车票的管理，有车票申请、车票调配、库存查询、库存阀值定义和库存调整。

1）车票申请。本站向线路级的管理中心申请车票。输入票卡类型名称或申请单名称，选择时间范围后单击“查询”按钮可查询历史车票申请记录，不输入则按日期查找出所有的申请记录，如图 2-16 所示

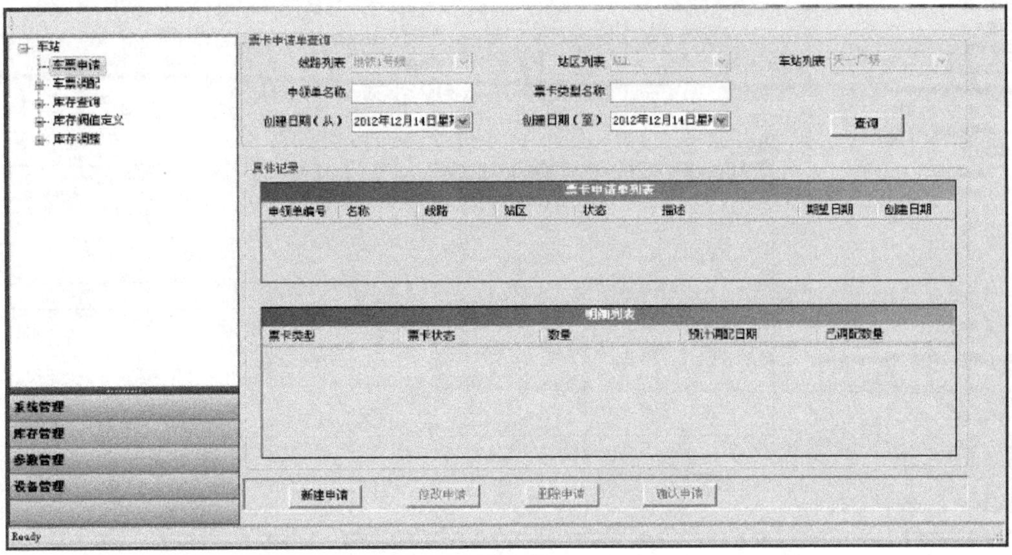

图 2-16　车票申请界面

单击“新建申请”按钮可以进入车票申请表单的填写界面，输入申请单名称，选择票卡类别和票卡状态，输入申请数量并写入备注，最后单击“添加”按钮即可，如图 2-17 所示。

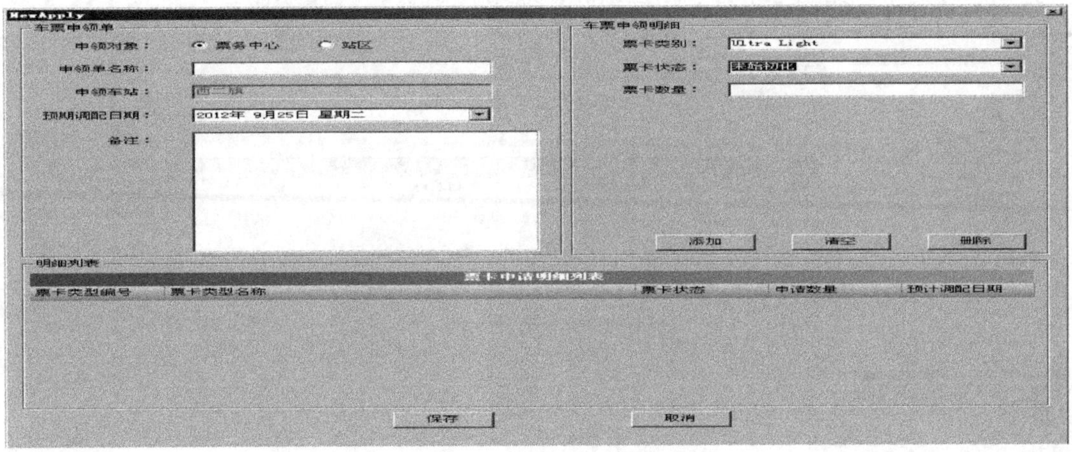

图 2-17　车票申请表单

附加信息：

① 只有状态为“新建”的票卡申请才可以被修改、删除和确认。

② 可以申请的票卡及状态记录在系统安装前已预先定义好，没有定义的票卡及状态不

能被申请。

③ 申请被确认后，状态变为“已确认”，不能再被修改或删除。

2）车票调配。车票的调配包含：车票退回单处理、车票下发单接收、车票下发接收查询和车票退回查询，界面如图 2-18 所示。

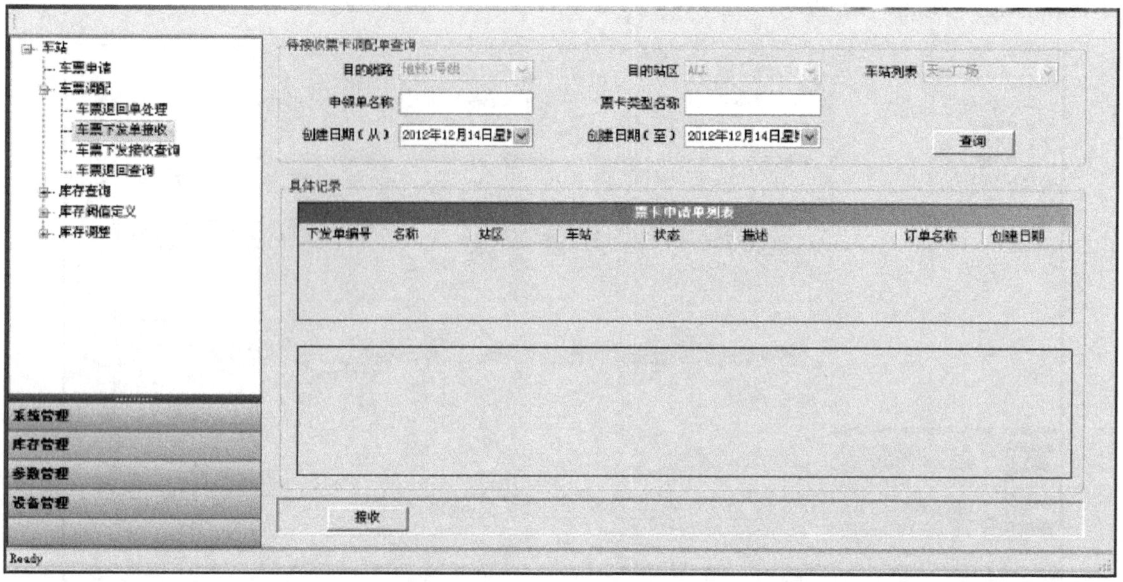

图 2-18　车票调配界面

3）库存查询，用于查看当前票卡的库存量，用户可以根据需要修改查询条件并进行查询。普通车站可查询库存为本车站；站区站可查询库存为本站区站和下属普通车站；票务中心可查询库存为本线路票务中心、站区站和普通站，如图 2-19 所示。

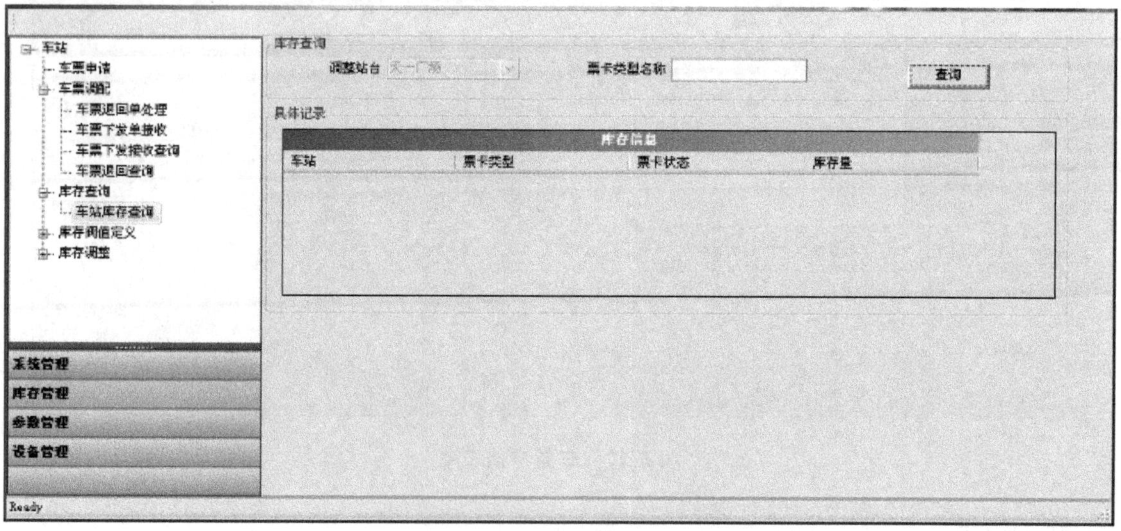

图 2-19　库存查询界面

4）库存阀值定义，用于定义库存阀值的低阀值和高阀值。当用户希望库存保留在一定水平时，若超出该水平，则系统给出提示，使得库存不会因过多或过少而影响运营，界面如图 2-20 所示。

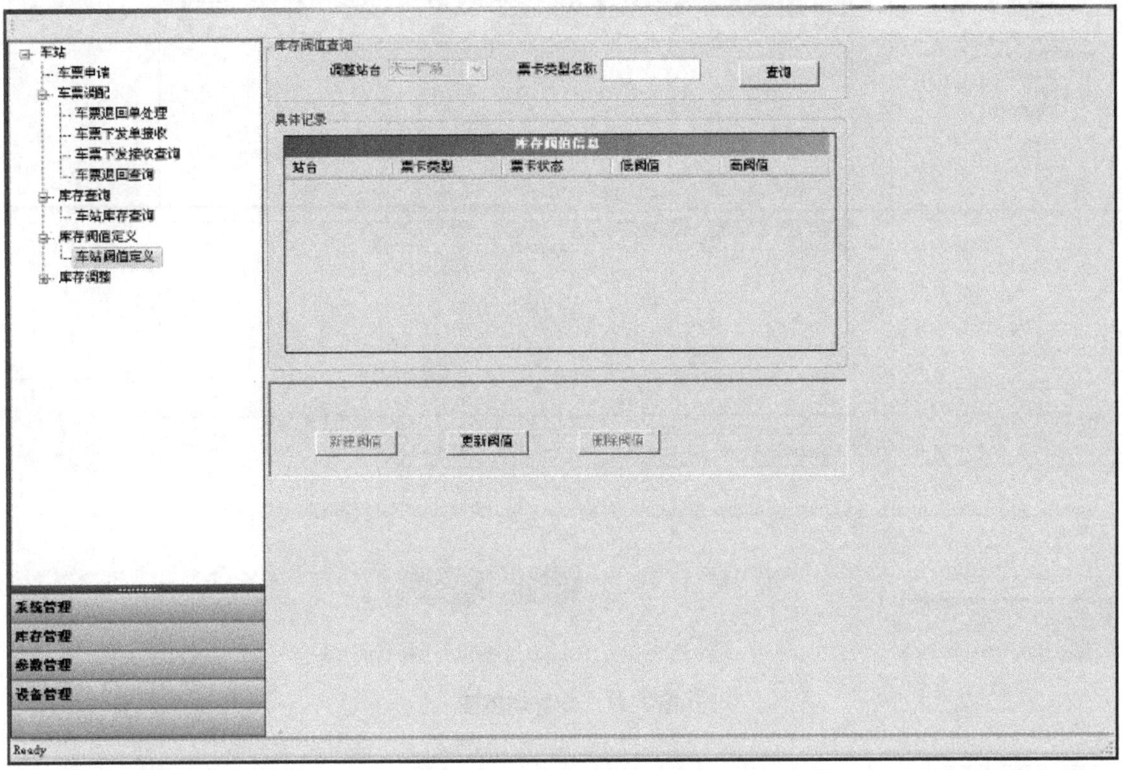

图 2-20 库存阀值界面

附加信息：

① 票务中心可以设置和查询票务中心的阀值，但对于下属站区站和普通站的阀值只能查看。

② 站区站只能设置该站区站的阀值，对于下属普通站的阀值只能查看。

③ 普通站只能更改和查看本站阀值。

④ 对于超出阀值的票卡，在库存查询时，系统会给出超限列表。

5）库存调整。当实际库存数量与系统显示数量不符时将调整库存，将相关数据进行调整至正确，界面如图 2-21 所示；可以单击“新建调整单”按钮进入库存调整单填写界面，如图 2-22 所示。

在明细列表中选择要调整的票卡，在调整明细中设置调整信息后单击“添加”按钮即可。当调整原因为其他时，必须在“其他原因”文本框中手工输入调整原因。

当所有明细处理结束后，单击“保存”按钮，所有库存改动的票卡都会被保存到该调整单中；系统更新查询界面，此时可以查看到新建的调整单。

返回库存调整界面后单击“确认调整单”按钮，该调整单被确认，状态为完成，同时库存被更新。

（3）参数管理

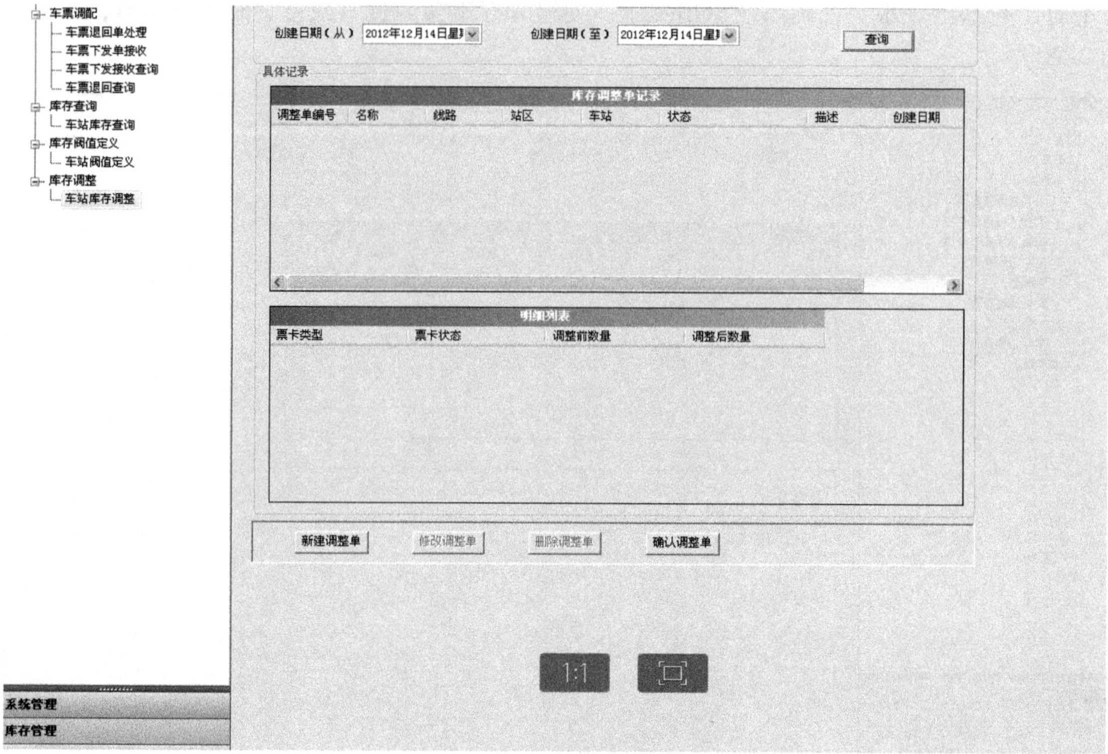

图 2-21　库存调整图

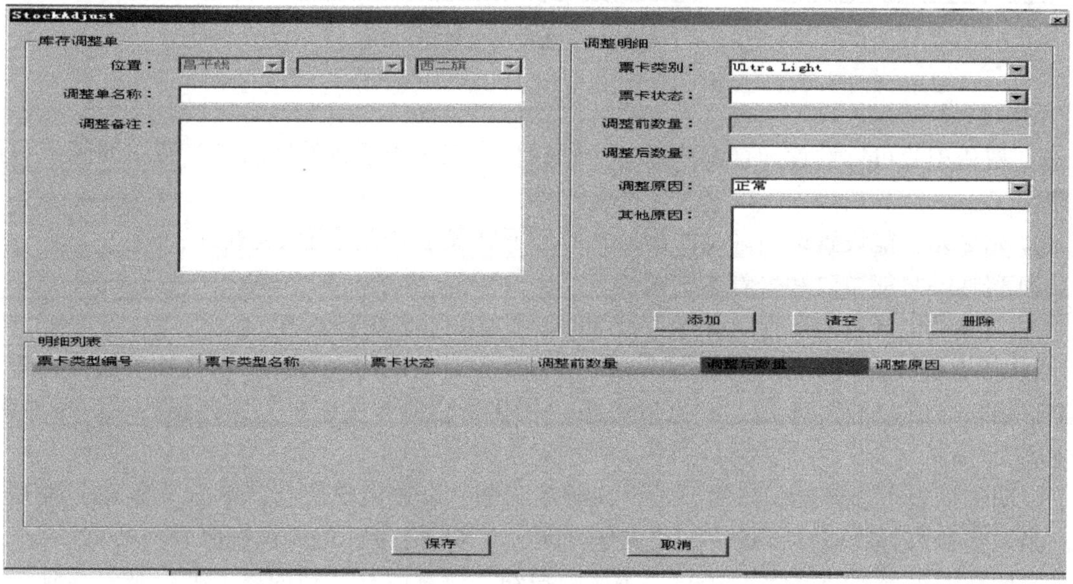

图 2-22　库存调整单

针对线路中央（LC）最新的参数进行下载更新，并把最新参数下发到设备中。

3. 报表系统

报表可以按日报表、周报表、月报表来查看和打印，每种报表中都包含收益报表和客流报表，界面如图 2-23 所示。

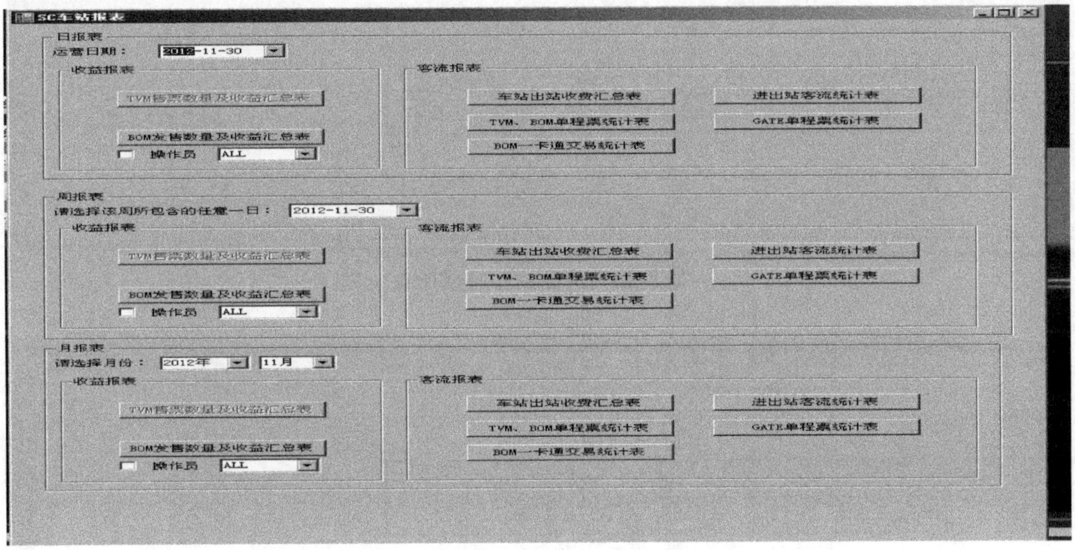

图 2-23　报表选择界面

（1）收益报表

收益报表包含 TVM 售票数量及收益汇总表、BOM 发售数量及收益汇总表。选择操作员，然后单击相应的报表即可进入报表单界面，此时可以查看或打印。

（2）客流报表

客流报表中包含：车站出站收费汇总表（见图 2-24），进出站客流统计表（见图 2-25），TVM、BOM 单程票统计表，GATE 单程票统计表和 BOM 一卡通交易统计表（见图 2-26）。

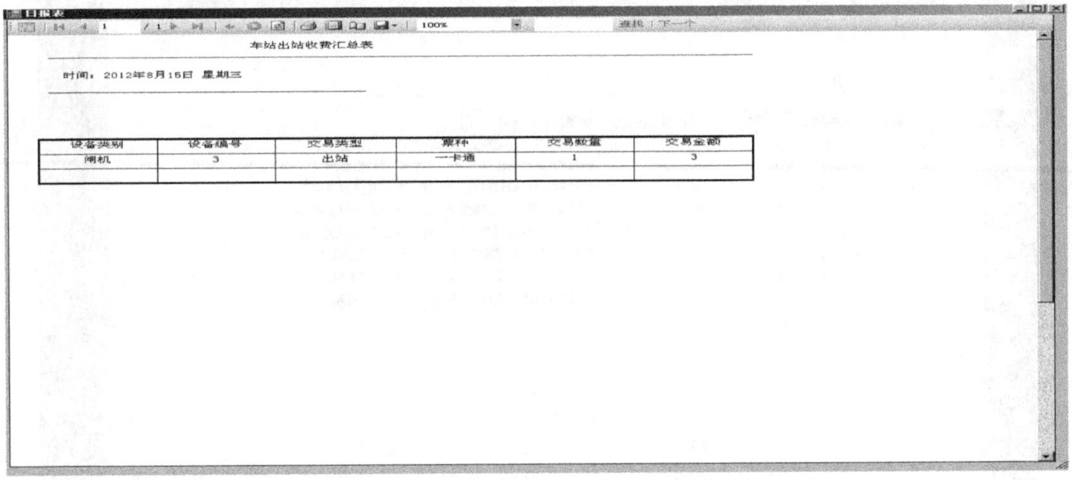

图 2-24　车站出站收费汇总表

（3）设备管理

设备管理以车站为节点，通过可视化的界面对车站的设备进行管理。

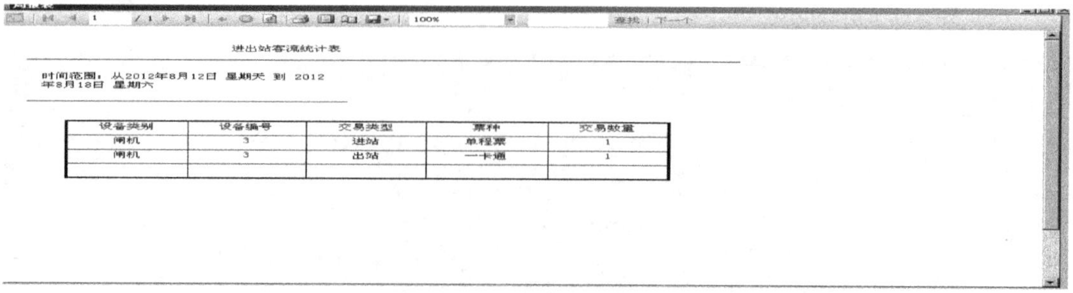

设备类别	设备编号	交易类型	票种	交易数量
闸机	3	进站	单程票	1
闸机	3	出站	一卡通	1

图 2-25　进出站客流统计表

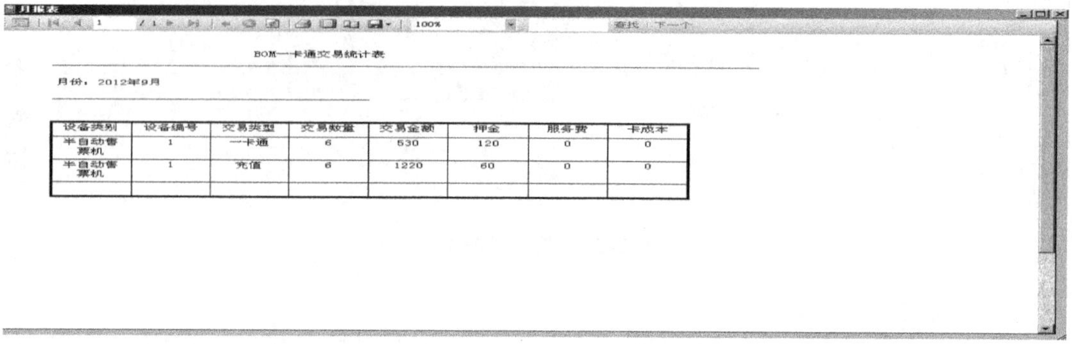

设备类别	设备编号	交易类型	交易数量	交易金额	押金	服务费	卡成本
半自动售票机	1	一卡通	6	530	120	0	0
半自动售票机	1	充值	6	1220	60	0	0

图 2-26　BOM 一卡通交易统计表

4. 用户管理

此处主要用于管理用户和班次，可以对 BOM 和 SC 的操作员 ID 及密码进行添加、删除和修改（见图 2-27 和图 2-28），还可以对班次进行添加、删除和修改，如图 2-29 所示。

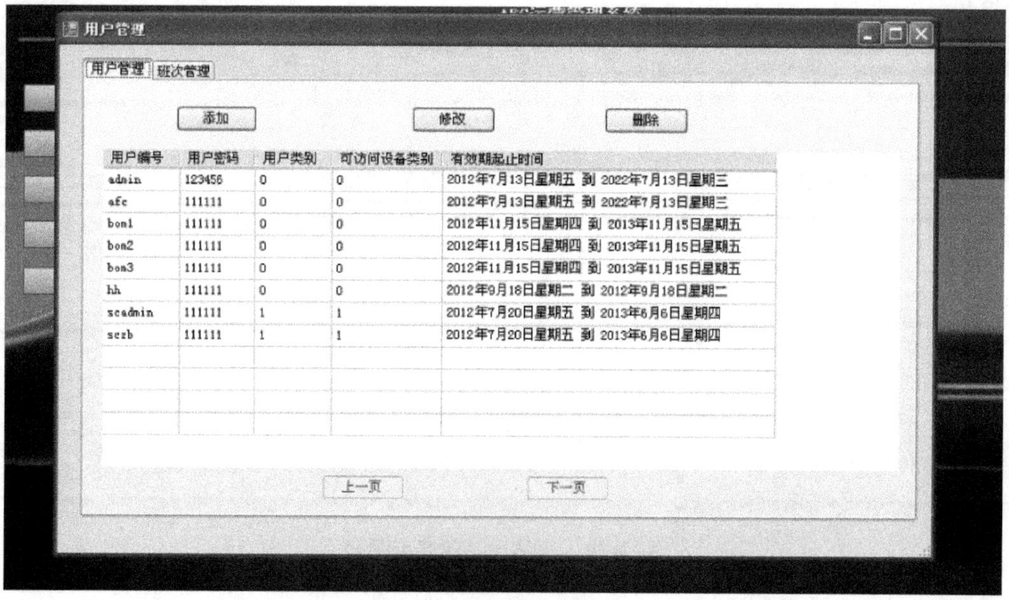

用户编号	用户密码	用户类别	可访问设备类别	有效期起止时间
admin	123456	0	0	2012年7月13日星期五 到 2022年7月13日星期三
afc	111111	0	0	2012年7月13日星期五 到 2022年7月13日星期三
bom1	111111	0	0	2012年11月15日星期四 到 2013年11月15日星期五
bom2	111111	0	0	2012年11月15日星期四 到 2013年11月15日星期五
bom3	111111	0	0	2012年11月15日星期四 到 2013年11月15日星期五
hh	111111	0	0	2012年9月18日星期二 到 2012年9月18日星期二
scadmin	111111	1	1	2012年7月20日星期五 到 2013年6月6日星期四
sczb	111111	1	1	2012年7月20日星期五 到 2013年6月6日星期四

图 2-27　用户管理界面

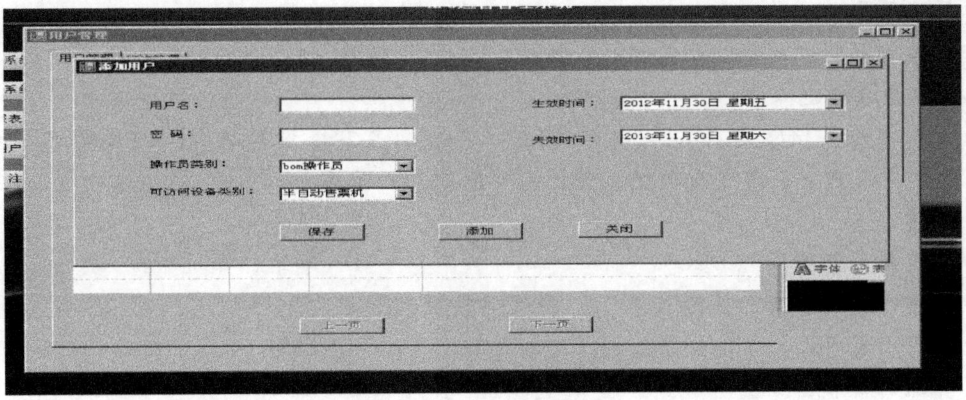

图 2-28　添加用户界面

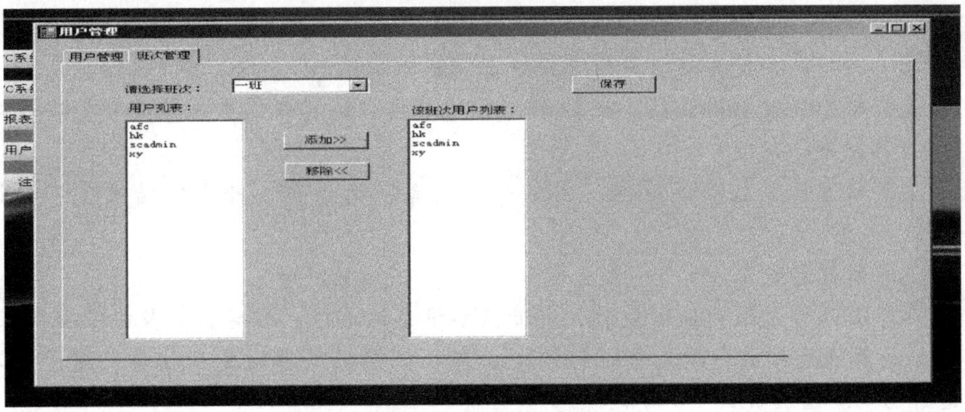

图 2-29　班次管理界面

【实 训 操 作】

计算机系统

单元练习

一、名词解释

1. 库存阀值
2. 紧急运营模式
3. 系统运行日志

4. 库存管理
5. 车站计算机系统

二、单项选择题

1. AFC系统的核心是（　　），它提供了监控、监视、设定参数、收集验证和销售数据、审计所有其他设备类型的功能，并产生相应的活动报表。

A. 车票　　B. 路网
C. 中央计算机系统（OCC）　　D. 车站计算机系统

2. 中央计算机系统能控制（　　）进行非接触式票卡的生产。

A. 编码分拣机　　B. TVM
C. 车站计算机系统　　D. AGM

3. （　　）不是中央计算机系统的组成部分。

A. 冗余配置的服务器　　B. 磁盘阵列
C. 网络设备　　D. 读卡器

4. 以下（　　）不是车站计算机系统主要完成的功能。

A. 接受线路中央计算机系统下发的系统运行参数、运营模式和黑名单等，并下传给车站检票设备
B. 采集车站售检票设备的原始交易数据和设备状态数据，并上传给线路中央计算机系统。
C. 能完成清算对账工作
D. 对车站售票设备进行实时监控，并能显示设备的通信、运营状态及故障等信息

5. 车站计算机系统有一项功能，控制所有自动检票机呈自由通行状态，便于乘客快速疏散，这需要车站值班员（　　）。

A. 按下紧急按钮
B. 登录车站计算机SC软件
C. 关闭车站计算机系统电源
D. 关闭车站AFC终端设备电源

6. 在车站计算机系统架构中，（　　）不属于车站终端设备。

A. 自动售票机　　B. 票务工作站
C. 进站检票机　　D. 出站检票机

三、多项选择题

1. 路网中央计算机系统的功能包含（　　）。

A. 收集及保存车站计算机上传的各类有关票务、账务、客流、车站设备运行状态等数据
B. 监视和控制所有车站设备的运行状态
C. 设置系统运营参数及系统运行模式，并下达给车站计算机和车站设备
D. 按照设定的周期（日、月、季、年）处理和统计收集到的各类数据，生成相应的各类报表并打印
E. 时钟同步功能

2. 一个典型的中央计算机系统由（　　）构成。

A. 冗余配置的服务器
B. 存储设备
C. 工作站
D. 网络设备
E. 不间断电源

3. 车站计算机系统由（ ）组成。
A. 车站计算机
B. 系统操作工作站
C. 网络设备
D. 紧急报警按钮
E. 时钟服务器

4. SC应用软件主界面包含（ ）功能。
A. AFC系统监控
B. AFC系统管理
C. 报表系统
D. 用户管理
E. 时钟管理

5. SC应用软件的AFC系统管理内包含（ ）。
A. 系统管理
B. 库存管理
C. 参数管理
D. 模式管理
E. 设备管理

四、判断题

（ ）1. 中央计算机系统可通过通信系统的时钟子系统获取标准时间，自动进行同步，并将标准时间信息下传至车站计算机和各终端设备。

（ ）2. 线路中央计算机系统负责线网内各层面操作权限的管理。

（ ）3. 中央计算机系统有备份和恢复功能及灾难恢复功能。

（ ）4. 车站计算机系统对车站售票设备进行实时监控，并能显示设备的通信、运营状态及故障等信息。

（ ）5. 在紧急情况下，车站值班员按下紧急按钮，控制所有自动检票机呈禁止通行状态，禁止乘客进入车站。

五、问答题

1. 简述中央计算机系统的主要技术要求。

2. 简述车站计算机系统的主要功能。

3. 车站计算机系统的主要系统组成有哪些?

4. 简述车站计算机系统的主要技术要求。

5. 通过SC界面，主要能实现哪些功能？请分别说明。

单元三

轨道交通票卡

课题一 轨道交通票卡常识

【课题目标】

掌握有关轨道交通票卡的基础知识。

【课题内容】

一、常见的票卡媒介

目前，常见的票卡媒介有三种，一是纸票，如普通纸票和条形码纸票；二是磁卡；三是 IC 卡（接触式、非接触式）。

1. 纸票的分类

纸票分为普通纸票和条形码纸票两种。

（1）普通纸票

普通纸票将车票的相关信息印制在票面（纸质）上，由票务人员识读确认。票面上的基本信息包括：车票编号、售票站点、乘车日期、乘车车次、乘车区间、票款金额、时间限制以及换乘信息等，如图 3-1 所示。

（2）条形码纸票

条形码是将宽度不等的多个黑条和空白，按照一定的编码规则排列，用以表达一组信息的图形标识符。这些条和空组成的数据编码可以供机器识读，而且很容易译成二进制数和十进制数。条形码系统是由条码符号设计、制作及扫描阅读组成的自动识别系统。在条形码车票中，车票的信息是通过条形码编码实现的，如图 3-2 所示。

2. 磁卡

磁卡是一种磁记录介质卡片。PVC 磁卡如图 3-3 所示，纸质磁卡如图 3-4 所示。它由高强度、耐高温的塑料或纸质涂覆塑料制成，磁卡的一面印有说明提示性信息，如插卡方向；

另一面则有磁层或磁条，具有 2 ~ 3 个磁道以记录有关信息数据。

常见的磁条上有 3 个磁道，即 TK1、TK2、TK3。磁道 1 与磁道 2 是只读磁道，在使用时磁道上记录的信息只能读出而不允许写或修改。磁道 3 为读写磁道，在使用时可以读出，也可以写入。

图 3-1　普通纸票

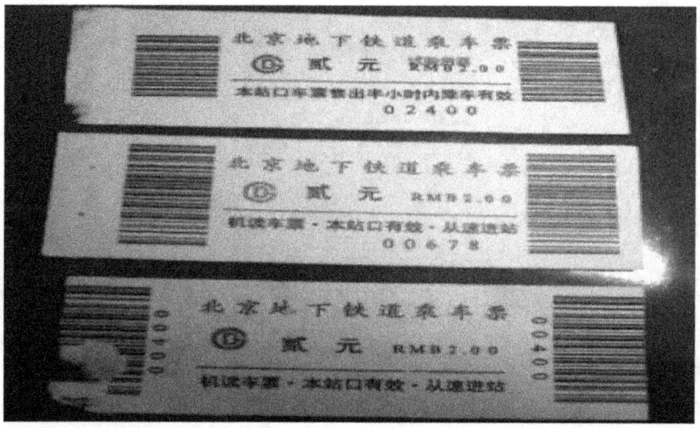

图 3-2　条形码纸票

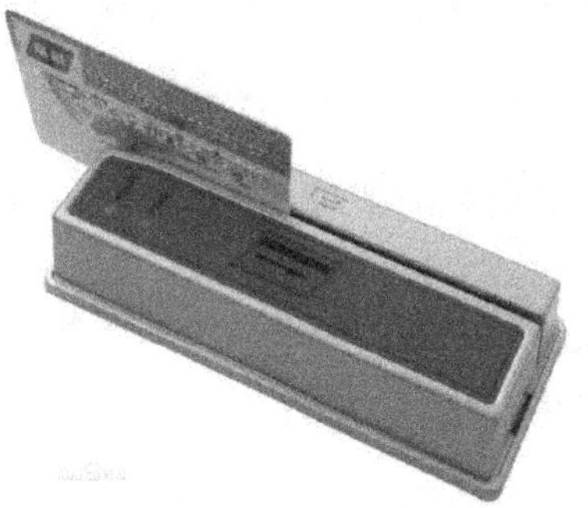

图 3-3　PVC 磁卡

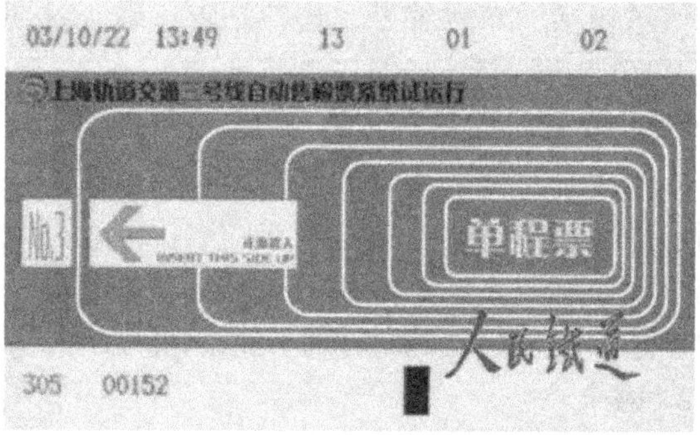

图 3-4　纸质磁卡

磁道 1 可记录数字（0 ~ 9）、字母（A ~ Z）和其他一些符号（如括号和分隔符等），最大可记录 79 个数字或字母。

磁道 2 和 3 所记录的字符只能是数字（0 ~ 9）。磁道 2 最大可记录 40 个字符，磁道 3 最大可记录 107 个字符。

3. IC 卡

IC 卡（Integrated Circuit Card）又称为集成电路卡或智能卡（Smart Card），它是将一个专用的集成电路芯片镶嵌于符合 ISO/ICE 7816 标准的塑料基片中，封装成外形与磁卡类似的卡片形式，制成一张 IC 卡。

根据卡与外界数据交换的界面不同分为接触式 IC 卡和非接触式 IC 卡两种。

（1）接触式 IC 卡

接触式 IC 卡由微处理器、操作系统、加密逻辑、串行 EEPROM 及相关电路组成。接触式 IC 卡一般由基片、接触面及集成电路芯片构成。在进行读写操作时，卡片必须插入读卡器的卡座中，通过触电与读卡设备交换信息，如图 3-5 所示。

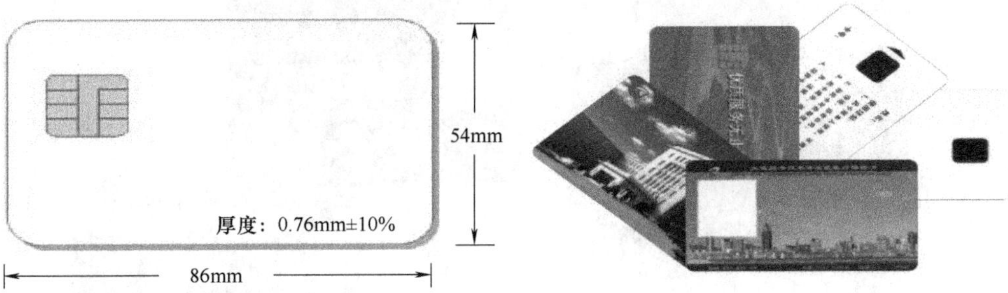

图 3-5　接触式 IC 卡

（2）非接触式 IC 卡

非接触式 IC 卡又称为射频卡，由 IC 芯片和感应天线组成，并完全密封在一个标准塑制卡片中，无外露部分，它成功地将射频识别技术和 IC 卡技术结合起来，解决了无源（卡中无电源）和免接触这一难题，是电子器件领域的一大突破。其读写时，卡片在一定距离范围（通常为 5 ~ 10cm）内靠近读写器表面，通过无线电波的传递来完成数据的读写操作。

非接触式 IC 卡按需要可封装为方卡形、筹码形或其他形状。

1）方卡形 IC 卡，如图 3-6 所示。

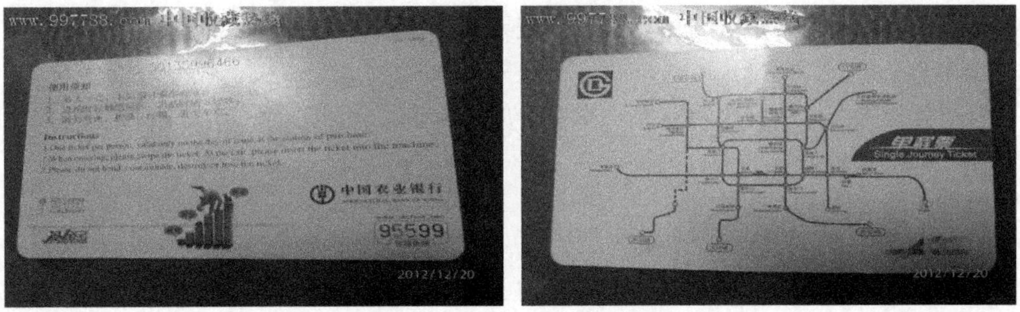

图 3-6　方卡形 IC 卡

2）筹码形IC卡，如图3-7所示。筹码形IC卡是在直径为30mm、厚度为2mm的非金属材料圆盘内，嵌装集成电路芯片及天线，通过电感耦合的方式与筹码读写器进行操作的IC卡，简称筹码。

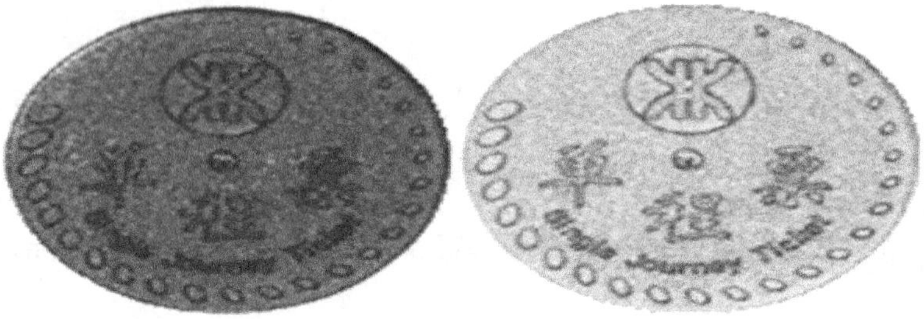

图3-7　筹码形IC卡

3）异形IC卡，如图3-8所示。

图3-8　异形IC卡

标准卡为国际统一尺寸的卡品，它的尺寸是85.5mm×54mm×0.76mm（长×宽×厚）。但如今由于个性的需求印制不再受尺寸的限制，导致了在世界各国出现不少形形色色的“怪异”卡，此类卡称为异形卡。通俗地说，形状上非规则的IC卡都可以称为异形卡。

二、票卡分类

票卡按其使用性质一般分为单程票、储值票和许可票三大类。

1. 单程票

单程票是指乘客以一定金额购得一次服务旅行承诺，只可进行一次进站和一次出站行为的车票。

单程票一般分为以下几种：

（1）普通单程票

乘客购票时完成对票卡的复制，当日当站、限时限距、出站回收。

（2）出站票

出站票分为免费出站票和付费出站票，出站时补票使用，发售当日当站有效，出站回收。

（3）应急票

应急票（见图3-9）一般有两种表现方式，一种是预先对一定数量的普通单程票进行预赋值，由工作人员人工发售，此类应急票的使用方法和普通单程票相同。另一种是将车票进行应急专用编码，在进站时发放给乘客，当乘客在到达站出站时，根据乘坐情况补票。该方式可解决当有大客流冲击时，车站售票能力不足的问题。

图3-9　应急票

（4）优惠票

优惠票是根据条件给予一定折扣和优惠的车票，如批量购买和有某项活动等，如图3-10所示。

图3-10　优惠票

2. 储值票

储值票是指车票内预存有一定资金，在金额足够的情况下可多次使用的车票，每次使用时根据费率扣除乘车费用，出站时不回收，如图3-11和图3-12所示。

图3-11　北京市政交通一卡通

图 3-12　南京“金陵通”

储值票一般分为以下几种：

（1）普通储值票

普通储值票是储值票中使用最多最广泛的车票之一，可以反复充值使用，每次使用根据费率表扣费。

（2）优惠票

优惠票是根据条件给予一定折扣和优惠的车票，如老人票、学生票等。

（3）纪念票

纪念票是为某种题材专门制作的纪念性票卡，可供收藏，按定价发行，在规定时间内使用，不充值也不回收，如图 3-13 所示。

图 3-13　北京第 29 届奥运会纪念票

3. 许可票

许可票是一种不同于单程票和储值票的特殊票种，是由运营方根据某种特殊需要、针对某些群体的特殊要求、以吸引或方便其乘坐地铁为目的而发行的、赋予了特定使用许可的一种车票。

许可票一般分为以下几种：

（1）员工卡

员工卡是供轨道交通相关从业人员工作使用的车票，如图 3-14 所示。

（2）测试票

测试票（见图 3-15）涵盖所有类型的车票，测试票的作用是模拟相应车票的操作，因此不同的测试票与其相应的车票的使用方法完全相同，只是测试票操作所形成的交易记录与其他票种操作所形成的交易记录的类型有别。

图 3-14　员工卡

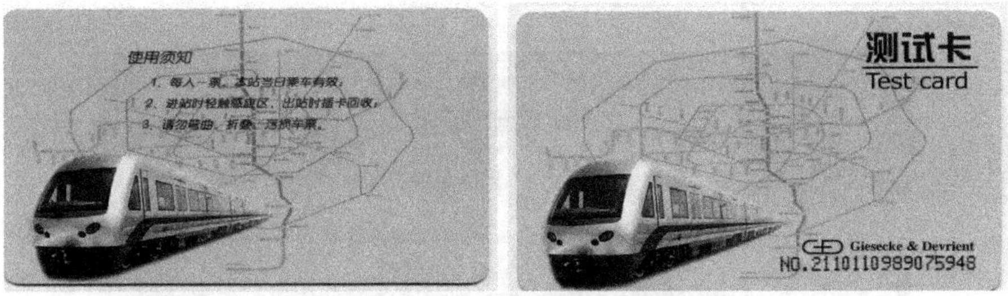

图 3-15　沈阳地铁测试票

（3）维修票

维修票是用于设备维修的地铁专用车票，这种车票只有在设备处于维修模式时才能使用。维修票包括回收型和不回收型两种，以满足设备测试的需要。

（4）往返票

往返票适用于乘客当日限定两车站间一次往返乘车时使用，超程时需补出站票出站。往返票在往程进付费区时不回收，返程出付费区时回收，如图 3-16 所示

图 3-16　往返票

（5）一日票

一日票适用于乘客在购票当日内不限次使用，车票使用时需检查进出站次序，车票不回收，如图 3-17 所示。

（6）计次卡

乘客一次购买，可以进出闸特定次数。乘客乘车只计次数，不算票价，如图 3-18 所示。

图 3-17　一日票

图 3-18　计次卡

三、单程票的处理流程（见图 3-19 和图 3-20）

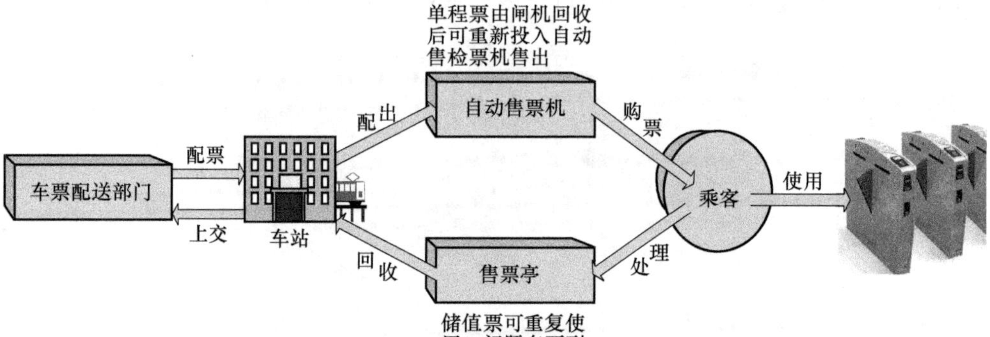

图 3-19　单程票的处理流程图示 1

初始化（编码）→自动售票（收款，后台记录数据）→入闸（票卡记录、后台记录数据）→出闸（收回票卡，记录票卡并清除入闸记录，后台记录数据）→清分中心处理→循环投入使用

四、票卡的加封

车票加封时，各种加封方式均须在监控设备下进行，并遵循扎把带一经破封无法复原的

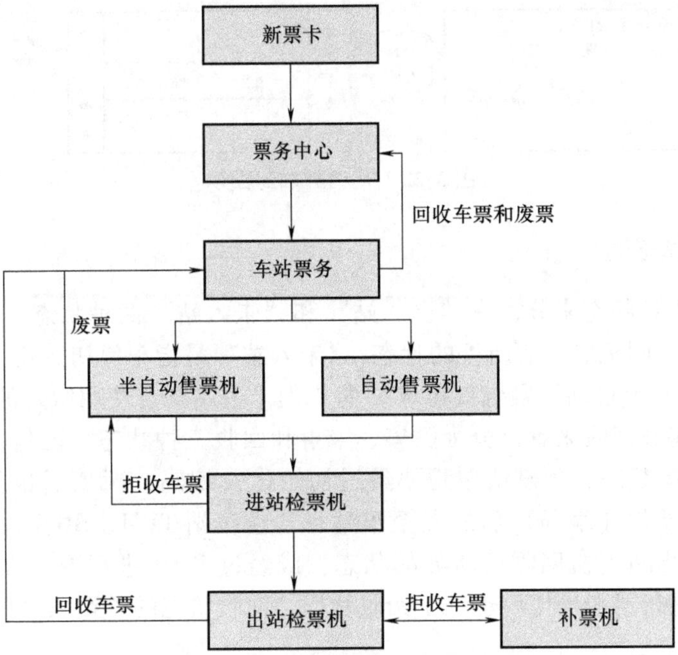

图 3-20　单程票的处理流程图示 2

原则，以确保加封的车票状态处于控制中，如图 3-21 所示。

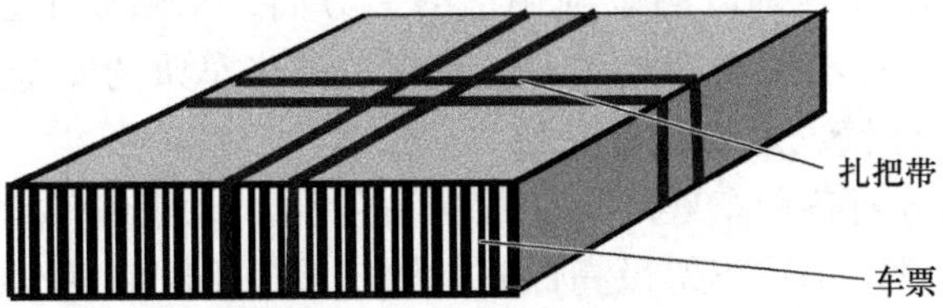

图 3-21　票卡的加封图示

加封方式有：直接加封、用票盒加封、用钱袋加封和用信封加封等。

1. 直接加封

直接加封，需在扎把带空白处注明加封内容、加封车站/工班和日期以及加封人员。采用“十”字加封法。

2. 用票盒加封

用票盒加封，在扎把带粘贴封口骑缝处加盖加封人员私章，并在扎把带空白处注明加封内容、加封车站/工班和日期。采用“一”字加封法。

3. 用钱袋加封

用钱袋加封，把车票放入钱袋，将钱袋口用绳子缠绕扎紧后用封条缠绕加封，封条上注明加封车站/工班、加封人员、加封日期和加封内容。

4. 用信封加封

用信封加封，用扎把带将信封背面的接缝处封住，并在扎把带骑缝处加盖加封人员私章，同时在信封的正面注明加封内容、加封车站/工班和日期。采用“工”字加封法，如图 3-22所示。

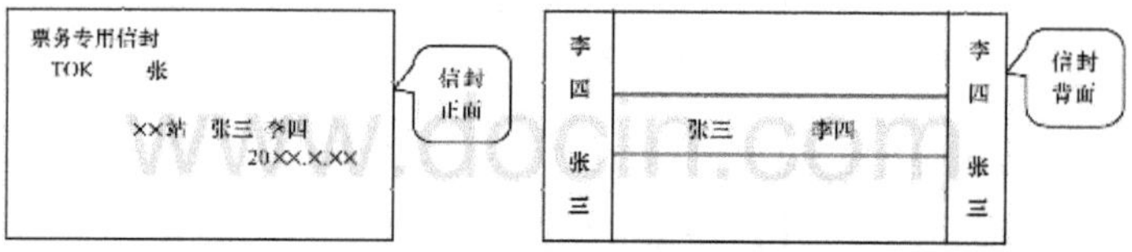

图 3-22 用信封加封图示

五、票卡的状态

1）车票从出入站状态来分，有“已入站”和“未入站”两种状态。“已入站”是指乘客入站时车票经进站闸机刷卡后所处的状态；“未入站”是指车票初始化（编码）后经过自动售票机（TVM）和半自动售票机（BOM）售出但未进站刷卡使用所处的状态。

2）车票从发售和回收来看，分为已售、未售和回收三种状态。已售是指车票经由售检票设备售出时所处的状态，预赋值单程票经过初始化（编码）赋值后也处于已售状态；未售是指车票经过初始化（编码）后配发至车站且未经车站 TVM、BOM 发售前所处的状态；回收是指单程票由出站闸机回收后所处的状态，或经过 BOM 进行退卡操作后所处的状态。储值票经过 BOM 进行退卡操作后也处于回收状态，回收状态的单程票可供车站循环发售。

六、票卡的管理

票卡的管理一方面，从宏观上总体把握所有车票的流向和流量，确保整个车票流程顺畅，保障车票的供应，使车票得以高效利用；另一方面，从微观上通过制定严谨的车票交接、保管制度，把握每一张有值车票的去向，确保每一张车票的安全。主要措施有：

1. 定期对车票的运作情况进行统计分析

车票管理部门定期分析各种车票的库存量、站存量、使用比率、售卖量、报废量、流失量、车站车票最低保有量、车站车票最高保有量等，掌握不同时期车票随客流的波动规律。

2. AFC 中设有储值票使用追踪系统

追踪每一张车票的使用情况，对于使用情况异常的车票及时进行报警并设置黑名单。

课题二 轨道交通票卡拓展知识

【课题目标】

熟悉轨道交通票卡的拓展知识。

【课题内容】

一、北京轨道交通车票的发展历程

1971 年 1 月 15 日，地铁公主坟至北京站路段开始试运营，票价壹角，车票样式如图 3-23所示。

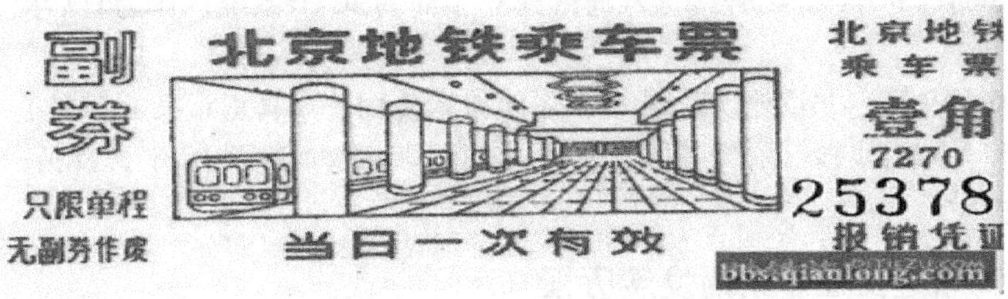

图 3-23　北京地铁纸票 1

1987 年 12 月 28 日，在 1 号线启用贰角车票，车票样式如图 3-24 所示。

图 3-24　北京地铁纸票 2

1987 年 12 月 28 日启用，需要两次剪票的叁角车票，车票样式如图 3-25 所示。

图 3-25　北京地铁纸票 3

2003 年 12 月 31 日，北京第 1 套单线自动售检票系统在地铁 13 号线投入使用，这是一套基于磁票的 AFC 系统。系统单程票为一次性纸质磁票。为了响应市政府关于推行“市政交通一卡通”的理念，该系统也增加了对一卡通储值卡的支持，车票样式如图 3-26 所示。

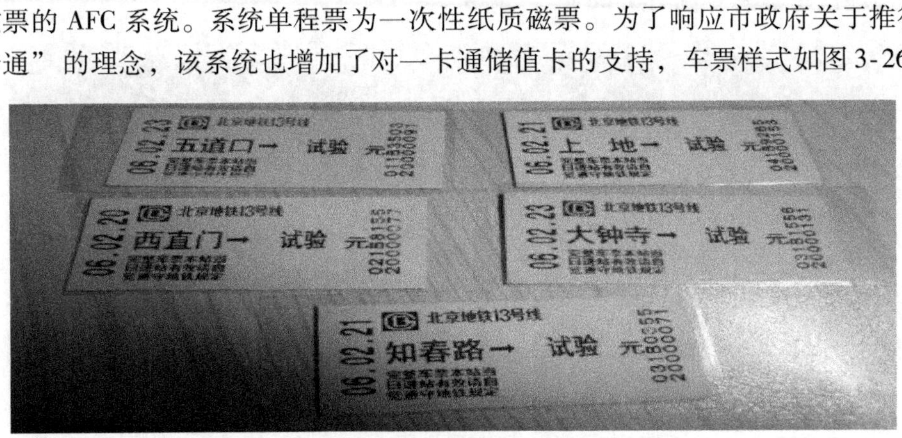

图 3-26　北京地铁纸票 4

2006 年 5 月，1 号线、2 号线、八通线建立了简易 IC 卡系统，作为日后路网 AFC 系统的过渡。

2008 年 6 月 9 日，北京地铁路网 AFC 系统投入使用，在真正意义上实现了“一卡通行、一票通行”和无障碍换乘。系统单程票为可回收的 Ultralight 薄型 IC 卡，支持一卡通储值卡的使用。

二、上海轨道交通车票的发展历程

1999 年 3 月 1 日，上海轨道交通 1 号线正式启用自动售检票系统，成为中国内地第一个正式淘汰人工车票的公共交通系统。上海地铁发售可反复使用的 PVC 磁卡。

然而 2003 年初非典疫情的暴发流行，使人们对车票反复使用的卫生安全产生忧虑，这也是运营商推出一次性纸质票卡的初衷。2003 年 11 月 1 日，上海轨道交通 3 号线正式投入运营，同时开始试运行自动售检票系统。引人注意的是，这次 3 号线所使用的车票是一种全新的纸质票卡，这也是我国首枚真正意义上的纸质磁卡车票。

2005 年 12 月，整合后的上海申通地铁集团在所有轨道交通线路上统一使用“上海轨道一票通”智能卡车票，同时上海轨道交通 3 号线所使用的纸质磁卡车票停止使用。

三、目前我国部分开通地铁的城市单程票票卡样例

1. 北京地铁单程票（见图 3-27）

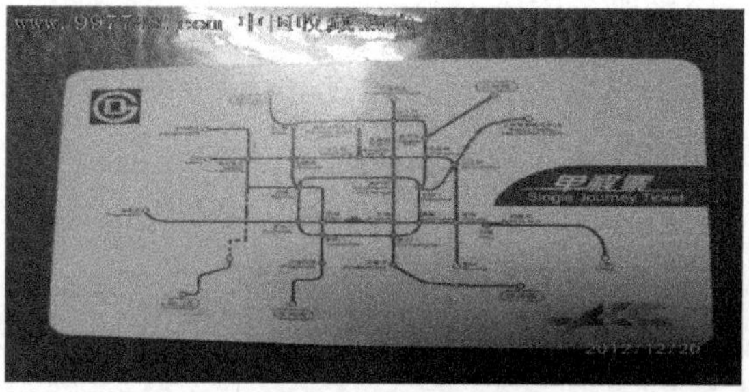

图 3-27　北京地铁单程票

2. 天津地铁单程票（见图 3-28）

图 3-28　天津地铁单程票

3. 上海地铁单程票（见图 3-29）

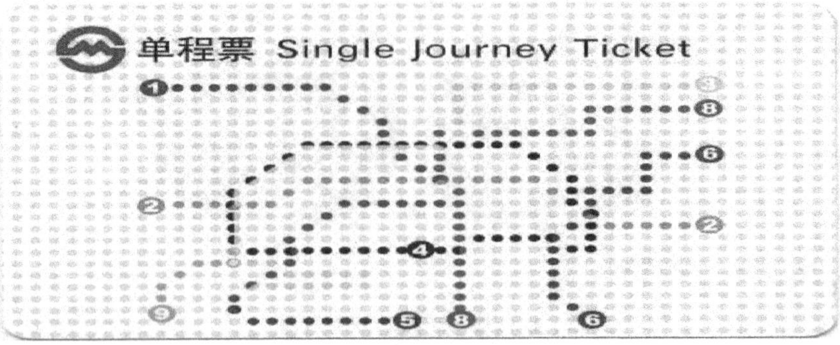

图 3-29　上海地铁单程票

4. 广州地铁单程票（见图 3-30）

图 3-30　广州地铁单程票

5. 深圳地铁单程票（见图 3-31）

图 3-31　深圳地铁单程票

6. 南京地铁单程票（见图 3-32）

图 3-32 南京地铁单程票

7. 武汉地铁单程票（见图 3-33）
8. 成都地铁单程票（见图 3-34）

图 3-33 武汉地铁单程票

图 3-34 成都地铁单程票

9. 沈阳地铁单程票（见图 3-35）

图 3-35 沈阳地铁单程票

10. 重庆地铁单程票（见图 3-36）

图 3-36 重庆地铁单程票

11. 西安地铁单程票（见图 3-37）

图 3-37 西安地铁单程票

12. 苏州地铁单程票（见图 3-38）

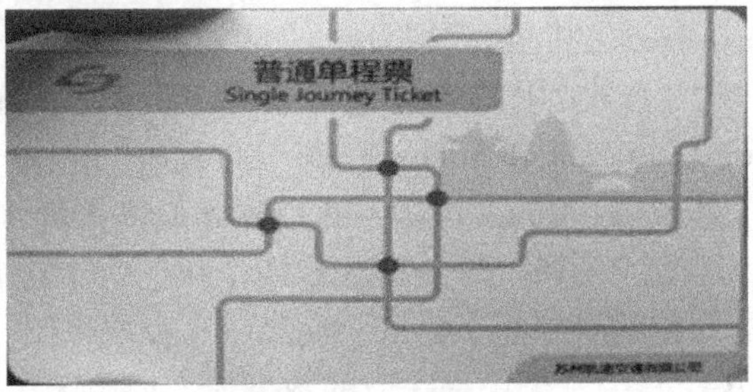

图 3-38 苏州地铁单程票

13. 昆明地铁单程票（见图 3-39）

图 3-39 昆明地铁单程票

14. 杭州地铁单程票（见图 3-40）

图 3-40 杭州地铁单程票

四、轨道交通智能票卡的安全机制介绍

IC 卡的安全级别分为非加密存储卡、逻辑加密存储卡和 CPU 卡。非加密存储卡不需要对其进行密码核对就可以进行读写操作，其安全性最差；逻辑加密存储卡需要先通过读卡器将密码送入卡中，IC 卡核对密码正确后，输出正确的应答信号，才能进行下一步的操作，这样可以防止对卡中信息的随意阅读和改写，其安全性远远高于非加密存储卡；CPU 卡因其具有微处理器，以及更高的计算能力和编程能力，故其安全级别比逻辑加密存储卡高。

在地铁 AFC 系统中，国内大部分城市都采用了逻辑加密存储卡，目前运用较多的逻辑加密卡有 ISO/IEC14443 Type A、Type B，以及 SONY Felica（通常称作 Type C）三种，具体介绍如下。

1）以飞利浦、西门子公司为代表的 Type A。Type A 型采用 100% 调幅，当表示信息“1”时，信号会有 0.2 ~ 0.3μm 的间隙；当表示信息“0”时，信号可能有间隙也可能没有，与前后的信息有关。这种方式的优点是信息区别明显，缺点是能量有可能会出现波动。TypeA 有 MiFare 1、MiFare UltraLight 和 Mifare ProX 三种规格。

Mifare 1 卡片的存储容量为 8192bit ×1 位字长，采用 EEPROM 作为存储介质，整个结构划分为 16 个扇区，编号为扇区 0 ~ 15，每个扇区有四个块，每个块有 16 个字节，每个扇区的块 3（即第四块）包含了该扇区的密码 A（6 个字节）、存取控制（4 个字节）、密码 B（6 个字节），是一个特殊的块。其余三个块是一般的数据块。但扇区 0 是特殊的，是厂商代码，已固化，不可改写。

在对 Mifare 1 卡进行读写时，相应的软件操作也同样为卡片的安全性提供了保证。在读取 Mifare 1 卡片上的数据之前，必须证明它是被允许的，这个过程叫作认证操作。可通过选择秘密存储在 MCM 中的 RAM 的密码集中的一组密码来进行认证而实现。卡片存储器的每一个块都有指定的存取条件，这些存取条件根据密码 A 或 B（它们对整个扇区始终有效）而定。MCM 能够存储三个密码集，即 KEYSET 0、KEYSET 1、KEYSET 2，每一个 KEYSET 又包含了 KEY A 和 KEY B 等，以存取最高达 32kB 内存容量的 MIFARE 卡片。用户必须在 KEYSTACON 寄存器中指定一套密码。要想对此种 IC 卡进行攻击，则必须要知道 AFC Mifare 1 IC 卡的数据存储结构和密钥，但这很难实现。

Mifare UltraLight 卡用 UID + 密钥以防止伪造，用动态 MAC 锁定防止篡改，用密钥系统保证密钥安全。利用 Mifare UltraLight 卡的全球唯一序列号（该序列号是烧制在卡片的 EPROM 上的，是不可修改的）与密钥通过运算产生一个 MAC，每次交易对 MAC 进行认证。产生 MAC 的密钥保存在 SAM 上，这样想要克隆一张车票就需要克隆其全球唯一序列号，并得到保存在 SAM 上的密钥，同时还要知道计算方法。所以能得到 MAC 的机会几乎是不存在的。

2）以摩托罗拉和意法半导体公司为代表的 Type B。它的卡与读写器通信采用的是一种 10% ASK 的调制方式，即信息“1”和信息“0”的区别在于：信息“1”的信号幅度大，即信号强，信息“0”的信号幅度小，即信号弱。这种方式的优点是持续不断的信号传递，不会出现能量波动的情况；缺点是信息区别不明显，相对来说易受外界干扰，会有误信号出现。

3）Sony Felica 型（Type C）。其采用 10% 调幅，射频和能量的提供是连续的。2001 年，深圳地铁将地铁票卡选形为非接触的 SONY 公司的 Felica 系列产品卡，并将地铁单程票外形

定位为圆形筹码。

国内部分城市地铁票卡采用的芯片类型见表 3-1。

表 3-1　国内部分城市地铁票卡采用芯片类型

城　市	储　值　票	单　程　票
北京	Mifare 1 （Type-A）	UltraLight （Type A）
上海	Mifare 1 （Type-A）	UltraLight （Type A）
广州	Mifare 1 （Type A） 和 Type B	Type B 和 UltraLight （Type A）
深圳	Felica	Felica
重庆	Mifare 1 （Type-A）	UltraLight （Type A）
武汉	Mifare 1 （Type-A）	UltraLight （Type A）

五、轨道交通票卡种类的决定因素

通常情况下，票卡种类的决定因素如下。

1）单程：说明车票是否单程有效。

2）仅出站使用：供乘客乘车时间内遗失车票，出站时补票使用。

3）福利：说明乘客享受规定福利。

4）记名：说明票卡出售时存有乘客相关个人信息（相关证件号码），即系统后台将个人信息与票卡关联，票卡内可选择是否存储个人信息。

5）定区域：说明票卡仅在地铁规定的城市的有限区域内使用。

6）定进/出站：说明票卡出售时规定了票卡使用的进/出车站。

7）进出次序标志：说明票卡必须遵循先进站后出站的规律。

8）计费方式，计程：说明票卡计费方式为按里程扣除费用。

9）计费方式，计次：说明票卡计费方式为每乘坐 1 次扣除次数为 1。

10）计费方式，计时：说明票卡计费方式为在规定的期限内任意乘坐。

11）积分：说明该票卡参加积分制。

12）纪念：说明该票卡可以制作为纪念票。

13）折扣：说明该票卡在出售时已按相关规定打过折扣。

根据以上各种因素，通过系统参数的设置，可生成的票卡种类不少于 256 种。

【实训操作】

轨道交通票卡

单元练习

一、名词解释

1. 单程票
2. 储值票
3. 许可票
4. IC 卡
5. 计次卡

二、单项选择题

1. 车票从出入站状态来分，有（　　）两种状态。

A. 已入站和未入站　B. 进站和出站　C. 已入站和未出站　D. 已入站和出站

2. 储值票是指车票内预存有一定资金，在金额足够的情况下可多次使用的车票，每次使用时根据（　　）扣除乘车费用，出站不回收。

A. 进站车站　B. 出站车站　C. 费率　D. 票价

3. 非接触式 IC 卡按需要可封装为方卡形、（　　）或其他形状。

A. 筹码形　B. 圆形　C. 片形　D. 卡形

4. 应急票一般有两种表现方式：一种是预先对一定数量的普通单程票进行预赋值，由工作人员人工发售，此类应急票的使用方法和（　　）相同。

A. 预制票　B. 普通单程票　C. 储值票　D. 纸票

5. 纸票有普通纸票和（　　）纸票。

A. 应急　B. 卡片　C. 预制　D. 条码型

6. 用票盒加封采用（　　）加封法。

A. “一”字　B. “工”字　C. “二”字　D. “十”字

三、多项选择题

1. 未售是指车票经过初始化（编码）后配发至车站且未经车站（　　）发售前所处的状态。

A. TVM　B. TCM　C. BOM　D. LC　E. 编码分拣机

2. 车票从发售和回收来看，分为（　　）三种状态。

A. 发售　B. 已售　C. 未售　D. 回收　E. 其他

3. 车票管理部门定期分析各种车票的（　　）、站存量、（　　）、售卖量、（　　）、（　　）、车站车票最低保有量、（　　）等，掌握不同时期车票随客流的波动规律。

A. 库存量　B. 使用比率　C. 报废量　D. 流失量　E. 车站车票最高保有量

4. 用信封加封车票时，用扎把带将信封背面的接缝处封住，并在扎把带骑缝处加盖加封人员私章，同时在信封的正面注明（　　）、（　　）和（　　）。采用“工”字加封法。

A. 加封内容　B. 加封车站/工班　C. 日期　D. 时间　E. 车票数量

5. 许可票包含（　　）等。

A. 员工卡　B. 测试票　C. 维修票　D. 往返票　E. 一日票

6. 单程票一般有（　　）。

A. 普通单程票　B. 应急票　　C. 出站票　　D. 优惠票　E. 计程票

四、判断题

（　　）1. 普通纸票将车票的相关信息印制在票面（纸质）上，由票务人员视读确认。票面上的基本信息包括：车票编号、出站站点、乘车日期、乘车车次、乘车区间、票款金额、时间限制以及换乘信息等。

（　　）2. 常见的磁条上有 3 个磁道，即 TK1、TK2、TK3。磁道 1 与磁道 2 是只读磁道，在使用时磁道上记录的信息只能读出而不允许写或修改。磁道 3 为读写磁道，在使用时可以读出，也可以写入。

（　　）3. 根据卡与外界数据交换的界面不同分为接触式 IC 卡和非接触式 IC 卡两种。

（　　）4. 筹码型 IC 卡是在直径为 20mm、厚度为 2mm 的非金属材料圆盘内，嵌装集成电路芯片及天线，通过电感耦合的方式与筹码读写器进行操作的 IC 卡。

（　　）5. 票卡按其使用性质一般分为单程票、储值票、许可票三大类。

（　　）6. 测试票是用于设备维修的地铁专用车票，这种车票只有在设备处于维修模式时才能使用。

（　　）7. 票卡计费方式中，计次为每乘坐 1 次扣除 1 次。

五、问答题

1. 简述单程票的处理流程。

2. 票卡的加封方式有哪些？具体如何加封？

3. 票卡的管理主要措施有哪些？

4. 应急票一般有哪两种表现方式？

5. 简述票卡管理的主要作用。

6. 常见的票卡媒介有哪些？

单元四

自动售票系统

课题一 自动售票机（TVM）

【课题目标】

掌握自动售票机的构造及工作原理。

【课题内容】

一、自动售票机（TVM）的组成及功能

自动售票机（Ticket Vending Machine，简称TVM）安装于车站的非付费区（站厅层），用于实现乘客自助购买车票。乘客根据目的地票价，在设备上选择相应的票价键，同时投入对应的钱币，设备自动对已初始化的卡进行赋值并发售。

自动售票机一般由乘客显示器、触摸屏、运营状态显示器、车票读写器及天线、纸币处理单元、纸币找零模块（可选）、硬币处理单元、主控单元、票卡发送装置、维修面板/移动维护终端接口、维护键盘、乘客接近传感器（可选）、机身、电源模块（含UPS或电池）、支持软件等部件组成。

自动售票机的基本功能是通过乘客的自主操作完成自动售票，主要包括如下功能：

1）接受乘客的购票选择，并在购票过程中给出提示信息及操作指导。

2）可以接受乘客投入的现金（或储值票、信用卡等其他付费介质）并自动完成识别，对无法识别的现金（或储值票和信用卡）予以退还。

3）自动计算乘客投入的现金数量及购票金额，完成自动找零。

4）自动完成车票校验、车票赋值及出票。

5）对各部件的工作状态进行自动监测，并向车站计算机系统上报工作状态。

6）接受车站计算机系统下发的参数和控制命令，并执行相应的操作。

7）存储并上传交易信息。

8）对本机接收的现金及维护操作进行管理。

二、自动售票机的工作原理

1. 自动售票机的总体架构

自动售票机以主控单元为核心，辅以现金处理装置、车票处理装置、乘客显示器、打印机和电源灯等模块组成，还可以根据需要配置运营状态显示器、银行卡读写器及密码键盘等部件。

主控单元一般选用高可靠、低功耗的通用型嵌入式计算机设备或工业级计算机设备，需要具有丰富的外部接口以支持外部设备的连接，并需要保留部分接口以支持未来设备的扩展，具体架构如图 4-1 所示。

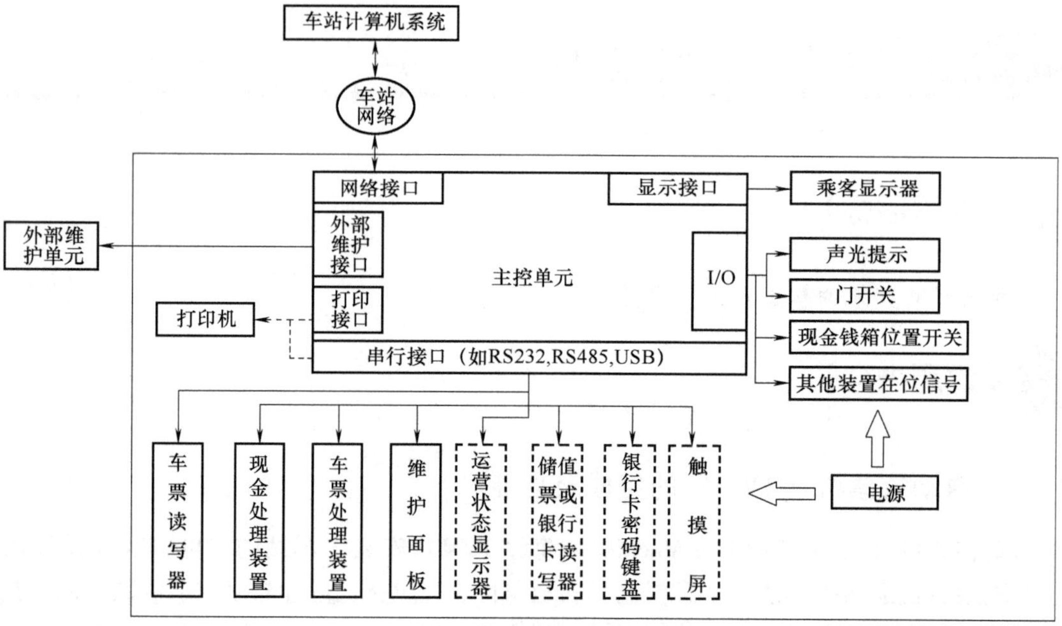

图 4-1　车站自动售票系统架构

2. 交易数据处理流程

自动售票机的交易类型比较单一，只有售票交易一种，交易的基本处理流程如图 4-2 所示。

自动售票机开始出票后，交易不允许被取消。如果交易过程中出现故障（如车票阻塞），无法完成本次交易时，自动售票机应采用找零的方式退还乘客已付的金额。

3. 数据管理

自动售票机内保存的数据包括设备状态数据、交易数据、本机统计数据、日志文件和参数文件等。

设备状态数据、交易数据和本机统计数据均由自动售票机生成。自动售票机定时检查各部件的工作情况，在设备状态发生变化或部件工作状态发生变化时，自动售票机记录状态信息并将相关信息实时上传到车站计算机系统。当有交易发生时，自动售票机将记录交易的结果（包括时间、车票信息、交易金额及交易结果等）并实时刷新本机的统计数据（包括现

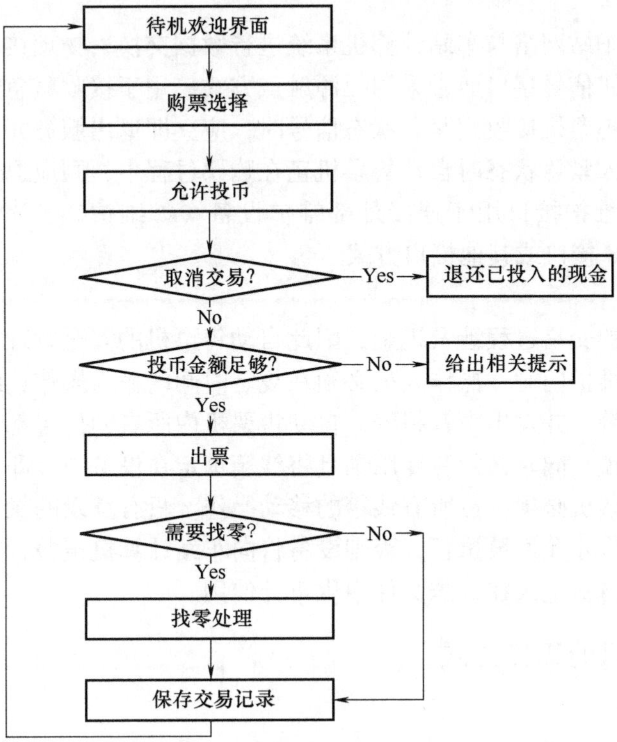

图4-2　交易的基本处理流程

金数据）。

自动售票机的日志文件是安全审计的重要手段，自动售票机将在每次维护门打开、操作员登录、更换票箱及现金钱箱等操作时记录日志信息，供审计使用。根据参数文件的设定，自动售票机的日志文件也可以上传到车站计算机系统。在自动售票机的维护键盘上可以查询到最近的交易数据和交易日志，用于在出现纠纷时确认交易状态。

参数文件的管理方式与自动检票机类似，自动售票机使用的参数文件比自动检票机多，增加的参数主要包括乘客界面参数文件及有关现金管理的参数文件。

4. 人机接口管理

自动售票机的人机接口主要通过乘客显示器实现。乘客可以通过触摸屏或自动售票机的按钮实现与设备的交互。目前，自动售票机越来越多地使用触摸屏作为乘客输入工具，以使操作更加方便和直接。自动售票机通过乘客显示器给出提示信息，其投币口及出票口均有指示灯以提示乘客操作。由于自动售票机的操作比较复杂，因此人机交互界面的人性化设计就显得非常重要。乘客在进行购票选择时，应可以通过选择目的地或票价及张数来完成购票操作，操作过程应力求简便，提示明确，不能存在歧义。

自动售票机也可以配置运营状态显示器用于指示本机的当前工作状态，如正常使用、暂停服务、只收硬币、本机无找零等。运营状态显示器通常安装在自动售票机的顶部，可以使乘客在较远的距离看到设备的工作状态。

5. 外部接口

自动售票机的外部接口主要包括车站计算机系统接口、紧急按钮信号接口和外部维护接口。

自动售票机通过车站网络与车站计算机系统进行数据交换，物理接口的形式由车站网络的形式决定。紧急按钮信号接口通常采用无源触点方式，用于接收紧急按钮信号以便进入或退出紧急状态。自动售票机接收到紧急状态信号时，应立即退出服务并在乘客显示屏上给出明确的提示。如果进入紧急状态时自动售票机正在购票过程中，则应退还乘客投入的现金并立即退出服务。外部维护接口用于连接外部维护设备（如维护键盘），可以使用标准键盘口、RS232 接口、USB 接口或其他接口方式。

6. 安全管理

由于自动售票机的交易过程涉及现金，因此自动售票机的安全管理非常重要。

自动售票机打开维护门时，操作人员必须在规定时间内输入操作员编号及密码，否则设备将向车站计算机报警，并发出声音报警。自动售票机内所有的位置都不能接触到现金。现金钱箱必须带有安全锁，同时必须有专用锁具将钱箱锁定在设备中，即只有使用两把钥匙才能打开钱箱。自动售票机必须监控所有钱箱的移动操作。只有登录的操作员具有移动钱箱的权限时，移动钱箱操作才允许被执行，否则设备将向车站计算机报警，并发出声音报警。所有的移动钱箱操作都将被记录在日志文件中供审计使用。

三、自动售票机的工作方式

1. 运行状态

运营状态存在联网运营和单机运营两种情况，在这两种情况下运营状态通常可分为正常服务模式、暂停服务模式、只收硬币模式。

（1）联网情况

1）联网运行。通常自动售票机处在联网运行方式，此时自动售票机可以完成所有的正常功能。自动售票机的故障信息可在 2s 内主动上传到车站计算机。车站计算机系统可以通过车站网络下载参数和下发指令。

2）独立运行方式。当车站系统网络或车站计算机发生故障时，自动售票机将自动转入独立运行方式，独立运行时，自动售票机具有除与车站计算机系统联网以外的所有功能，且至少可以存储 1 000 000 条交易数据及 7 天的设备数据。通信恢复时，能将保存的交易数据及时上传给车站计算机。

（2）售票功能

自动售票机通常采用先选择车票后投币的购票方式。乘客首先根据目的地车站确认票价，再确认购买车票数量，然后投入需要的付费额度，确认后即可在取票口拿到所购车票。

在未付足购票款或未确认前，乘客可取消正在进行的交易。此外，当乘客购票操作超过设定参数所规定的时间时，自动售票机将自动终止交易，终止交易后会返还乘客已投入的钱币。

需要找零时，自动售票机一般采取先找纸币后找硬币的原则以方便顾客，同时在乘客显示器上显示相应找零金额。在上一次购票交易完成后，自动售票机自动返回初始界面和初始设置。

自动售票机自动完成供票、赋值及出票的处理过程，并在车票赋值前进行车票的有效性检查，在对车票赋值后对所写数据进行校验。如果有效性检查及检验失败，则车票被送到废票箱，同时设备尝试再次发售车票。如果连续出现车票检查/校验错误的次数达到参数设置的次数时，设备暂停服务并报告车站计算机，并向顾客返还已投入的钱币。

在自动售票机的乘客显示器上可以明确提示可接受的硬币及纸币种类，对于乘客的有效和无效操作，将提供不同的声响确认，同时乘客显示器上有明确的有效操作提示。当出票口、退币口及找零口有车票、硬币或纸币时，界面上将给出明显的文字提示（用不同的颜色显示或闪烁）。

自动售票机发售的票价、票型种类参数由中央计算机系统设定。自动售票机自动接收中央计算机系统下发的票价表和其他参数表。

（3）工作模式

1）找零/无找零模式。自动售票机可通过参数设置为允许找零或禁止找零模式。当自动售票机的找零钱币存量低于设定值或找零装置出现故障时，自动售票机将自动进入无找零模式，在运行状态显示器上显示本机不找零，并向车站计算机报告找零不足的状态。当找零装置中的纸币与硬币存量达到最少存币量时，自动售票机将自动转换回找零模式。找零装置中纸币与硬币的最少存币量可通过系统参数进行设置。

2）只收硬币模式。通过参数设置可将自动售票机设置为只收硬币模式。此外，当出现纸币接收机故障、纸币钱箱满或被损坏、纸币钱箱不在位且储值票单元发生故障等情况时，自动售票机也将自动转为只收硬币模式。在此模式下，自动售票机只接收硬币且拒收纸币，纸币入币口始终关闭，并在运行状态显示器上显示本机只收硬币。

3）只收纸币模式。通过参数设置可将自动售票机设置为只收纸币模式。此外，在硬币机故障、硬币钱箱满或被损坏、硬币钱箱不在位且储值票单元发生故障等情况下，自动售票机也将自动转为只收纸币模式。在此模式下，自动售票机只接收纸币且拒收硬币，硬币的入币口始终关闭，并在运行状态显示器上显示本机只收纸币，同时向车站计算机系统上报相应的故障信息。

2. 暂停服务状态

当自动售票机发生不能继续售票的故障时，将自动转入暂停服务模式，不再响应乘客的购票操作，点击触摸屏被禁止，并在运行状态显示器上显示暂停服务。导致自动售票机无法继续服务的故障主要包括发票机构发生故障、两个票盒同时不在位或两个票盒皆空、主机与主要工作模块无法通信、参数文件丢失等。

3. 关闭服务状态

当中央计算机系统、车站计算机系统发送关闭运营指令时或每天运营结束后，自动售票机自动转为关闭服务模式。此时，自动售票机不响应用户在乘客显示屏上的任何操作，但仍处于与车站计算机的通信连接状态并向车站计算机系统报告本机的状态，自动售票机的运行状态显示器上将显示服务已关闭。

4. 紧急状态

在某些紧急状况下，当线路中央或车站控制室发出车站设备进入紧急状态命令或自动售票机采集到来自紧急按钮的紧急模式信号时，自动售票机将自动转入暂停服务状态，不再售票。如果此时自动售票机正在执行一笔售票交易，则在该交易完成后自动转入暂停服务状态，运行状态显示器上显示暂停服务。当紧急状态取消后自动售票机可以自动回复到正常服务模式。

5. 维护状态

设备状态监控以及自动售票机自动上报的故障信息对自动售票机的维护十分重要，对自动售票机的维护操作是保证自动售票机正常服务的重要措施。

自动售票机发生的故障包括两类：一类是不影响继续售票服务的故障，另一类是使售票机无法继续售票的故障。第一类故障主要有仅一个票盒故障（不在位或空）、纸币机故障（此时可只接受硬币）、找零通道堵塞或找零箱空（此时进入无找零模式）等；第二类故障主要有两个票盒均无法继续提供车票、车票拥塞、废票盒满、维护面板（键盘）无法通信等。

对自动售票机进行维护的人员必须是合法的车站工作人员，且每个维护人员只能进行自己权限范围内的操作，否则自动售票机将报警并向车站计算机报告状态。每次维护时都必须输入操作员编号和密码，校验通过后才可开始维护。

四、自动售票机各模块介绍

自动售票机各模块主要分为外结构和内结构两部分。

1. 外结构

自动售票机的外结构包括：机器状态显示屏、纸币投币口、乘客显示屏（触摸）、储值卡投票口、硬币投币口、乘客操作指南、取票口/取币口/退币口，如图 4-3 所示。

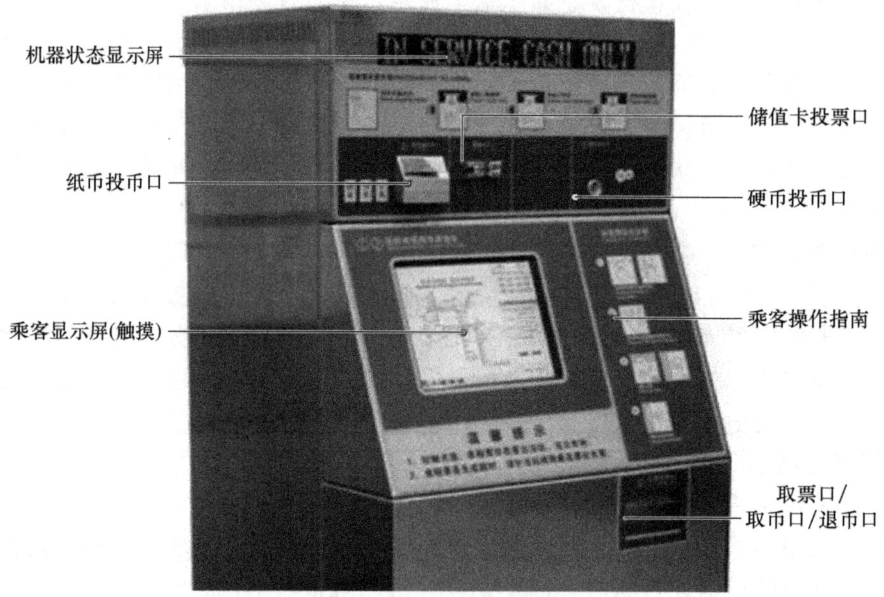

图 4-3　自动售票机外结构图示

1）机器状态显示屏：显示自动售票机状态，如正在售票、暂停服务等的装置。

2）纸币投币口：在进行储值卡充值以及购买车票时投入纸币。

3）乘客显示屏（触摸）：目的地选择、购票以及充值等所需的基本按键操作，显示用户提示语句，并显示各种视频内容。

4）储值卡投票口：在储值卡充值以及购买车票时投入储值卡。

5）硬币投币口：在购买车票时投入硬币。

6）乘客操作指南：显示购票步骤和储值卡充值步骤，提示操作者如何操作。

7）取票口/取币口/退币口：于此处取走车票及钱币。

2. 内结构

自动售票机内结构包括主控模块（ECU）、纸币处理模块、纸币找零模块、硬币处理模块、车票处理模块、打印机、电源模块、维修面板和 UPS。

（1）主控模块（ECU）

主控模块负责运行控制软件，完成车票处理、现金处理显示、数据通信、状态监控等功能。为方便维修，ECU 的设计要模块化且满足物理上和功能上的互换性要求。

主控单元应不低于以下要求：

1）ECU 应采用通用的，基于低功耗 32 位微处理器的嵌入式工控机，有良好的抗电磁干扰性能，能保证整机全天 24h 不停机地稳定运行，平均无故障时间大于 100 000h，并具备足够的能力来提供指定的功能。

2）CPU。Intel 新主流嵌入式 Celeron M（Dothan）低功耗、无风扇设计处理器同等或以上低功耗工业级通用产品，主频≥1G。

3）内存。表贴内存，DDRII 内存，容量不小于 1G。

4）显示适配器至少具有 32MB 的显示存储器，支持 LCD 显示，能支持至少 1600×1200 分辨率 32 位真彩色显示。

5）包括至少 4 个 USB 接口；ECU 除满足系统功能要求的软件及硬件接口外，至少预留两个标准的 RS232 接口和两个标准的 RS422 接口。

6）外部存储器。采用至少包括一条容量不少于 2GB 的 DOM 存储器和一个容量不少于 4GB 的 CF 卡。

7）主控单元具有数据备份能力。设备软件应同时在 CF 卡和 DOM 存储器上存有交易数据。

8）具备电源故障数据保护功能，以避免在电源故障时丢失数据。

9）温度要求为 -10 ~60℃。

10）MTBF≥100 000h。

（2）纸币处理模块（见图 4-4）

1）概述。纸币处理单元一般至少可以识别 6 种（100 元、50 元、20 元、10 元、5 元、1 元）以上的纸币（同一面值但不同版本的纸币被认为是两种纸币）。纸币处理单元通常包括入币口、传输装置、识别模块、暂存器和钱箱等部件。当纸币通过入币口被送入识别器后，纸币传输装置将纸币输送到纸币识别模块，识别模块将对纸币进行面额和防伪标记的识别，合法的纸币将被送入纸币暂存器，不合法（无法识别）的纸币将被退回给乘客。当乘客取消交易时，纸币暂存器内的纸币可以从退币口（也可能是入币口）返还给乘客。当乘客确认交易后，纸币暂存器内的纸币将被转入纸币钱箱内。纸币钱箱采用全密封的结构，通过两把安全锁来保证现金的安全。当纸币钱箱从安装座上拆下时

图 4-4 纸币处理模块实物图示

（即固定用安全锁打开时），钱箱入口将自动关闭，从而保证更换钱箱的工作人员无法直接接触到纸币。只有使用另一把钥匙才能将钱箱打开，清点收到的现金。

纸币处理单元的主要技术指标是识别率和识别速度。识别率指标包括真币接受率和检测准确率。真币接受率和检测准确率两个指标具有一定的关联性。一般说来，检测准确率越高，真币接收率会越低，同时识别速度越慢。

纸币处理单元负责接收、识别、暂存、回收购票纸币，是自动售票机的付费工具之一，是设备组成的重要部分。

纸币处理单元主要由纸币传送部分、纸币检测器、数据模块、纸币箱和纸币箱支架等组成。

纸币处理单元能接受13种（目前市面上正使用的第四版、第五版及以后发行的纸币）不同的纸币，自动售票机接受纸币的种类可以通过参数来设置，纸币可以从4个方向任意插入不会影响其检验正确性。纸币检测器能够接受第四版、第五版及以后新发行的版本的人民币，并能识别人民币“三线防伪”激光机读特征。

纸币检测器具有激光、光学、电感、电介质和交叉传感器，采用激光、读磁、紫外线、红外线、荧光反射成像、透视成像、物理尺寸等多种识别技术交叉识别，可识别纸币双面的影像、油墨的磁性、纸质的密度、防伪线和水印。

2）技术规格如下。

① 暂存箱容量：15张纸币。

② 入钞方向：正反4个方向。

③ 钱箱容量：1 000张纸币。

④ 假币识别率：≥99.99%。

⑤ 纸币接收率：≥98%。

⑥ 识别错误率：<1∶1 000 000。

⑦ 最高入钞速度：≤2s/张。

⑧ 扫描点数：1 200～1 400个。

⑨ 环境要求：操作温度为0～60℃；储存温度为25～70℃；相对湿度为5%～90%，无凝结水气。

（3）纸币找零模块（见图4-5）

纸币找零模块设置固定面额的纸币用于找零，用于找零的纸币一般需要在运营开始之前人工放入到纸币找零箱内。当纸币找零设备和硬币找零设备同时存在时，一般采用先用纸币、后用硬币的找零原则，即需要找零的金额小于找零用纸币的面额时，才会使用硬币找零。

图4-5 纸币找零模块实物图示

纸币找零模块配有两个纸币钱箱，每个钱箱纸币容量为500张。纸币钱箱内含有传感器，通过配合软件可实现“将空”以及“空”信号检测，并上报主控模块。

钱箱可根据要求调节大小以适应不同的纸币（5元、10元、20元等），每只钱箱都带有电子ID（通过RFID芯片实现）。

模块配有外盖门，非操作人员无法取出钱箱，与普通的外露式安放设计相比较大地提升了安全系数。纸币找零模块的技术规格见表4-1。

表4-1 纸币找零模块技术规格

技术指标	技术参数
尺寸（W×D×H） （两钞箱标配时）	160mm×351mm×330mm 钞箱尺寸为116mm×216mm×98mm
重量（W/O介质）	8.5kg（两钞箱标配时），0.7kg/钞箱
维护方式	前端维护
钞箱个数	标准配置两个钞箱，可扩充至六个钞箱
出钞速度	2s/张
介质规格	尺寸：最大82mm×160mm，最小60mm×120mm 厚度：0.09～0.3mm
取数	99张纸币/每笔（随托盘形状）
纸币超时遗忘报表功能	无
闸门	无
钞箱容量/尺寸	钞箱容量为60mm，每个钞箱可装纸币500张
产品标准	UL、TUV认证
废钞箱容量	约20张
少钞传感器	固定传感器（少钞感应张数约为40张），每个钞架均有配置
接口	RS232C（标准），USB（选配）
电源要求	DC 24V ±10%，Max：7A，Ave：5A
温度	工作状态：0～40℃，停止状态：-5～50℃
相对湿度	工作状态：10%～95%，停止状态：8%～95%

（4）硬币处理模块（见图4-6）

1）概述。硬币处理模块主要负责硬币的接收、识别、暂存、回收与找零工作，是自动售票机的付费与找零方案之一，也是核心模块之一。

硬币处理模块主要由硬币识别器、暂存器、循环找零模块、专用找零箱、硬币回收箱和点币箱等组成。

硬币识别器能接受6种不同硬币的参数设置，并能根据硬币的直径、材质及厚度等参数指标辨别硬币的真假。硬币检测准确率大于99.9%。对无法识别的硬币给予退币处理。

硬币处理模块可通过参数设置增加新硬币种类，而无须进行任何软件及硬件的更改。

硬币处理模块配置专用找零箱，专用找零箱的容量不少于1 000枚；并配置循环找零器，能接受并缓存硬币用于找零，存币量不少于300枚。当循环找零器内硬币存量不足时，能自动将乘客投入的硬币导入循环找零器进行补充。

硬币模块使用点币箱实现硬币加币和自动点币计数功能，用户将点币箱插入硬币处理模块即可完成点币加币操作。

硬币处理模块配置轻质材料的硬币回收钱箱，硬币的存币量不少于2 000枚。硬币回收钱箱具有双锁功能，只有当两把钥匙共同作用时才能打开硬币回收钱箱。当硬币箱“满”

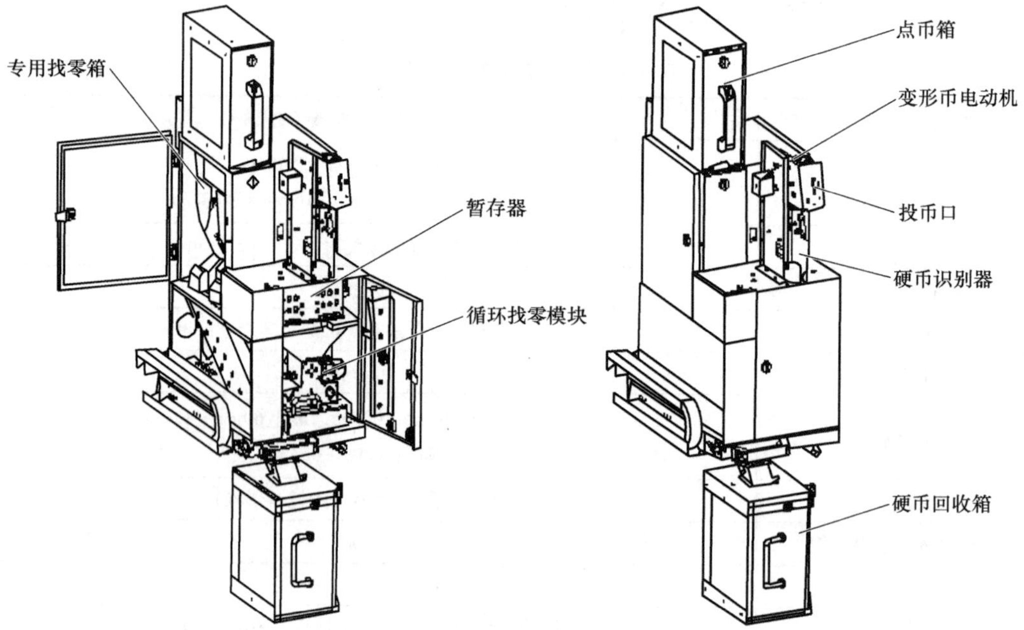

图 4-6 硬币处理模块构成图示

或“将满”时，模块会通知主控模块。

有乘客购票操作时，投币口阀门打开，硬币由投币口进入硬币识别器。不可识别的硬币或不符合参数硬币将退还到取票口，符合参数的硬币由硬币识别器进入暂存器。交易取消时已投入硬币从暂存器退回，能够实现原币原退功能。交易完成暂存器硬币进入循环找零器。

找零时由循环找零器优先找零。循环找零器中硬币少于所设定的下限时，使用专用找零箱内的硬币，若专用找零箱内的硬币到底下限时，设备进入拒收纸币模式，硬币数达到一定数量（参数设置）时，恢复接受纸币功能。

硬币处理模块可按命令进行硬币清空操作（专用找零箱与缓存找零箱），极限清空时间≤5min。

清币时，专用找零箱中和循环找零器中的硬币进入硬币回收钱箱。清币及找零均有计数。

投币口开口大小能够满足一元硬币顺利投入的要求，并且通道光滑，不会因为投币口过宽或过窄而造成通道卡币。硬币识别器上配有变形币马达，若变形硬币被卡滞在识别器内，马达会转动并带动识别器退币退还给乘客。

硬币处理模块使用点币箱（硬币找零钱箱）对设备进行加币。模块加币时需要检测硬币加币锁信号，信号到位时可发送点币指令，硬币处理模块会自动完成加币操作。

2）硬币处理流程如图 4-7 所示。

3）点币箱（硬币找零钱箱/加币箱）如图 4-8 所示。点币箱（硬币找零钱箱）设有硬币找零 Hopper，将点币箱插入支架后点币箱自动将硬币清点至相应硬币通道，并在清点完毕（硬币清空）后将计数数字传至硬币处理模块。

点币箱用于设备的自动加币周转，票款人员将硬币加入到点币箱中，将其上锁，交予操

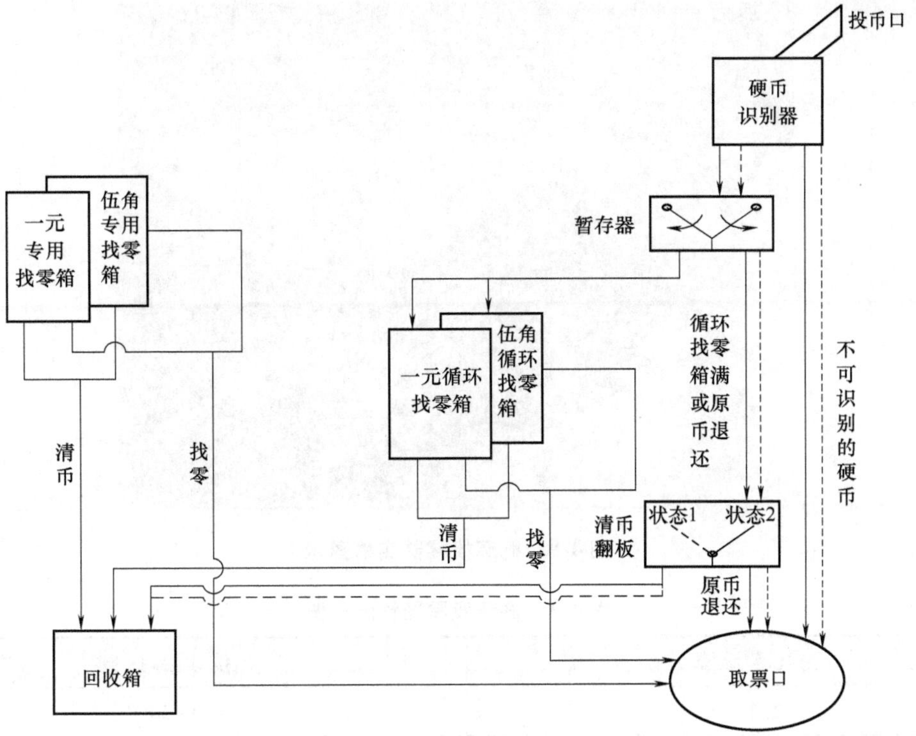

图 4-7　硬币处理流程

作人员进行现场加币。操作人员将点币箱插入支架后，设备会自动进行点币计数，待计数完成，操作人员确认后即可取出并完成加币操作。

图 4-8　点币箱实物图示

点币箱性能具体见表 4-2。

4）循环找零器如图 4-9 所示。循环找零器可容纳 300 枚硬币用于硬币循环，当需要找零时，设备将优先使用循环找零模块内的硬币，同时设备会将投入的硬币存入循环找零以达到硬币循环使用的目的。

循环找零器的性能具体见表 4-3。

表 4-2　点币箱性能一览

技术参数	技术指标
工作温度	-10 ~ 50°C
储存温度	-20 ~ 60°C
相对湿度	20% ~95%，不结露
点币速度	6 枚/s
点币箱容量	500 枚
可靠性	MCBF≥100 000 次，MTTR≤30min

图 4-9　循环找零器实物图示

表 4-3　循环找零器性能一览

技术参数	技术指标
工作温度	-10 ~ 50°C
储存温度	-20 ~ 60°C
相对湿度	20% ~ 95%，不结露
找零速度	6 枚/s
容量	300 枚
可靠性	MCBF≥100 000 次，MTTR≤30min

5）硬币识别器如图 4-10 所示。硬币识别器对于与真币较为相似的游戏币有着较强的拒收能力，检测准确率不小于 99.9%。对于无法识别的硬币将直接退到自动售票机的找零口，原币退还给乘客。

图 4-10　硬币识别器实物图示

硬币识别器可接受目前市场上流通的第四版和第五版人民币硬币，通过检测硬币直径、厚度和材质等参数识别硬币真伪。硬币识别器具备识别、接收伍角和一元两种硬币以外的第三种或多币种的功能。当发行新的硬币种类时，可通过软件设置来增加新的硬币种类，可通过参数下载的方式自行增加新硬币种类，而无须改变或增加任何硬件。

硬币识别器的性能具体见表 4-4。

表4-4　硬币识别器性能一览

技术参数	技术指标
接收币种	32种硬币（2×16通道）
接收币尺寸	直径：15～31mm
	厚度：1.5～2.4mm
识别方式	直径
	重量
	材质
	硬度
识别技术	多频扫描（MFT）
硬币检测准确率	人民币>99.8%
一次性接收率	人民币>96%
处理速度	人民币3枚/s
学习特性	6种硬币
电源接口	DC 10～28V，40～400mA
工作温度	0～60℃
通信接口	CCTalk，Parallel
外形尺寸	高：181.3mm
	宽：127.0mm
	深：64.0mm
认证标志	CE

6）专用找零箱。专用找零箱内置于硬币处理模块中，可容纳1 000枚以上硬币，当循环找零器空时，专用找零箱负责找零工作。专用找零箱通过点币箱加币，加币过程无须手工输入。

专用找零箱的性能具体见表4-5。

表4-5　专用找零箱性能一览

技术参数	技术指标
工作温度	-10～50°C
储存温度	-20～60°C
相对湿度	20%～95%，不结露
找零速度	6枚/s
容量	1 000枚
可靠性	MCBF≥100 000次，MTTR≤30min

7）硬币回收模块。

① 概述。硬币回收模块是硬币处理单元附带的硬币回收系统，一般安装在硬币处理单元下方，由防堵到位开关、硬币回收钱箱和到位开关组成，该模块主要负责硬币的清算与回收工作。

清币时，当模块判断回收箱无法回收全部硬币时，系统会提示操作员先取出箱内硬币。

② 硬币回收钱箱如图4-11所示。硬币回收钱箱具有双锁功能，只有当两把钥匙共同作用时才能打开钱箱，可防止更换钱箱的操作人员接触到钱币。硬币回收钱箱在移动过程中是完全封闭的，只有使用单独的钥匙才可以打开。当硬币回收钱箱从支架上取出时，硬币回收钱箱封门必须处于闭锁状态才可取出；在空硬币箱装入支架并锁住后，钱箱封门自动打开。

图4-11　硬币回收钱箱实物图示

硬币回收钱箱用于回收乘客投入的硬币。当缓存找零器满时，硬币进入硬币回收钱箱。清币时，发送清币命令，将专用找零箱和缓存找零器中的硬币按先后次序分别清入到硬币回收钱箱中。

③ 硬币回收钱箱尺寸图如图4-12所示。

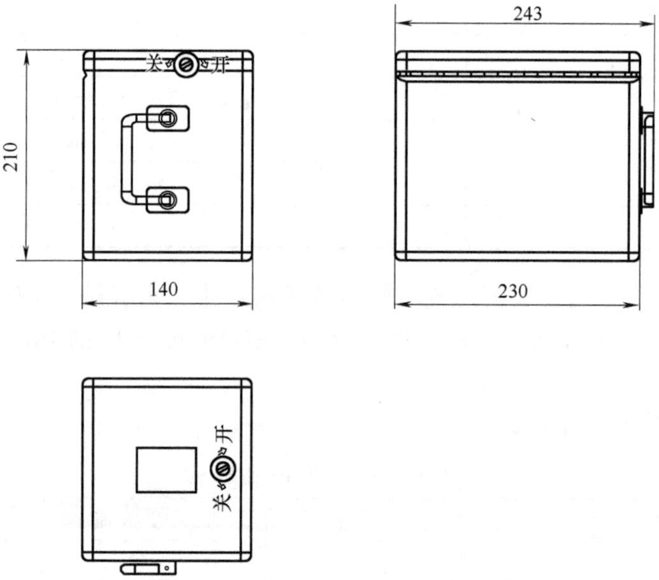

图4-12　硬币回收钱箱尺寸图示（单位：mm）

④ 硬币回收钱箱的技术参数见表4-6。

表4-6　硬币回收钱箱技术参数

技术参数	技术指标
工作温度	-10～50°C
储存温度	-20～60°C
相对湿度	20%～95%，不结露
外形尺寸	长：230mm，宽：160mm，高：260mm

（续）

技术参数	技术指标
容量	2 000 枚（以一元硬币计）
重量	小于5kg
锁	从制锁厂定制，锁具有高安全性。锁具的机械寿命达到5万次以上
硬币箱的提手	负重30kg

⑤ 硬币处理单元的技术参数见表4-7。

表4-7　硬币处理单元技术参数

技术参数	技术指标
工作温度	-10～50°C
储存温度	-20～60°C
相对湿度	20%～95%，不结露
硬币接收速度	3枚/s
硬币找零速度	10枚/s
循环找零器容量	300枚×2个
硬币回收钱箱容量	2 000枚
一元硬币专用找零箱极限容量	1 500枚
伍角硬币专用找零箱极限容量	1 500枚
可靠性	MCBF≥100 000次，MTTR≤30min

（5）车票处理模块

1）概述。车票处理模块是自动售票机的另一个关键部件，车票处理模块只负责完成车票的读写和传送以及废票的回收处理。车票处理模块主要包括车票读写设备和车票传送装置两大部分。

与自动检票机类似，自动售票机的车票处理装置的形式与车票的制式也紧密相关。与自动检票机不同的是，自动售票机内车票的传送方向不同。对于磁质车票，自动售票机的车票传送装置首先从票箱中取出车票，在车票的流动过程中通过读、写、校验三个磁头完成车票的读写，读写成功的车票将被送至出票口，否则将被回收到废票箱。由于磁质车票的读写具有方向性，因此，通常需要票箱中的车票按照规定的方向放置。而对于非接触式IC车票，自动售票机的车票传送装置首先从票箱中取出车票，然后到车票读写区（天线）完成车票的校验，合法的车票在写入发售设备号、发售时间、车票金额等信息成功后送至出票口，未通过校验的车票或写入信息失败的车票将被送入车票处理装置中的废票箱，车票处理装置从票箱中取出下一张车票重新发售。为避免发生由于车票处理模块的故障而造成大量废票的情况，一般在连续几次发售失败后，车票处理模块将不再尝试发售车票，而是向主控单元报告错误。

自动售票机的车票处理模块必须配置票箱，同时还需要配置废票箱，并实时监控票箱的状态。当票箱不在位、票箱将空、票箱已空、废票箱将满及废票箱已满时需要向主控单元发送相关信息，主控单元将相关信息上传到车站计算机系统。车票处理模块应可以根据主控单元的命令从指定的票箱中取出车票并进行发售处理。自动售票机的车票处理模块应当与自动检票机的车票处理模块具有互换性，这样可以直接将自动检票机回收的车票放入自动售机以再次发售，实现单程车票的循环使用，从而大大减少运营管理人员的工作量。

车票处理模块由前票箱、后票箱、读写器、天线、出票驱动系统、前后票箱切换装置和控制板等组成，如图 4-13 所示。控制单元负责控制刮卡机构和票卡传送机构等，以实现票卡的送出、废票的回收及票箱空的判断等操作。车票处理模块的技术参数具体见表 4-8。

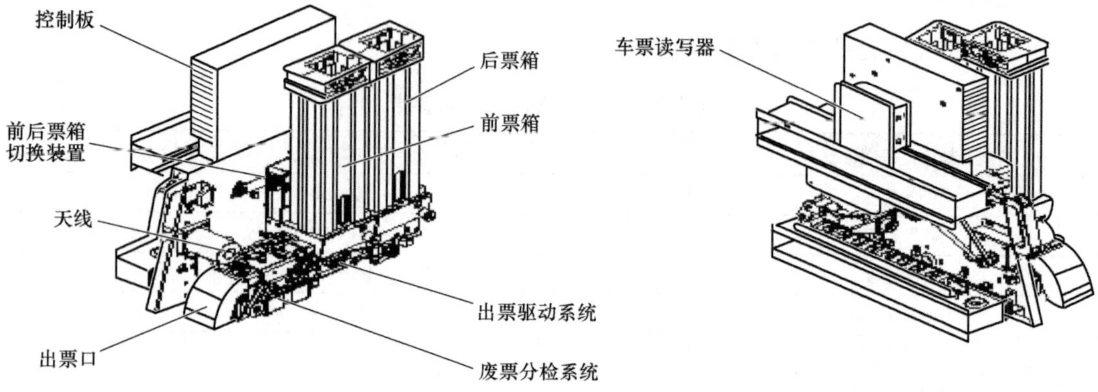

图 4-13　车票处理模块结构图示

表 4-8　车票处理模块技术参数

技术参数	技术指标
工作温度	-10 ~ 50°C
储存温度	-20 ~ 60°C
相对湿度	20% ~ 95%，不结露
外形尺寸	长：641mm，宽：259mm，高：557mm
处理车票类型	卡式车票
票箱数量	两个
车票存储容量	2 × 750 张
废票存储容量	50 张
进票速度	< 300ms
MCBF 平均无故障次数	30 000 次
MTTR 平均故障修复时间	< 30min

2）废票箱。车票处理过程中读写不成功的车票将进入废票箱，废票箱可存放至少 50 张车票。设备能够自动检测废票箱的容量情况，并将“满”与“将满”信号上传。

废票箱结构如图 4-14 所示。

（6）打印机（见图 4-15）

打印机参数：

1）打印机应为高效打印机，打印宽度应为 75 ~ 90mm。

2）能打印中英文字符，打印速度至少为 120 字符/min。

3）具有自动切纸功能，能通过参数设置是否需要自动切纸。

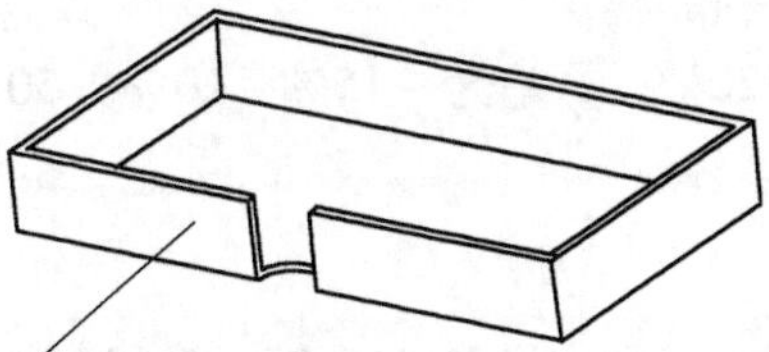

图 4-14　废票箱结构图示

图 4-15　打印机图示

4）打印字库：自带汉字字库。

5）打印列数≥42。

6）可靠性：MCBF≥5 000 000 行字符。

（7）电源模块和维修面板

维修面板是由维修显示器及维修小键盘组成。维修显示器在操作员打开维修门时提示维修信息，包括维修键盘操作、维修信息、交易信息提示等。维护小键盘是标准的数字小键盘，通过维护小键盘对维护界面程序进行操作。

（8）UPS（见图 4-16）

UPS 即不间断电源，为设备提供后备电源，能确保设备断电后最后一笔交易完成。在正常供电时，不间断电源向设备提供稳定的供电，同时对电池自动充电。当突然停电时，可立刻切换到电池逆变供电，使自动售票机可以在电源发生短暂中断的情况下继续保持正常工作。

图 4-16　UPS 图示

设备参数：

1）物理尺寸：≤700mm（宽）×200mm（深）×2 000mm（高）。

2）TVM 内部须预留安装终端设备交换机的位置。

3）TCM 需自带安装底座。

4）输入电源：AC220V，误差为 -15% ~ 10%，50(1 ±4%)Hz。

5）功率：≤100W。

课题二 自动售票机乘客购票操作步骤

【课题目标】

掌握城市轨道交通自动售票机乘客购票的操作步骤。

【课题内容】

自动售票机安装在车站的非付费区，提供乘客自助购买单程票，可接受现金或使用储值卡购买单程票，并具有硬币和纸币找零功能，具备触摸屏、乘客显示器及运行状态显示器，用于显示轨道交通线路、票价、投入钱币的金额及设备运行状态等信息。乘客借用自动售票机能完成购票的整个过程，简便了购票的手续。自动售票机极大地降低了人员的劳动强度与人力成本，使运营管理工作快捷方便。

自动售票机操作可以从两个方面着手：一方面是乘客显示界面的操作；另一方面是自动售票机部件操作，如图 4-17 和图 4-18 所示。

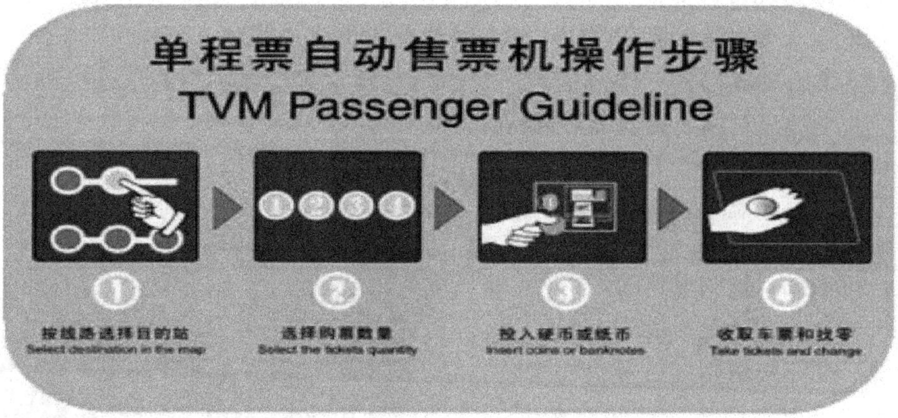

图 4-17 单程票自动售票机操作步骤图示 1

一、购票方式

自动售票机乘客显示界面主要包括以下功能：

1）提示乘客按照正确步骤购买单程票。

2）为乘客显示现有轨道交通线路图以供查询。

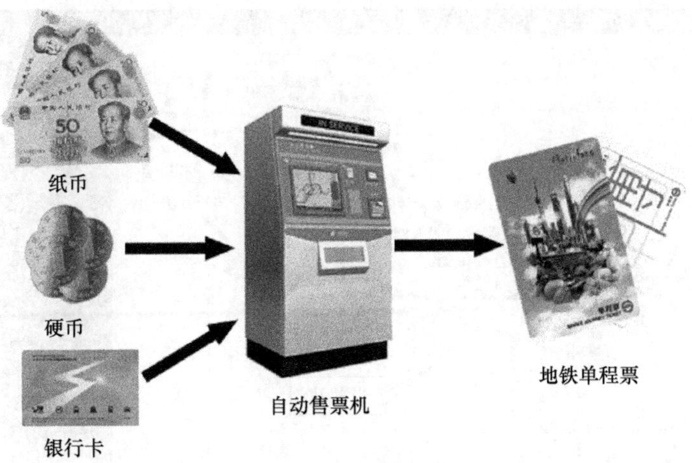

图 4-18 单程票自动售票机操作步骤图示 2

3）中英文显示。

自动售票机的购票方式为先选择车票后投币方式，乘客先在显示器上根据提示选择目的地车站或直接选择票价，并选择购票数量（默认值为 1 张），然后投入钱币或插入储值卡支付票款。

二、主界面

1. 线路地图

界面中部设有轨道交通当前已开通运营线路的示意图，包括各个车站名称、主要换乘枢纽和站内换乘指示等。乘客在地图选择时，界面将切换到乘客选择的单一线路地图。

2. 线路标识键按钮

界面底部设有城市轨道交通当前已开通运营线路的线路标识键，乘客在地图选择时，界面将切换到乘客选择的标识键线路地图。

3. 票价按钮

界面右部设有票价按钮，票价范围为最低的两元到由本站出发可达到的最高票价。乘客可直接选择票价，然后进入数量选择/投币提示界面。

此外，购票主界面中还有当前所在地显示和中英文切换按钮。购票主界面如图 4-19 所示。

三、单一线路图界面

当乘客点击线路标识按钮后，乘客显示界面切换到单一线路图界面，右侧滚动播放该线路票价。

在此界面中，显示完整的带有车站标识按钮的该线路示意图，乘客可继续选择具体的目的地车站，如图 4-20 所示。右侧带有线路上各站点的票价显示，以及中英文切换按钮（预留功能）。乘客也可以按“取消”按钮返回主界面。

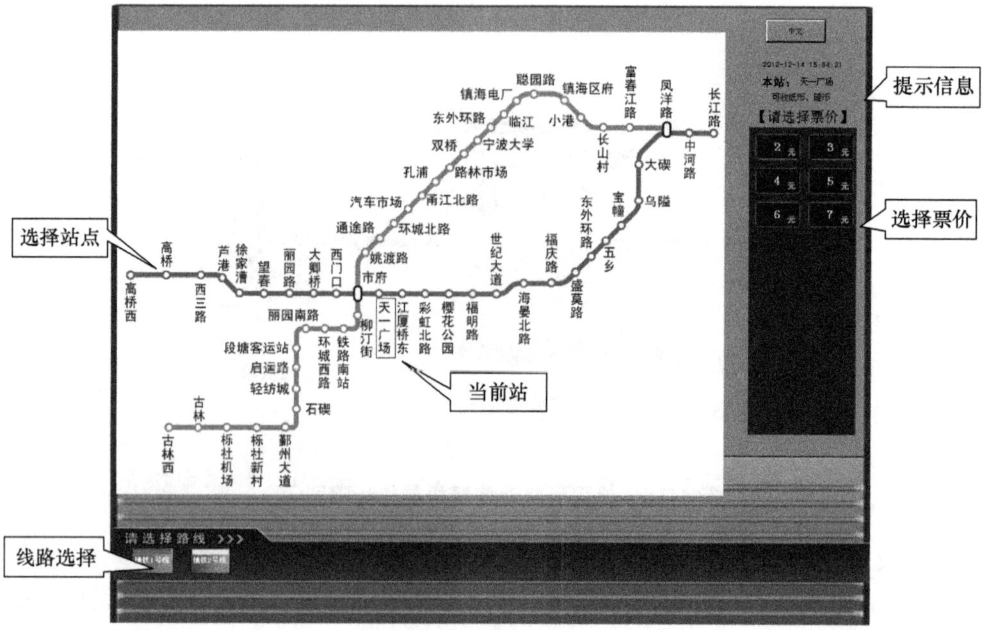

图 4-19　购票主界面图示

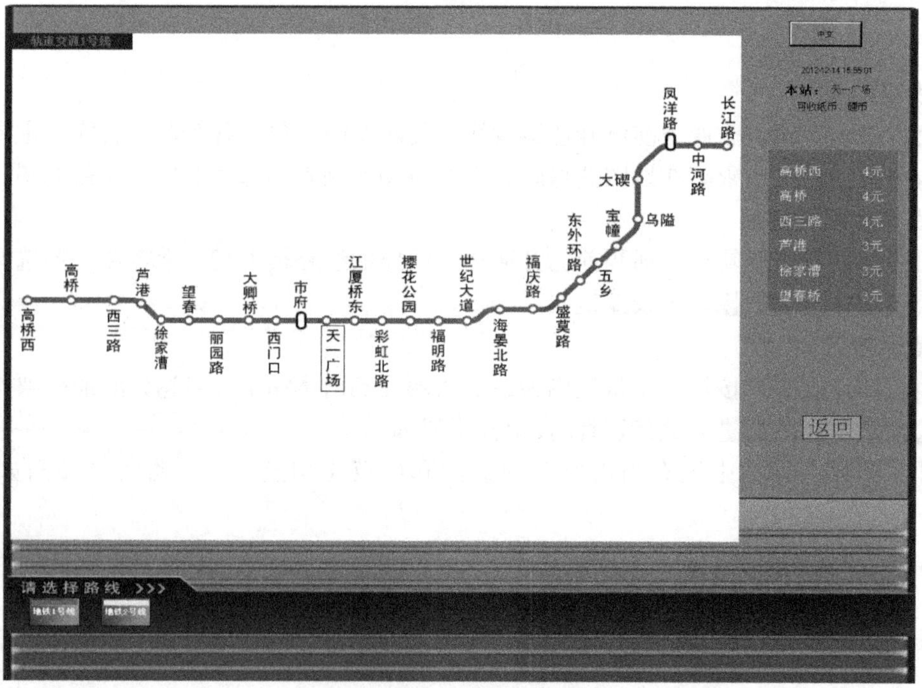

图 4-20　选择线路图示

四、数量选择/投币提示界面

当乘客选择了目的地车站或票价后，乘客显示界面切换到数量选择/投币提示界面，如

图 4-21 所示。界面下部为投币提示文字，提示乘客可以使用的钱币的面额。界面右部为数量选择按钮，乘客可一次选择最多购买 9 张单程票。如果乘客未选择购买数量，则提示乘客按照默认值（1 张）完成操作。界面左部为购票信息，包括乘客选择的目的地车站、车票单价、购票数量和车票总价。当乘客开始投入钱币后，动态显示乘客投入的金额，如果投入金额大于购票总价，则显示找零金额，如图 4-22 所示。

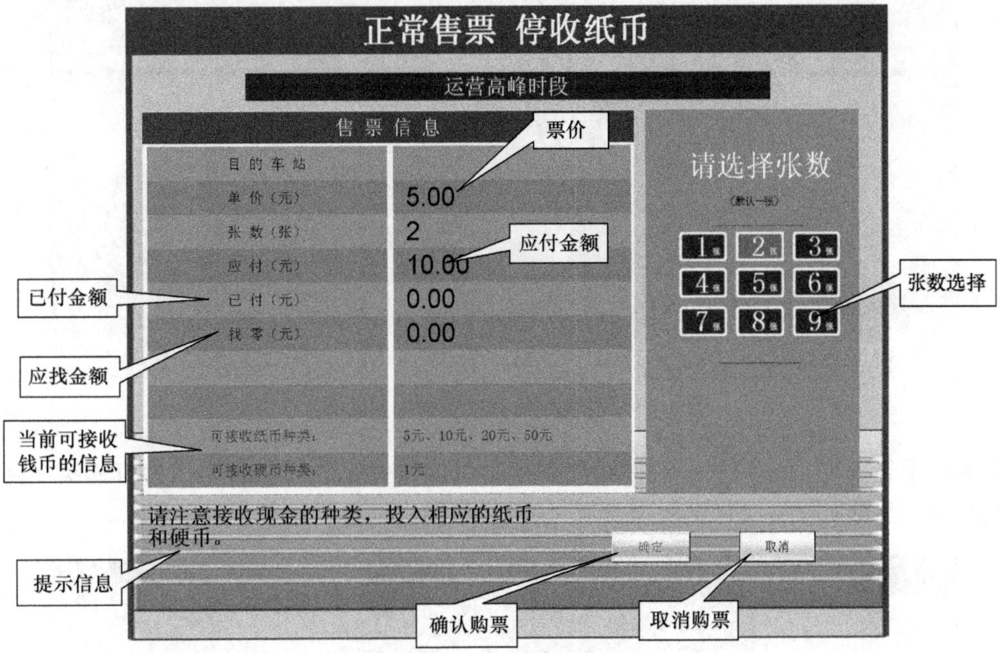

图 4-21　数量选择/投币提示界面图示（见彩图）

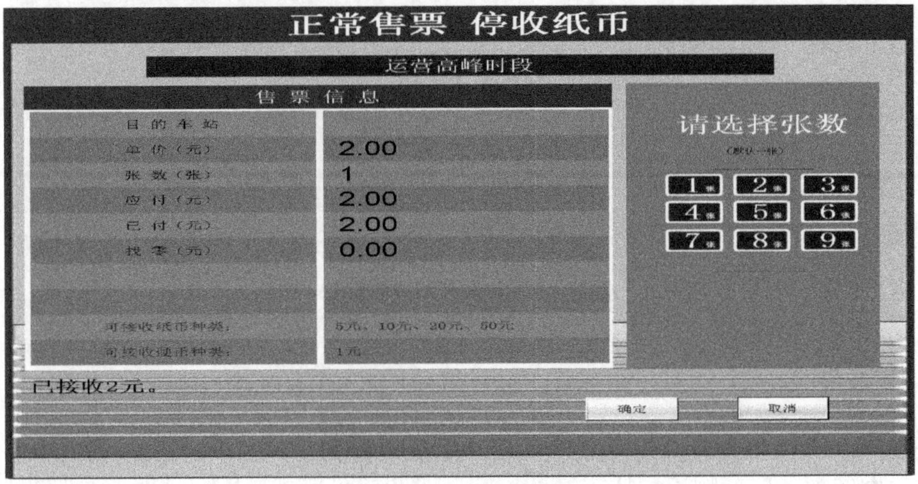

图 4-22　投币界面图示

当乘客投入的金额等于或大于购票总价时，自动售票机停止接收钱币，开始出单程票（并找零）。当乘客插入储值卡后，自动售票机读取储值卡内信息，如无效，则退出储值卡，乘客显示界面提示乘客需要以其他方式支付；如储值卡有效，则显示储值卡内金额，扣款并出单程票，且在完成界面中显示储值卡的余额。

此时，乘客也可以按“取消”按钮返回主界面，自动售票机将退还乘客已经投入的钱币，如图 4-23 所示。

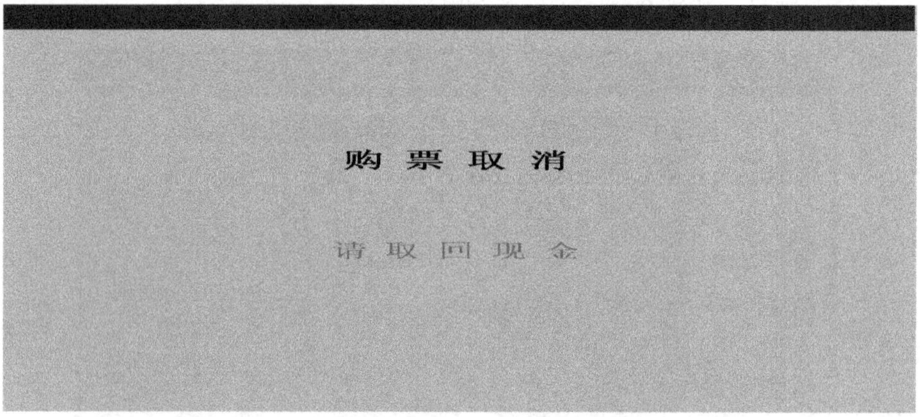

图 4-23　交易取消界面图示（见彩图）

进入投币界面时，如果想一次性购多张票时可以选择张数，最多一次性可购买 9 张。交易成功界面如图 4-24 所示。

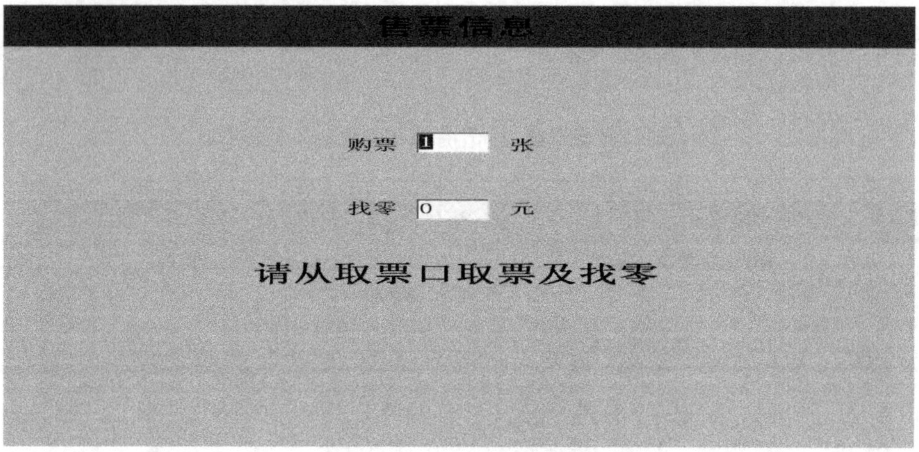

图 4-24　交易成功界面图示

五、交易取消

在未支付足够付款或乘客未确认前，乘客可以按触摸屏弹出框上的“取消”按钮来终止正在进行的交易，或当购票操作步骤间中断、时间超过所规定的时间时，自动售票机将自动终止交易，终止交易后自动售票机退还乘客已投入的纸币和硬币且给出明确提示，如图 4-25所示。

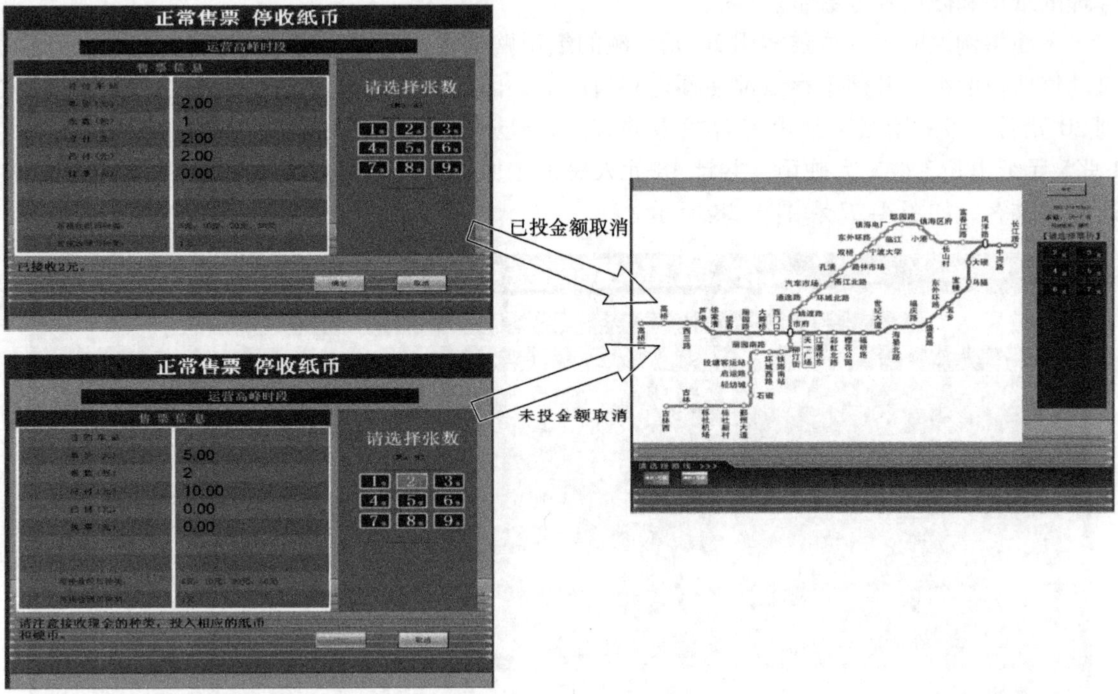

图 4-25　交易取消界面图示

六、自动返回主界面

自动售票机在每次购票交易完成或购票交易取消后，均可自动返回默认主界面，即返回出售单张车票的默认模式，并等待下一笔购票交易，图 4-26 所示。

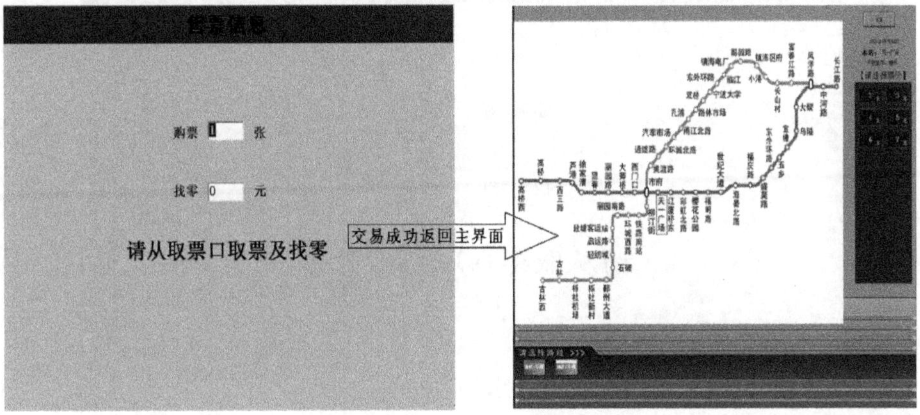

图 4-26　返回主界面图示

七、合理计算

自动售票机在接受现金购票时，当付款金额大于应付金额时，系统会自动在付费提示界面（第三界面）显示找零金额，并在出票前自动根据先找纸币后找硬币的原则分析、计算合理的纸币和硬币找零数量。

下面举例说明了一位乘客用20元面额的纸币购买了一张两元单程票的情况，由于此时自动售票机的纸币及硬币存量都在预定限值以上，因此设备处于正常售票模式。当售票机收到20元后，将采用纸、硬币混合找零的方式，经过计算得出找零面值为1张10元纸币、1张5元纸币和3枚1元硬币，共计18元人民币，加上售出的1张两元单程票一同在取票口返还给乘客，如图4-27和图4-28所示。

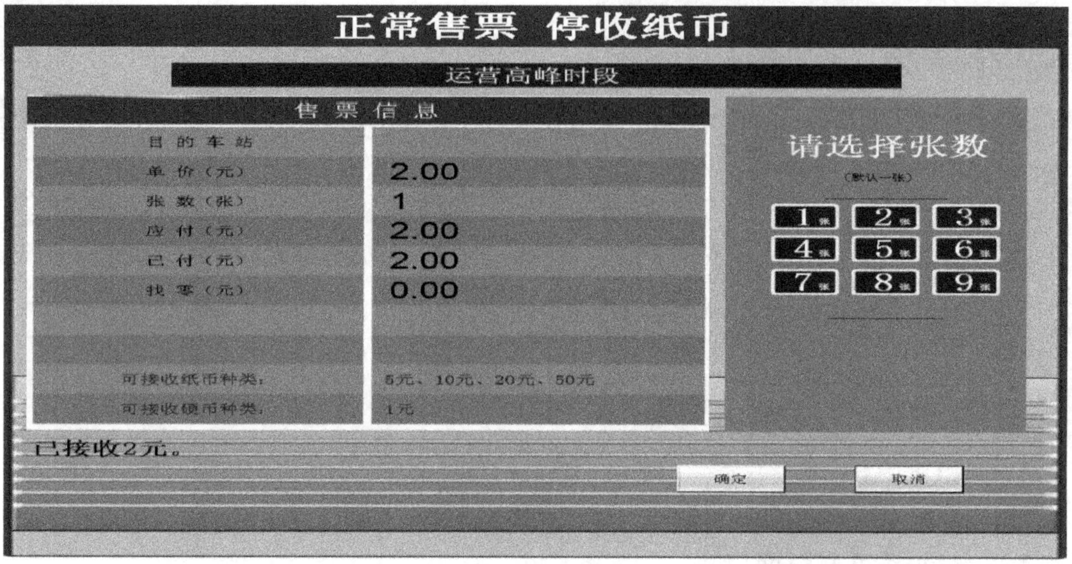

图4-27　支付现金购买单程票界面图示

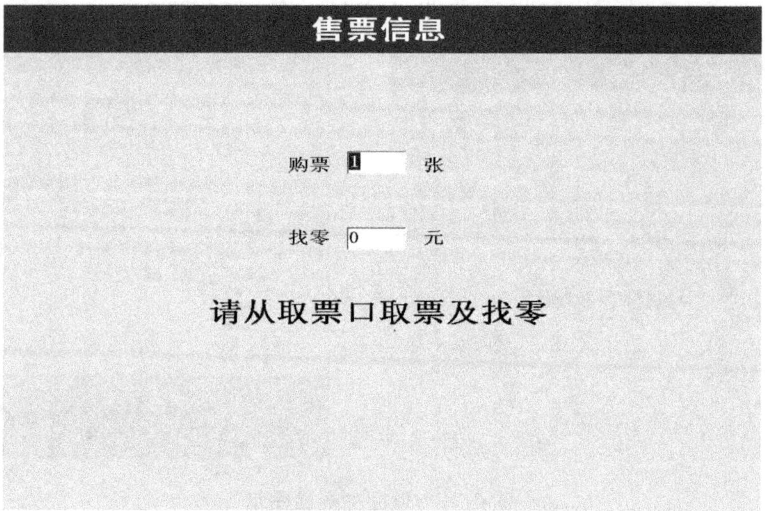

图4-28　找零信息显示界面图示

八、金额提示

自动售票机乘客显示器在相应的投币界面上给出已接收的硬币及纸币面额提示，以提示乘客进行投币操作，如图 4-29 所示。

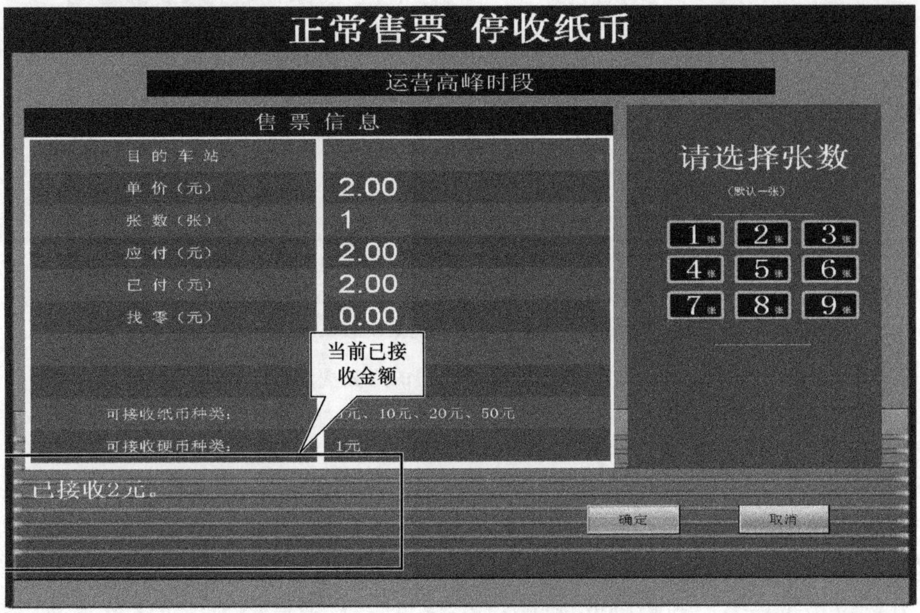

图 4-29　当前已接收金额的界面图示

九、操作提示

自动售票机能识别乘客的有效和无效操作，并能提供不同的语音提示或声响确认，各操作界面上有明确的有效操作提示，以指引乘客进行正确的购票操作，如图 4-30 所示。一旦发生异常情况，界面中也会给予明显的操作提示。

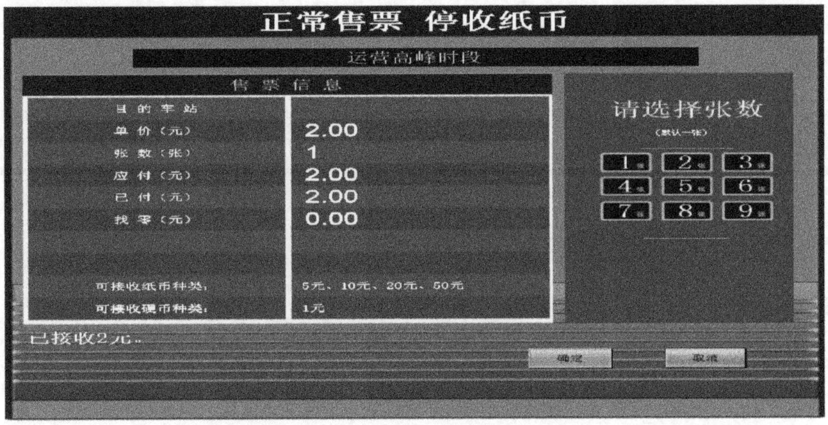

图 4-30　有效提示参考界面图示

十、出票口提示

自动售票机将出票口、找零口、退币口合而为一，在售票过程中有明显的灯光提示，提示乘客取回车票、硬币或纸币，如图 4-31 所示。

图 4-31　出票口明显的灯光提示

十一、路网界面的更新

票价参数表及路网线路图由中央计算机系统统一制定、发布和下载，并通过车站计算机系统下载到自动售票机终端，下载后自动售票机可以根据生效日期自动调整票价表参数及操作界面，并保持正常运营。当路网或线路发生变动时，自动售票机只做参数更新，其他硬件和软件不发生改变。

课题三　TVM 的日常操作

【课题目标】

熟悉城市轨道交通自动售票机的日常操作。

【课题内容】

一、如何打开自动售票机的机柜门

1. 侧门的开启与关闭（见图 4-32）

2. 上门的开启与关闭（见图 4-33）

1）插入钥匙，逆时针转动。

2）打开侧门。

3）打开上门。

二、如何打开售票机（车站站务人员需掌握）

1. 开机准备工作

用钥匙打开 TVM 机侧门，然后检查以下项目是否连接正常、到位：

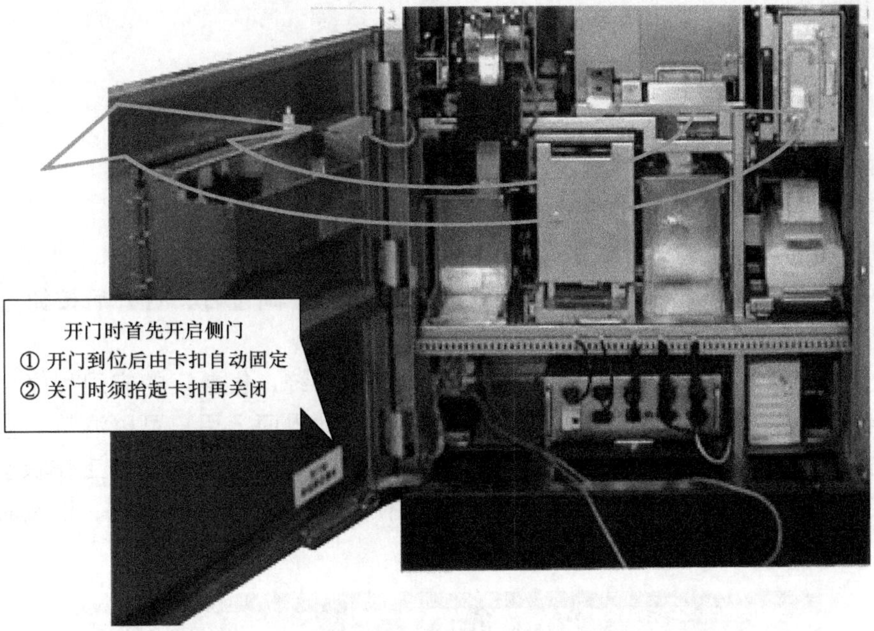

图 4-32　侧门的开启与关闭图示（见彩图）

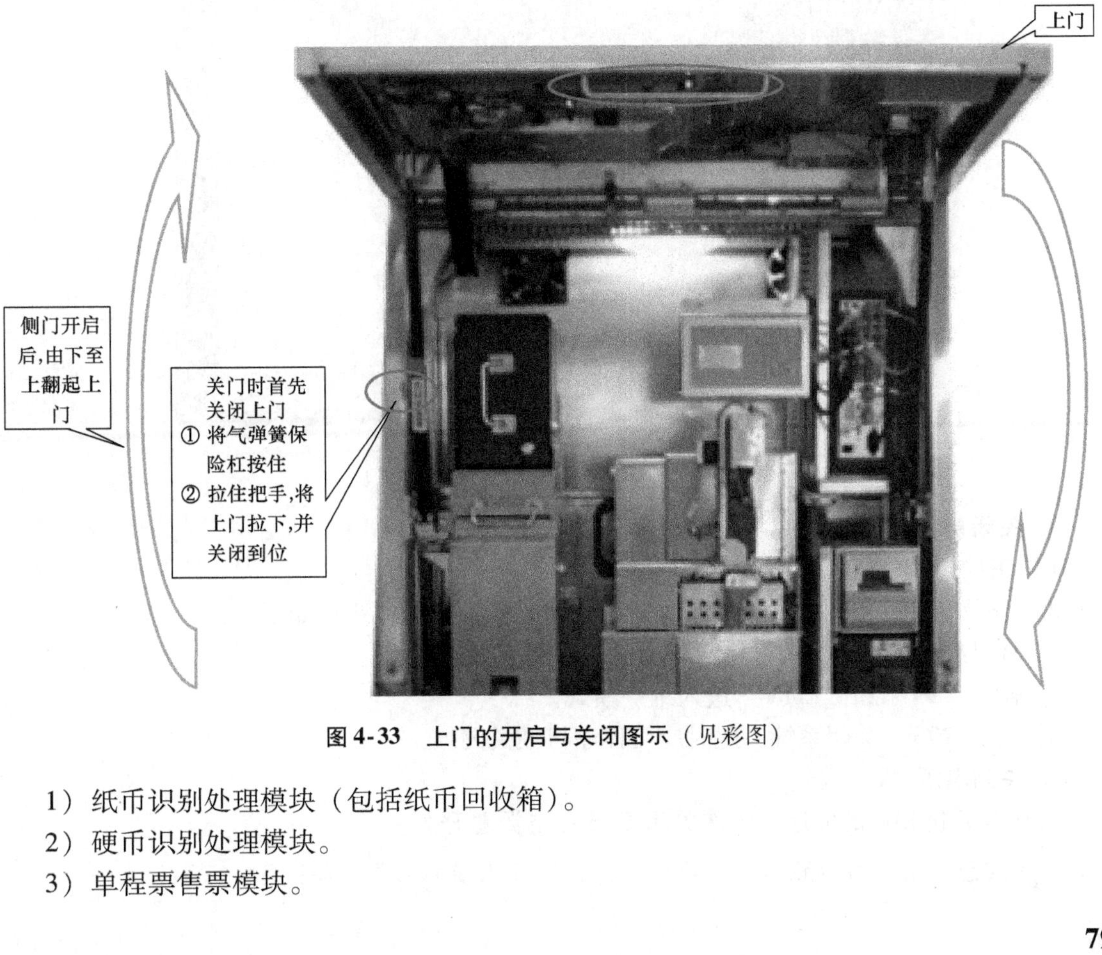

图 4-33　上门的开启与关闭图示（见彩图）

1）纸币识别处理模块（包括纸币回收箱）。

2）硬币识别处理模块。

3）单程票售票模块。

4）硬币回收箱。

5）票据打印机。

6）工控机上各个串口。

最后，确认各个组件到位且 220V 电源连接正确。

2. 打开售票机步骤

1）打开 TVM 总电源控制模块开关（空气开关）。

2）打开 UPS 后备电源。

3）打开电源控制箱开关。位置为 TVM 内底部 UPS 中间位置，打开后按钮上的红色电源指示灯将立即被点亮。

4）打开工控机。打开工控机电源开关，启动操作系统，售票机的应用程序会随着系统的启动而自动启动，启动界面如图 4-34 所示。在此启动界面上用户可以清楚、直观地看到售票机的各个功能模块的自检状态，帮助用户确认这些组件是否处于正常工作状态。当出现问题时，启动界面上会有明确的提示信息，帮助用户快速地确定故障部件，以及时有效地排除故障。

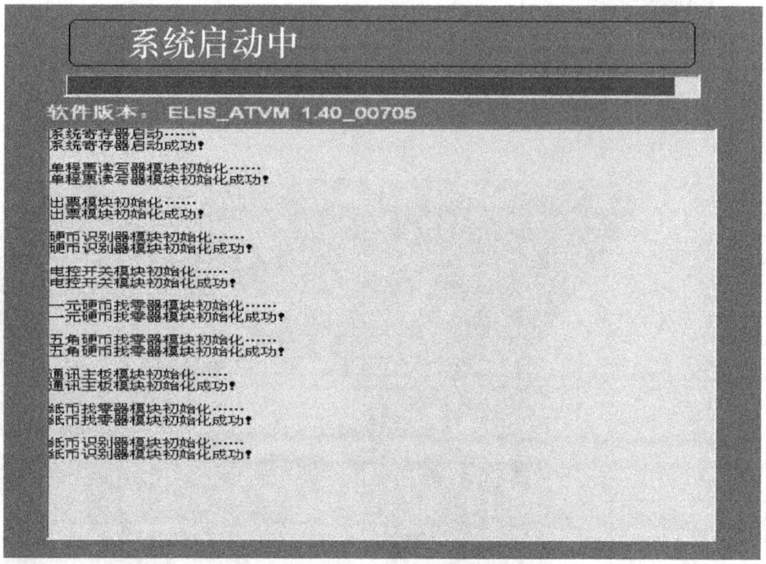

图 4-34　系统启动界面

3. 关闭售票机的步骤

1）正确打开售票机的维护门。

2）登录维护面板，输入关闭系统命令。维护面板的操作步骤如下：

① 登录维护面板。

② 输入“99”和“Enter”进入维护模式。

③ 输入“73”关闭系统，此时应用程序将被关闭。

4. 关闭电源

按照与开机相反的顺序，依次关闭 UPS 和电源总开关。

注意： 请严格按照以上步骤操作，否则可能损坏电气设备！

三、如何更换票箱（见图 4-35）

1）按箭头方向将票箱卡扣扳开。

2）单手握住票箱向上提。

3）松开票箱卡扣，使其自动复位。

4）插入票箱，也是先将票箱卡扣扳开，放入票箱，然后松开票箱卡扣，卡扣自动复位，将票箱“抱”住。

注意： 放置票箱时，一定要按上端多出的尖端靠近门的方向放置，如果票箱方向放反，则刮票失败。

四、硬币模块操作

1. 如何取放补币箱（车站站务人员需掌握）

1）插入钥匙，顺时针转动补币箱固定锁，将其打开（见图 4-36）。

2）手握补币箱提手将其向外拉出或向里推进。

3）逆时针转动补币箱固定锁，将其锁住。

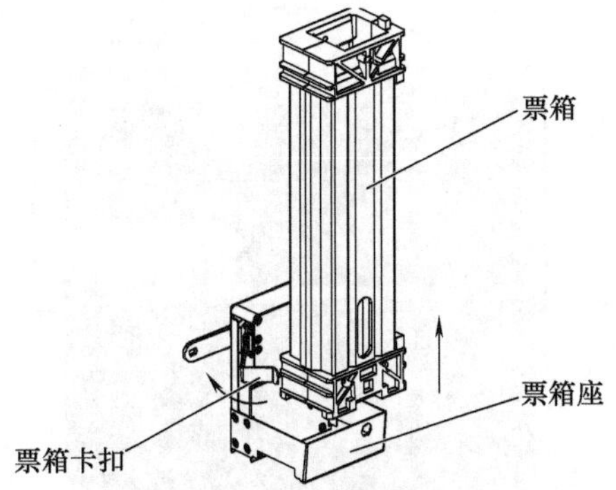

图 4-35 票箱图示

图 4-36 补币箱

注意： 在售票程序启动的情况下，操作补币箱要先输入 88 和 881/882 指令才可以正常操作，否则属于非法操作，系统将报警提示。

2. 如何取放循环找零模块

（1）拆卸方法

1）打开循环找零模块锁（见图 4-37）。

2）拉出循环找零模块。

3）拨动导轨上的卡扣，并将模块拉出（见图 4-38）。

（2）安装方法

1）对准轨道插入循环找零模块。

2）将模块插到底后反复抽拉以检查卡扣是否已经到位。

图 4-37　循环找零模块 1

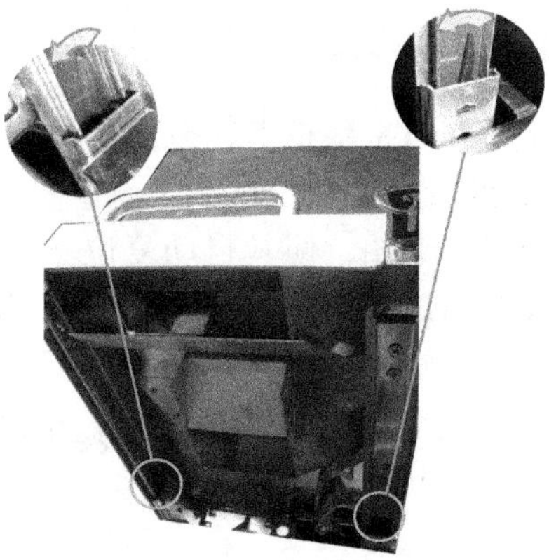

图 4-38　循环找零模块 2

3. 如何取放循环找零器

（1）拆卸方法

1）拆下循环找零模块。

2）拔掉模块上的电源线、电缆线以及光感线。

3）卸下面板下方的三颗固定螺钉（见图 4-39）。

4）移走面板和清币闸模块（见图 4-40）。

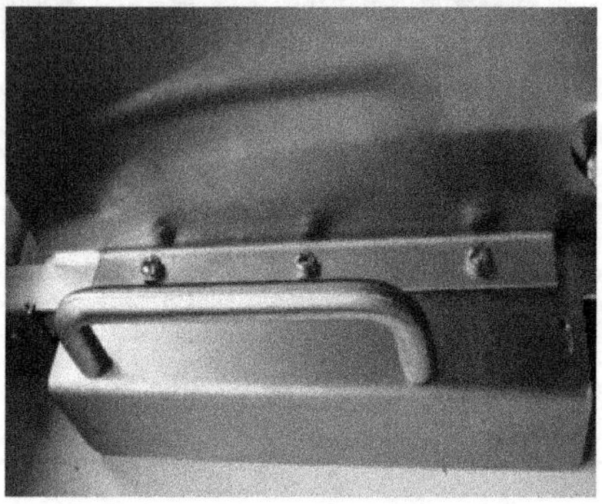

图 4-39　三颗固定螺钉

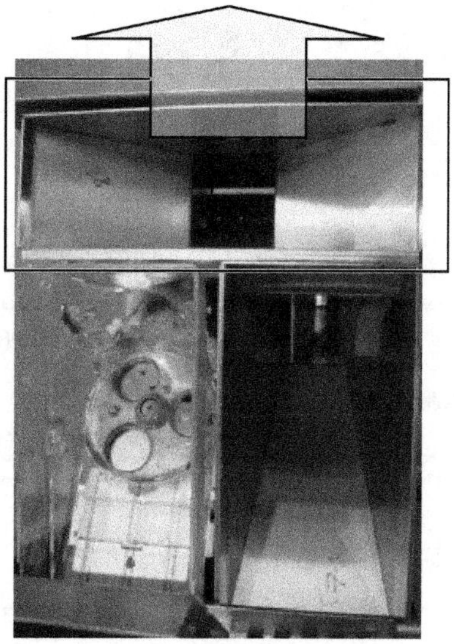

图 4-40　清币闸模块

5）卸下位于循环找零器底部的紧固螺钉（见图 4-41）。

6）取走循环找零器，按箭头方向推拉（见图 4-42）。

（2）安装方法

1）装上循环找零器。

2）装上清币闸模块及面板。

3）插上所有的电源线、光感线和电缆线，位置如图 4-43 和图 4-44 所示。

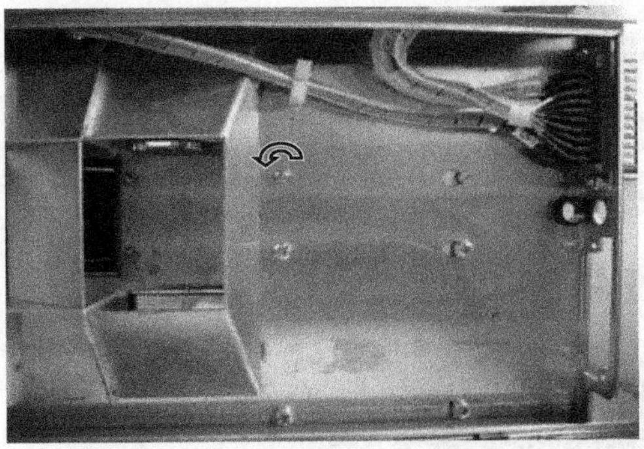

图 4-41　紧固螺钉（见彩图）

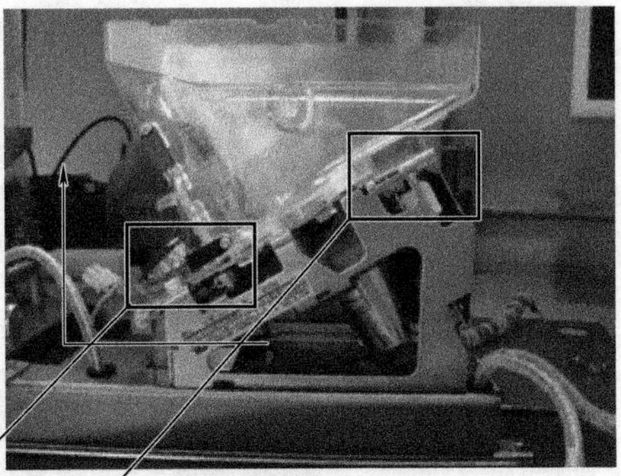

图 4-42　循环找零器（见彩图）

图 4-43　电源线（见彩图）

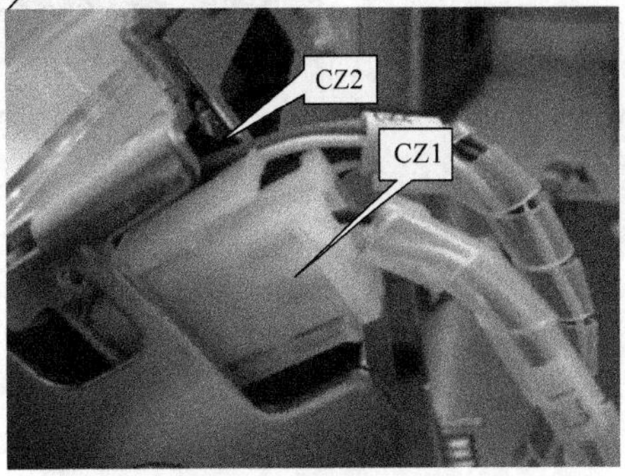

图 4-44　光感线（见彩图）

4）拧上面板下的紧固螺钉，边拧边调整面板位置，保证面板位置正确。

5）拧上循环找零器下的紧固螺钉，边拧边调整循环找零器位置，以保证位置正确，如图 4-45 所示。

图 4-45　循环找零器位置图示（见彩图）

4. 如何取放硬币识别器

（1）拆卸方法

1）抬起硬币识别器的卡扣（见图 4-46）。

2）拉出硬币识别器。

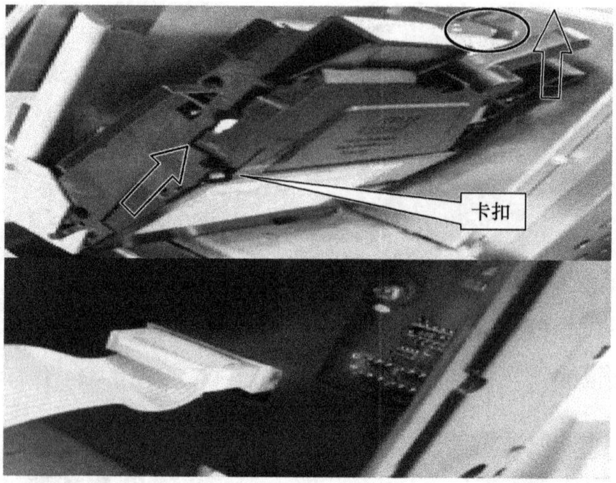

图 4-46　抬起硬币识别器卡扣（见彩图）

3）拔下电缆。

（2）安装方法

1）插上电缆。

2）装上硬币识别器。

3）检查卡扣是否卡住，连接是否牢靠（见图 4-47）。

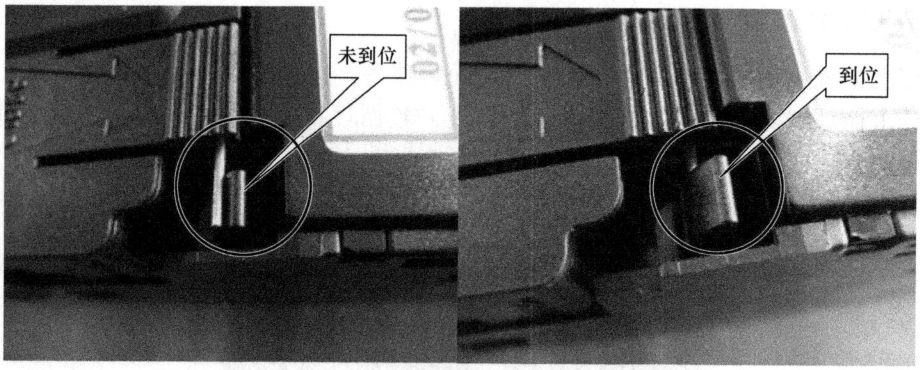

图 4-47　硬币识别器卡扣（见彩图）

注意： 向上拉出硬币识别器时，一定不要太快，放置好硬币识别器下方的插线。拔硬币识别器的插线也不能过猛，防止接线脱落。

5. 如何取放硬币回收箱（车站站务人员需掌握，见图 4-48）

1）箱体插入时，箱体上滑槽自行导入支架上的导轨片，将箱体完全推入，此时打开封门锁，封门被打开，同时箱体上的锁扣插入支架导轨片上的锁槽，箱体被固定在支架上，取出钥匙。

2）当需要取出硬币回收箱时，关闭封门锁，封门被关闭，同时箱体上的锁扣脱离支架导轨片上的锁槽，此时可将箱体拉出。

3）当需要倒出硬币时，打开上盖锁，上盖打开即可倒出硬币。

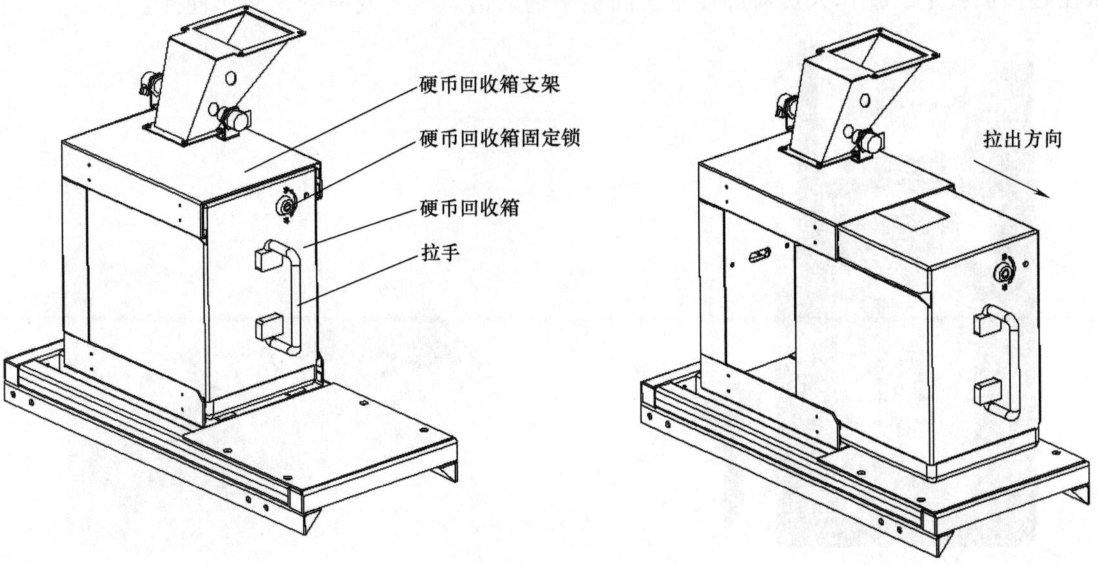

图 4-48　硬币回收箱

4）上盖锁除打开/关闭钱箱上盖外，另有锁定封门锁的功能。关闭封门后，不能再次打开封门，必须在上盖锁打开后，才能再次打开封门锁。

注意：在售票程序开启的情况下，如果要移动硬币钱箱，则一定要先输入指令，否则属于非法操作，系统将报警提示。

正确移动硬币钱箱的具体步骤为：

1）正确登录自动售票机。

2）在维护面板中输入“99”和“Enter”。

3）输入“88”和“Enter”，再输入“881”和“Enter”。

4）使用封门钥匙关闭钱箱封门，取下硬币钱箱。

五、纸币回收箱操作（车站站务人员需掌握）

1）抬起把手向右搬动（见图 4-49）。

2）插入钥匙，顺时针转动纸币钱箱固定锁。

3）手握钱箱拉手。

4）将钱箱向前拉出。

5）如果需要取出纸币，则打开侧边盖锁（封门状态指示绿色），取出纸币。

6）侧边盖锁除打开/关闭钱箱盖外，另有锁定封门锁的功能。关闭封门后（封门状态指示红色），不能再次打开封门，必须打开侧门盖锁后（封门状态指示绿色），才能再次打开封门锁。

六、软件项目操作

自动售票机维护面板可以显示机器的所有状态，工作人员可以利用维护面板（见图 4-50）来完成查询、操作和检查等多项功能。自动售票机的所有状态都通过特殊语言显示在维护面板上，操作人员通过在维护面板中输入信息来下发命令，简单便捷。

图 4-49　纸币回收箱操作图示

图 4-50　维护面板

1. 如何登录维护面板（车站站务人员需掌握）

打开自动售票机后，系统启动完毕即需要登录维护面板，否则系统将报警。登录步骤如下：

1）维护面板提示输入用户名。

2）输入用户名号并按“Enter”按钮。

3）维护面板提示输入密码。

4）输入密码并按“Enter”按钮。

注意：按下“Enter”按钮后，维护面板的键盘处于锁死状态，只有在完成当前的命令工作后才可响应新的命令输入。

维护面板的默认状态为状态/故障循环显示状态。若当前的菜单不在 99 维护模式下，则可输入“0”和“Enter”，查看状态。若当前处在 99 维护模式下，则可先输入“99”和“Enter”退出维护模式。再输入“0”和“Enter”，查看状态。维护面板以中文方式循环显示状态/故障码。

说明：循环显示的状态/故障码为当前发生的故障信息。若当前没有任何故障，则不显示其状态/故障信息。一般地，打开门后则会显示没有打开前的状态信息。

2. 如何显示时间和日期

在 TVM 和 SC 通信中断，自动售票机处于脱机状态时可以修改时间和日期。通信正常时，通过维护面板只能查看时间和日期，但不能修改。

查看日期和时间的步骤如下：

1）正确登录维护面板。

2）输入“2”和“Enter”，查看时间。

3）输入“3”和“Enter”，查看日期。

3. 如何设置时间和日期

1）正确登录维护面板。

2）检查与SC通信状态，确认TVM与SC通信中断。

3）输入“2HHMMSS”和“Enter”，更改时间。例如，输入2063000可将时间设置为6:30。

4）输入“3YYMMDD”和“Enter”，设置日期。例如，输入3090707可将系统日期设置为2009年7月7日。

4. 如何显示星期

1）正确登录维护面板。

2）输入“31”和“Enter”，查看当前日期的星期数。

5. 如何查询寄存器

自动售票机中共有49个审计寄存器，可以在维护面板中直接输入“101～149”来查询寄存器数据。查询步骤如下：

1）正确登录维护面板。

2）输入“101”和“Enter”。

3）显示01寄存器数据。

4）按“Enter”按钮可继续查看下一个寄存器。

5）遍历所有寄存器数据。

6）输入其他代码退出寄存器查看，转入相应的命令界面。

6. 如何查询交易记录

通过维护面板输入“150～199”可以查看交易记录，TVM可以保存最近的50条交易记录，每条交易记录包括交易时间、接受纸币金额、接受硬币金额、接受储值卡ID、储值卡扣款金额、车票单价、车票张数、纸币找零金额和硬币找零金额等。查询步骤如下：

1）正确登录维护面板。

2）输入“201”和“Enter”。

3）显示最新的交易数据。

4）按“down”和“up”按钮可以翻页显示。

5）按“Enter”按钮可以继续查看下一个寄存器。

6）输入其他代码即退出寄存器查询。

7. 如何设置TVM为关闭服务模式

通过维护面板输入“66”可以设置TVM为关闭模式或正常模式，关闭模式下不能进行交易服务。设置步骤如下：

1）正确登录维护面板。

2）在维护面板中输入“66”和“Enter”，TVM状态为关闭模式。

3）在维护面板中输入“66”和“Enter”，TVM重新进入正常模式，即售票模式。

8. 如何打印报表（车站站务人员需掌握）

通过维护面板输入“251～254”再加上要打印的日期，可分别打印1～4号报表。打印步骤如下：

1）正确登录维护面板。

2）如输入“251＊＊＊＊＊＊”和“Enter”，则打印报表1；输入“251090707”和“Enter”，则代表2009年7月7日的报表1。

3）输入其他打印代码可打印其他报表。

4）输入其他命令代码，可转到相应的命令界面。

七、软件测试类操作

以下的内容都是在“99”命令下的二级菜单项目。当操作者登录维护面板后输入“99”和“Enter”，即可进行下面的各项操作。

1. 如何设置TVM为售票模式（车站站务人员需掌握）

1）正确登录维护面板。

2）输入“99”和“Enter”，进入维护模式。

3）输入“01”和“Enter”，设置TVM为售票模式。

4）输入其他维护命令代码，可转到相应的命令界面。

5）再次输入“99”和“Enter”，可退出维护模式。

2. 如何查询版本信息

1）正确登录维护面板。

2）输入“99”和“Enter”，进入维护模式。

3）在维护面板中输入“02”并按“Enter”按钮。

4）维护面板显示出相应的版本信息。

5）输入其他维护命令代码，可转到相应的命令界面。

6）再次输入“99”和“Enter”，可退出维护模式。

3. 如何设置暂停服务模式（车站站务人员需掌握）

1）正确登录维护面板。

2）输入“99”和“Enter”，进入维护模式。

3）在维护面板中输入“03”并按“Enter”按钮。

4）维护面板显示售票机为暂停服务模式。

5）输入其他维护命令代码，可转到相应的命令界面。

6）再次输入“99”和“Enter”，可退出维护模式。

4. 如何复位自动售票机（车站站务人员需掌握）

这里的复位功能为逻辑复位，是将各个功能单元重新初始化。

1）正确登录维护面板。

2）输入“99”和“Enter”，可进入维护模式。

3）在维护面板中输入“04”并按“Enter”按钮。

4）维护面板显示复位售票机。

5）输入其他维护命令代码，可转到相应的命令界面。

6）再次输入“99”和“Enter”，可退出维护模式。

5. 如何添加硬币（车站站务人员需掌握）

1）正确登录维护面板。

2）在维护面板中输入“99”和“Enter”。

3）在维护面板中输入“88”和“Enter”。

4）在维护面板中输入“881”或“882”，再按“Enter”按钮。

5）使用转动封门钥匙开启封门，装入硬币补币箱。

6）先添加一元硬币再添加伍角硬币，否则无法添加。对一元硬币进行补币操作，需要在维护面板上输入“5××××”，手工输入一元硬币的添加数量。例如，输入“50700”则表示本次添加700个一元硬币。

7）对伍角硬币进行补币操作，则需要在维护面板上输入“4××××”，手工输入伍角硬币的添加数量。例如，输入“40700”，则表示本次添加700个伍角硬币。

8）使用转动补币箱封门钥匙关闭封门。

9）再次输入“99”和“Enter”，退出维护模式。

6. 如何添加找零纸币（车站站务人员需掌握）

TVM纸币找零为单一的10元纸币，添加纸币时需操作员输入纸币数量，具体步骤如下：

1）正确登录维护面板。

2）在维护面板中输入“99”和“Enter”。

3）在维护面板中输入“88”和“Enter”。

4）在维护面板中输入“881”或“882”和“Enter”。

5）打开封门，拉出找零钱箱并安装到辅助板上。

6）装入纸币到找零钱箱内。

7）在维护面板上输入“6××××”，手工输入纸币添加数量。例如，输入“60700”则表示本次添加700张纸币。

8）放入纸币找零钱箱，关闭封门。

9）再次输入“99”和“Enter”退出维护模式。

7. 如何检测硬币投币口

1）正确登录维护面板。

2）在维护面板中输入“99”和“Enter”。

3）输入“08”和“Enter”，关闭硬币投币口。

4）输入“09”和“Enter”，打开硬币投币口。

5）再次输入“99”和“Enter”，退出维护模式。

8. 如何检测取票口照明灯

1）正确登录维护面板。

2）在维护面板中输入“99”和“Enter”。

3）输入“11”和“Enter”，关闭取票口照明灯。

4）输入“12”和“Enter”，打开取票口照明灯。

5）再次输入“99”和“Enter”，退出维护模式。

9. 如何显示前维护界面

1）正确登录维护面板。

2）在维护面板中输入“99”和“Enter”。

3）输入“15”和“Enter”，显示前维护界面。

4）输入“99”和“Enter”，退出维护模式。

10. 如何测试机柜门状态

1）正确登录维护面板。

2）在维护面板中输入“99”和“Enter”。

3）输入“23”和“Enter”，此时维护面板上显示两位数字××。其中，第一位代表门开关状态；第二位代表门锁状态。“0”表示正常，“1”表示故障。

4）再次输入“99”和“Enter”，退出维护模式。

11. 如何关闭所有电动机

1）正确登录维护面板。

2）在维护面板中输入“99”和“Enter”。

3）输入“25”和“Enter”，关闭所有电动机。

4）再次输入“99”和“Enter”，退出维护模式。

12. 如何测试报警器

1）正确登录维护面板。

2）在维护面板中输入“99”和“Enter”。

3）输入“33”和“Enter”，报警器发出报警声。

4）输入“34”和“Enter”，关闭报警。

5）再次输入“99”和“Enter”，退出维护模式。

13. 如何复位系统

这里的复位功能是系统复位功能，执行这个命令后售票机的工控机将会重新启动。

1）正确登录维护面板。

2）在维护面板中输入“99”和“Enter”。

3）输入“72”和“Enter”，复位售票机系统。

4）再次输入“99”和“Enter”，退出维护模式。

14. 如何关闭售票机（车站站务人员需掌握）

执行关闭售票机命令，将会使售票机处于系统关闭的状态，具体步骤如下：

1）正确登录维护面板。

2）在维护面板中输入“99”和“Enter”。

3）输入“73”和“Enter”，关闭售票机，数分钟后售票机的工控机将完全关闭。

15. 如何测试售票单元电动机

1）正确登录维护面板。

2）在维护面板中输入“99”和“Enter”。

3）输入“251”和“Enter”，前传输电动机测试。

4）输入“253”和“Enter”，刮票电动机测试。

5）输入“254”和“Enter”，换箱电动机测试。

6）再次输入“99”和“Enter”，退出维护模式。

16. 如何测试纸币识别单元

1）正确登录维护面板。

2）在维护面板中输入“99”和“Enter”。

3）输入“630”和“Enter”，初始化纸币识别器。

4）输入“631”和“Enter”，纸币识别器准备接受。

5）输入“632”和“Enter”，测试用的纸币进入暂存箱。

6）输入“633”和“Enter”，退还测试用的纸币。

7）输入“634”和“Enter”，纸币压入钱箱。

8）再次输入“99”和“Enter”，退出维护模式。

注：这部分功能可能因为密码的权限要求，而无法实现。

17. 如何测试纸币找零单元

1）正确登录维护面板。

2）在维护面板中输入“99”和“Enter”。

3）输入“640”和“Enter”，初始化纸币找零单元。

4）输入“641”和“Enter”，查询纸币找零单元状态。

5）输入“642”和“Enter”，测试纸币找零单元。

6）输入“99”和“Enter”，退出维护模式。

注：这部分功能可能因为密码的权限要求，而无法实现。

18. 如何测试硬币单元

1）正确登录维护面板。

2）在维护面板中输入“99”和“Enter”。

3）输入“650”和“Enter”，测试硬币识别器。

4）输入“651”和“Enter”，设置硬币暂存器为暂存状态——投入的硬币应停留在暂存器中。

5）输入“652”和“Enter”，设置硬币暂存器为退币状态——投入的硬币应在取票口退出。

6）再次输入“99”和“Enter”，退出维护模式。

注：这部分功能可能因为密码的权限要求，而无法实现。

19. 如何进行售票测试

在本功能下发售的测试车票，其信息均可在人工售/补票机（BOM）上分析确认。命令801～810可以单独使用，也可以组合使用。测试步骤如下：

1）正确登录维护面板。

2）在维护面板中输入“99”和“Enter”。

3）输入“801”和“Enter”，发售1元车票功能测试。

4）输入“802”和“Enter”，发售2元车票功能测试。

5）输入“803”和“Enter”，发售3元车票功能测试。

6）输入“804”和“Enter”，发售4元车票功能测试。

7）输入“805”和“Enter”，发售5元车票功能测试。

8）输入“806”和“Enter”，发售6元车票功能测试。

9）输入“807”和“Enter”，发售7元车票功能测试。

10）输入“808”和“Enter”，发售8元车票功能测试。

11）输入“809”和“Enter”，发售9元车票功能测试。

12）输入“810”和“Enter”，发售 10 元车票功能测试。

13）输入“99”和“Enter”，退出维护模式。

注：这部分功能可能因为密码的权限要求，而无法实现。

八、系统如何报告错误

自动售票机在每个机器周期的开始都会巡检所有的功能单元，实时监控整个系统的工作状态。当系统中发生任何错误时，在维护面板上都将循环显示所有的错误状态，而在没有任何错误发生的情况下，维护面板将不显示状态信息。

课题四 TVM 的日常维护

【课题目标】

熟悉城市轨道交通自动售票机的日常维护知识。

【课题内容】

做好 TVM 的日常维护工作，要对自动售票机进行定期养护，维护列表见表 4-9。

表 4-9 自动售票机维护列表

部件名称	日常维护	周期维护	年维护
硬币模块	—	清理灰尘（每 1～2 个月）	更换受损部件
纸币模块	—	清理沉积物（每 1～2 个月）	清理每个零部件并更换受损部件
发卡模块	各个滚轮做简单清洁	清洗重要部件	更换受损部件
触摸屏	清除触摸屏表面的灰尘	认真清理触摸屏边角的沉积物	—
工控机	无须日常维护	去除工控机表面的灰尘	磁盘整理
打印机	—	防尘防震，检查色带（每 4～6 个月）	—
电源模块	—	UPS 充放电（每 4～6 个月）	—

一、日常维护

1. 整机

1）保持整机的清洁。扫净机身内外显露的尘土，防止由于机器运转、静电等因素将尘土吸入自动售票机体内。

2）勿使用有机溶剂擦拭自动售票机表面，以防表面标识脱落。

3）擦拭干净显露在用户面前的部件，如触摸屏、出票口、纸币/硬币入口等，留给用户一个清洁、舒适的环境。

4）保持机器处于干燥状态，做到表面无水滴下或成股流下，以防发生漏电事故。

5）一般不建议功能单元打开时进行维护，只要检查一下外观、接线没有松动、操作性能良好即可。

6）检查插卡口是否塞有异物。

7）检查打印机色带是否转动、是否有色，检查打印纸是否够用。检查走纸情况是否正常，会不会卡纸。

2. 硬币模块

无须日常维护。

3. 纸币模块

无须日常维护。

4. 发卡模块

对各个刮票滚轮做简单清洁即可。

二、周期维护

1. 硬币模块

为使 TVM 保持高效率工作，有规律地清洁硬币路径是十分重要的，验币器应该总保持没有灰尘和油脂等，清洁时应使用柔软潮湿的布进行清洁，清洁后还应使之保持清洁和干燥。如果有水进入验币器，则直到其干燥为止。

注意： 绝不能使用溶剂来清洁验币器，这将破坏验币器表面，清洁之前一定要关闭验币器电源，否则会导致接收硬币延迟。

2. 纸币模块

纸币模块包括纸币识别器和纸币找零机，维护列表见表 4-10。

表 4-10　纸币模块维护列表

维护项目	维护周期
清理	1～2 个月或处理纸币达 20 000～30 000 张后（以先到者为准）
预防性维护	4～6 个月或处理纸币达 60 000～80 000 张后（以先到者为准）
更换部件	12～15 个月或处理纸币达 300 000 张后（以先到者为准）

（1）清理纸币识别器（见图 4-51）

1）从纸币识别器系统中清除灰尘的最好方法是使用刷子和吸尘器。尽量避免使用高压的压缩空气。

2）清除光感处的灰尘及污垢。

3）清除金属零件及框架上的残余物。

4）皮带处要清理积聚的污物。此外，皮带随着时间会受到一定程度的拉伸，因此维修人员必须依照经验定期更换。

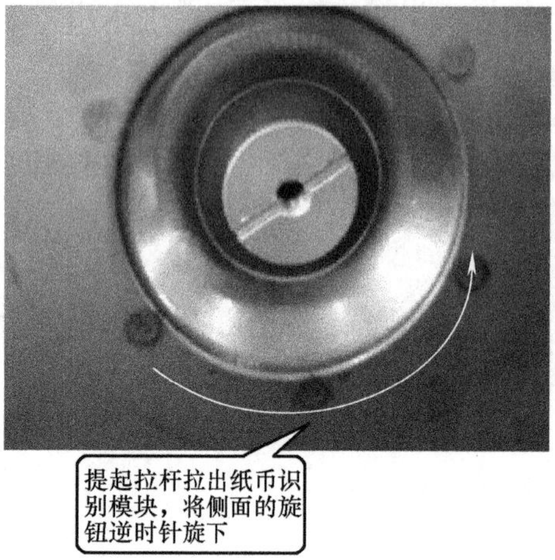

图 4-51　纸币识别器清理图示

注意：

① 传送系统内的轴承和电磁线圈不要求维护清洁，且不可加润滑脂或润滑油，但需要在磨损后更换。

② 皮带不能使用化学清洁剂清洁。

注意：

① 打开纸币识别器时一定要按图 4-51 中提示的步骤完成。

② 关闭纸币识别器时，要向上拉上盖底部的绿色按钮。

③ 关闭纸币识别器上盖时，手不可放在上盖上可以伤害到手的位置，因上盖采用切刀口，容易对手造成严重伤害。

（2）纸币找零机（见图 4-52）

1）清除纸币找零机挡板下聚积的尘埃，最好使用专门的吸尘器或刷子。

2）清理显露在外的滚轮凹槽。

3）因长时间运转，皮带可能留有油污，使用酒精棉擦拭。此外，皮带可能受到拉伸，维修人员需根据经验进行更换。

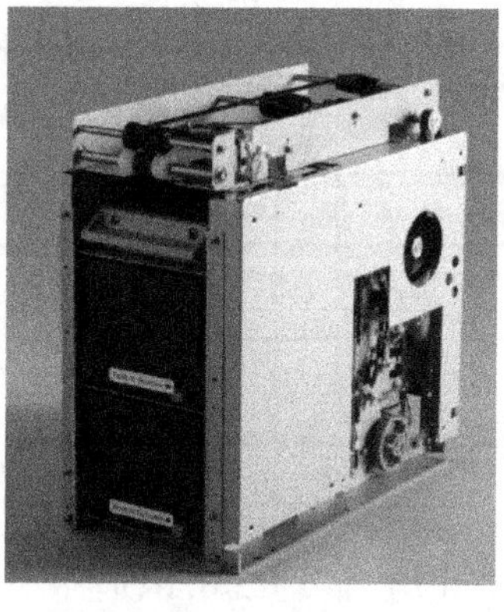

图 4-52　纸币找零机

注意：清理时不可让碎屑或任何液体进入机器内部，皮带不能使用化学清洁剂清洁。

① 预防性维护：当机器运营达 4 ~6 个月时，为了防止在长期运营过程中的碎屑沉积和零件松动，需要适时地进行查看维修，以免造成大的故障而影响机器的正常运营。

② 更换部件：一般情况下，机器经长时间的工作可能内部沉积了一些油垢，部件也可能受到磨损，性能与最初相比也会受到影响，此时为了延长机器的使用寿命，需要大修。主要是整体拆开，清洗每一个部件并更换机器内已磨损的部件。

3. 发卡模块

只有在各个刮票滚轮都保持清洁干爽时，发卡模块才能保持最大的票卡发售效率。在每发售 10 000 张票卡以后，车票上的油污和尘土的污染会使刮票滚轮失去应有的附着力，发卡失败的几率可能增加，所以保持各个刮票滚轮的干净是十分重要的，因此需要及时清洗。

清洁的方法如下：

1）搬动发卡单元的止动卡扣，将整个单元拉出。

2）拆卸下两个票箱。

3）使用干净的抹布，蘸上一些清洁用的酒精。

4）手动搬动各个滚轮，仔细擦拭每一个滚轮。

4. 触摸屏

用玻璃清洁剂喷在毛巾上，再用毛巾擦拭玻璃表面。一般情况下，可直接用干毛巾擦去玻璃表面的灰尘。在显示器可视区的灰尘不会对触摸屏有任何影响，但如果触摸屏四周的反射条纹上覆盖了太多的灰尘，则触摸屏将逐渐失去触摸功能。这时，清洁触摸屏，除去四周的灰尘即可恢复正常使用。

5. 工控机

工控机长时间运行后（长时间指：连续工作 12 个标准月（每天 24h 工作制）及以上的时间），机箱内会积集大量灰尘，机箱温度较高。同时，在计算机内也将产生大量的数据碎片，这时应对工控机进行软件与硬件两个方面的清洁维护。

工控机工作时间长，磁盘在庞大数据交换过程中会积累大量的数据碎片，容易造成磁盘逻辑坏道、读写错误及系统运行和启动的变慢。可定时进行重启工控机，以减少因长时间工作而导致的磁盘错误。

1）工控机内部温度过高，计算机各元件极易发生老化，硬盘故障的频率也随之升高。这就需要系统维护人员在日常巡检中，密切关注机箱温度，做好散热工作。

2）避免在震动幅度过大的环境中长期使用。震动不仅带来巨大的噪声，还会给工控机磁盘带来巨大的损害。

3）硬盘有了坏道，不要进行任何格式化操作，立即与硬件技术人员联系，以便及时地挽救其中的数据。

对工控机进行维护时要注意以下几点：

1）保养时使用的 U 盘等请先使用杀毒软件进行杀毒，确保无病毒后才可使用，因为出现故障大多数为软件故障，且一半左右是病毒引起的；同时，计算机病毒能破坏机器的功能及毁坏计算机的数据，因此在维护机器时，应安装杀毒软件或隔绝病毒以确保系统的安全。

2）对系统磁盘应定期进行磁盘碎片整理、清理垃圾文件等保养工作以确保系统能稳定、快速地运行。

3）要将重要的资料及数据及时备份，可以防止因意外而造成的损失，可使用 U 盘、移动硬盘或通过网络将重要资料及数据及时备份。

6. 打印机

单据打印机采用 POS 2000 系列打印机，维护方便。打印机的维护工作有以下几点：

1）确保打印机工作在良好的环境中。

2）不要用物体撞击打印机或让其承受过大的震动。

3）工作环境的灰尘不能过大。灰尘是所有精密机械设备的“敌人”。

4）清洁打印机外壳时应用蘸有清洁剂或酒精的软布，但不能让液体滴入打印机内。

5）打印机的内部清洁应使用少量的清洁剂或空气压缩机。清洁时不要弯曲或损伤电缆线和其他电子部件。

注意：

① 不要将夹子、别针或其他物体遗留在打印机内，否则将造成打印机故障。

② 未安装色带或纸张时，不要打印，否则会损坏打印头。

③ 打印时不要打开机盖。

④ 打印结束后会产生高温，故不要在刚结束时触摸打印头。

⑤ 纸尽标志出现时应换纸，而不是等到纸用完后再添加。

7. 电源模块

电源模块是指 UPS 和开关电源。使用时，应尽量减少 UPS 的关机及开机次数，这是降低 UPS 故障率的重要因素，因此这里所描述的开机和关机程序只是用于少数场合，如安装后的第一次开机、长时间市电故障后的 UPS 重新开机等。

（1）UPS（见图 4-53）

UPS 内部采用阀控铅酸蓄电池，只要经常保持充电就可以获得期望的使用寿命。UPS 在与市电连接后，无论开机与否，始终向电池充电，并有过充、过放电保护功能。如果长期不使用 UPS，则建议每隔 4 ~6 个月充电一次；正常使用时，每 4 ~6 个月充、放电一次，放电至关机后充电。

若发现电池不良（如电池供电时间大大缩短），则应及时更换，也可联系经销商，确认是否需要更换电池。更换前请确认新电池参数规格与旧电池的参数规格相同。

图 4-53　UPS

注意：切勿打开蓄电池，以防电解液伤害人体！

（2）开关电源

由于开关电源具有完善的自我保护功能及较高的自动化程度，因此对其无须做太多的维护工作，只要做好开关电源防尘、防水工作即可。开关电源不可经常拆卸清理，否则会导致故障发生。

注：电源箱的 8 针插口、10 针插口、12 针插口是相对于航空插头来说的，航空插头内的插针数目与插口要一致。

注意：所有插头一定要按照要求插入，以免造成人身伤害。

三、年维护

1. 硬币模块

硬币模块每天需要处理大量硬币，一些部件可能发生错位松动，因此需要对其进行检查校正，同时及时更换受损的部件。

⚠ 注意：拆装设备一定要由专业人员操作，否则容易造成设备故障。

2. 纸币模块

纸币模块主要包括纸币识别器和纸币找零机。

每12~15个月或处理纸币达300 000张后（以先到者为准），纸币机会因长期运转而造成油污堆积，内部原件受损，此时为了延长纸币机的使用寿命，因此要为其做一次大的维护。维护主要是拆下主要的零部件进行认证清洗，并更换受损部件。

⚠ 注意：

① 纸币识别器的拆卸工作要由专业人员进行，其他人员不得随意拆卸。

② 清洗机器零部件时要使用专门的清洁剂进行清洗。

3. 发卡模块

发卡模块各个转动轮由电动机通过同步带带动，长时间运营后，同步带可能会受到拉伸及老化，维护人员需根据经验进行更换。同时，要对发卡模块的各个固定部件进行紧位。

4. 打印机

打印机长时间运营后，色带消耗会造成打出的字体不清晰，这时要为其更换色带。打印机在打印时会产生碎墨，日积月累堆积的碎墨会影响打印机效果，更换色带的同时，可用一定的工具清理打印机内的碎墨。

四、工具包

工具包中包括：十字螺钉旋具，一字螺钉旋具，榔头，3mm、4mm、5mm套筒（扳手），尖嘴钳，5mm内六角扳手，2mm内六角扳手。

五、故障分类及排除方法

1. 车票读写故障

1）检查连接读卡器的通信线和电源线是否松动，可拔下重新进行安装。

2）利用专用工具检查连接读写器的射频线（通信线）是否良好，如通信故障，则直接更换射频线。

3）检查读写器，更换一个好的读写器进行调试。

4）进行售票测试，如果售票正常则故障清除。

5）复位自动售票机。

6）正常运营自动售票机。

2. 传输阻塞故障

1）观察传输机构是否有卡票，如有卡票，则取出卡票并校正卡票位置的部件。

2）清洁传输通道传感器。

3）调整刮卡机的出票间隙。

4）如为电路板故障，则更换一块好电路板。

5）进行售票测试，如果售票正常则故障清除。

6）重新复位自动售票机。

7）正常运营自动售票机。

3. 纸币识别器故障

1）拆下纸币识别器机盖，查看传输系统是否有卡币，有则清除卡币。

2）测试纸币识别器。

3）如果故障仍未清除，则更换纸币读头再进行测试。

4）故障清除后复位自动售票机。

注意：更换纸币读头一定要先拔下电源，否则会损坏纸币读头。

4. 纸币箱故障

1）检查连接纸币找零器串口是否松动，如果松动，则重新拔下再安装。

2）取下纸币钱箱重新安装。

3）观察维护面板给出的提示，若还是有相同的故障提示，则为电子标签损坏，应更换纸币钱箱。

5. 纸币找零故障

1）取出纸币找零箱，重新安放纸币找零箱。

2）检查连接纸币找零器串口是否松动，如果松动，则拔下重新安装。

3）若还是有相同的故障提示，则为纸币找零器通信内部故障，应更换纸币找零器。

6. 硬币钱箱故障

1）查看硬币钱箱上方的硬币是否卡币，如果有卡币在通道上，则用磁铁将硬币吸出。

2）取出钱箱后重新安装，并重新复位机器。

3）若还是有相同的故障提示，则为电子标签损坏，应更换硬币钱箱。

7. 硬币补币箱故障

1）利用专用工具检查补币钱箱的接插线是否完好。

2）查看补币钱箱是否放置到位。

3）向补币钱箱内添加硬币，进行清币操作，如果清币正常则故障消除。

4）复位机器，正常运营。

5）若还是有相同的故障提示，则为补币钱箱内部的原件有损坏，应更换补币钱箱。

8. 设备通信故障

1）观察维护面板显示。

2）重新连接通信插头，在正常模式下断开通信线缆。

3）观察通信指示灯的状态是否正常。

4）观察维护面板显示，若还是有相同的故障提示，则应更换通信电缆。

9. 门限位开关故障

1）按住门开关按钮，检测是否损坏。

2）利用专用工具检查通信线是否完好。

10. 触摸屏故障

显示部分的故障属于系统的严重故障，需要通知专业人员解决。触摸屏故障判断和处理方法可参照表4-11。

表 4-11 触摸屏故障判断和处理方法

故障现象	判断	原因分析	解决办法
触摸无反应	触摸屏系统硬件工作正常	① 触摸屏驱动程序是否为最新版本； ② 计算机 USB 口是否可以正常使用； ③ 操作系统是否有出错信息	① 卸载驱动程序后重新安装最新驱动程序； ② 检查计算机主板的 BIOS 设置
触摸无反应	① 屏体和控制器连接不良； ② 屏体上有换能器可能已被损坏	安装触摸屏到显示器内时换能器的空间是否足够	① 重新接插触摸屏； ② 更换屏体
漂移（光标与手指触摸位置始终不对应）	驱动程序校准参数出错	是否长时间未清洁过触摸屏	拆开显示器，擦除触摸屏条纹区上的灰尘

11. 工控机故障

（1）系统不断重启

1）检查电源线接触是否松动，两电源输出是否正常。

2）查看开关电源输入是否正常。

3）若电源正常，则查看系统能否进入 DOS，重启 GHOST 硬盘；或更换硬盘，查看能否进入 Windows 操作系统。

4）更换主板，查看能否进入 Windows 操作系统。

（2）系统经常死机

1）检查电源线接触是否松动，两电源输出是否正常。

2）查看开关电源输入是否正常。

3）查杀病毒，并彻底清除病毒。

4）重启 GHOST 硬盘；或更换硬盘，观察是否经常死机。

5）更换主板，观察是否经常死机。

（3）串口不可用

1）先检查串口线及串口所连接的外设是否正常。若串口线或外设损坏，则应更换。

2）进入系统看串口的设置是否正确。

3）进入 DOS，重启 GHOST 硬盘；或更换硬盘，再查看串口能否使用。

4）更换主板或扩展板，查看串口能否使用。

（4）打印口不能用

1）先检查打印线及打印机是否正常，打印线和打印端口接触是否紧密。若打印线或打印机损坏，则应更换。

2）进入 BIOS 和系统中查看打印机的设置是否正确。

3）重装打印机驱动，观察打印机是否能打印。

4）重启 GHOST 硬盘；或更换硬盘，观察打印机是否能打印。

5）更换主板，观察打印机是否能打印。

(5) USB 口不能用

1) 检查 USB 设备与 USB 口接触是否良好。

2) 检查 USB 设备和 USB 线是否良好。

3) 进入 DOS 系统，重启 GHOST 硬盘；或更换硬盘，查看 USB 口是否能正常使用。

4) 更换主板，查看 USB 口能否正常使用。

12. 打印机故障

1) 若电源指示灯不亮，则可依照表 4-12 检查。

表 4-12　打印机故障处理 1

检查内容	处理方法
电源插头是否接触良好	先关机，确定接触正常后，再开机
电源插座是否有电源输出	先关机，将电源插头插入另一个电源插座上，查看电源是否正常
打印机电源输出直流电的电压是否正常	检查打印机底部面板，查看输出的电压是否符合要求

2) 若打印机不能打印，或在打印过程中自行终止，则可依照表 4-13 检查。

表 4-13　打印机故障处理 2

检查内容	处理方法
打印电缆是否接好	检查打印电缆是否与主机及打印机连接稳妥，插口是否插对
缺纸灯是否亮起	若亮起，则表示缺纸，应把纸装上
是否堵纸	关机，清除堵纸后可继续打印，确定所装的纸边缘平滑

3) 若打印字迹模糊或不齐，则可依照表 4-14 检查。

表 4-14　打印机故障处理 3

检查内容	处理方法
打印色带是否装好	若未装好，则重装一次
打印色带是否损坏	打印色带的寿命较长，但长期使用也应更换

4) 若打印出现漏点，则可依照表 4-15 检查。

表 4-15　打印机故障处理 4

检查内容	处理方法
漏点位置是否没有规律	色带松弛可导致漏点，应先关机取下色带，把色带拉紧一些
漏点位置是否连续在同一行中出现	此打印头已经损坏，应更换新的打印头或打印针

5) 若送纸不顺畅，则可依照表 4-16 检查。

表 4-16　打印机故障处理 5

检查内容	处理方法
送纸调杆是否推后至下方的位置	将送纸调杆推至下方位置
纸张是否太厚	更换合适的纸张

【实训操作】

自动售票机

单元练习

一、名词解释

1. 自动售票机
2. 乘客状态显示屏
3. 硬币回收模块
4. 主控单元
5. 点币箱

二、单项选择题

1. 自动售票机简称（　　），安装在车站非付费区，用于实现乘客自助购买车票。

A. ATC　　B. TVM　　C. ATM　　D. AFC

2. 车站 TVM 设备一般设置在车站的（　　）。

A. 出入口　　B. 站厅层　　C. 站台层　　D. 车站控制室

3. 自动售票机通常采用（　　）的购票方式。

A. 先选择车票后投币　　B. 先投币后选择车票

C. 先确认票价再确定目的地　　D. 随机

4. 纸币处理单元一般至少识别（　　）种以上的纸币。

A. 5　　B. 6　　C. 7　　D. 8

5. 硬币处理单元配置专用找零箱，专用找零箱的容量不少于（　　）枚。

A. 500　　B. 800　　C. 1000　　D. 300

6. 循环找零器可容纳（　　）枚硬币用于硬币循环。

A. 100　　B. 200　　C. 300　　D. 400

7. 自动售票机的车票处理装置必须配置（　　）。

A. 钱箱　　B. 票箱　　C. 回收箱　　D. 空箱

8. 票价参数表及路网线路图由（　　）统一制定、发布和下载。

A. 车站计算机　　B. 路网计算机　　C. 控制室计算机　　D. 中央计算机

9. 打开售票机准备工作的第一步是（　　）。

A. 打开纸币识别处理模块

B. 打开硬币识别处理模块

C. 打开硬币回收箱

D. 用钥匙打开 TVM 机侧门，然后检查各项目是否连接正常且到位

10. 电源模块中需进行周期维护的是（　　）。

A. 清理沉积物　　B. UPS 充放电　　C. 检查设备　　D. 更换受损部件

三、多项选择题

1. 以下哪些是自动售票机的组成部件（　　）。

A. 硬币投入口　　B. 触摸屏

C. 乘客状态显示器　　D. 打印机

E. 钱币处理及找零模块

2. 自动售票机的运营状态包括（　　）等。

A. 正常模式　　B. 列车故障模式

C. 进出站忽略模式　　D. 时间忽略模式

E. 超程忽略模式

3. 硬币处理单元主要负责硬币（　　）工作，是自动售票机的付费与找零方案之一，也是核心模块之一。

A. 接收　　B. 识别

C. 暂存　　D. 回收

E. 找零

4. 自动售票机可以接受（　　）。

A. 1 元硬币　　B. 5 元纸币

C. 10 元纸币　　D. 20 元纸币

E. 100 元纸币

5. 如何更换票箱（　　）。

A. 将票箱卡口扳开　　B. 单手握住票箱向上提

C. 松开票箱卡扣，使其自动复位　　D. 插入票箱

E. 在上端多出的尖端不靠近门的方位放置

四、判断题

（　　）1. 车站 AFC 设备均设置在车站的站台层。

（　　）2. 自动售票机的外部接口主要包括车站计算机系统接口、紧急按钮信号接口和外部维护接口。

（　　）3. 当紧急状态取消后自动售票机可以自动回复到正常服务模式。

（　　）4. 纸币处理单元主要由纸币传送部分、纸币检测器、数据模块、纸币箱、纸币箱支架等组成。

（　　）5. 硬币处理单元配置轻质材料的硬币回收钱箱，硬币的存币量不少于2 000枚。

（　　）6. 当乘客选择了目的地车站或车票数量后，乘客显示界面切换到车票价格选择/投币提示界面。

（　　）7. 自动售票机将出票口、找零口、退币口合而为一，在售票过程中有明显的灯光提示，提示乘客取回车票、硬币或纸币。

（　　）8. 向上拉出硬币识别器时，一定不要太快，放置好硬币识别器下方的插线。拔

下硬币识别器的插线也不能过猛，防止接线脱落。

(　　) 9. 自动售票机具有维护面板来显示机器的所有状态，从而人员可以利用维护面板来完成查询、操作、检查等多项功能。

(　　) 10. 所有电源插头不一定要按照要求插入，不会造成人身伤害。

五、问答题

1. 自动售票机的运营状态包括哪几种?

2. 画出自动售票机交易的基本处理流程图。

3. 如何操作发卡模块?

4. 自动售票机一般由哪些部件组成?

5. 简述打开自动售票机的步骤。

单元五

半自动售票机（BOM设备）

课题一 BOM 设备简介

【课题目标】

掌握城市轨道交通半自动售票机的基本原理和操作方法。

【课题内容】

一、认识 BOM 设备

BOM（Booking Office Machine）的中文解释为票房售票机，又名半自动售票机。BOM 采用人工方式完成票务处理、车票发售、加值、车票分析（验票）、退票及其他票务服务。BOM 可以同时为非付费区与付费区服务，同时兼顾售票及补票功能，使用同一车票处理设备，但需对两个区域分别设置单独的乘客显示器，以适应处理不同区域的乘客事务。

BOM 通常由主控单元、乘客显示器、票卡发送装置、读写器与天线、键盘与鼠标、机身、电源模块（含 UPS 或电池）和支持软件等部件组成。

二、BOM 的硬件构成

BOM 硬件组成实物如图 5-1 所示，BOM 设备运作图示如图 5-2 所示。

BOM 以主控单元为核心，辅以车票读写器、乘客显示器、打印机和电源等模块组成，还可以根据需要配置触摸屏、车票处理装置和银箱等部件。

主控单元一般选用高可靠性的工业级计算机设备，也可以选用高档的商用计算机，需要具有丰富的外部接口以支持外部设备的连接，并需要保留部分接口以支持未来设备的扩展。工控机如图 5-3 ~ 图 5-5 所示。

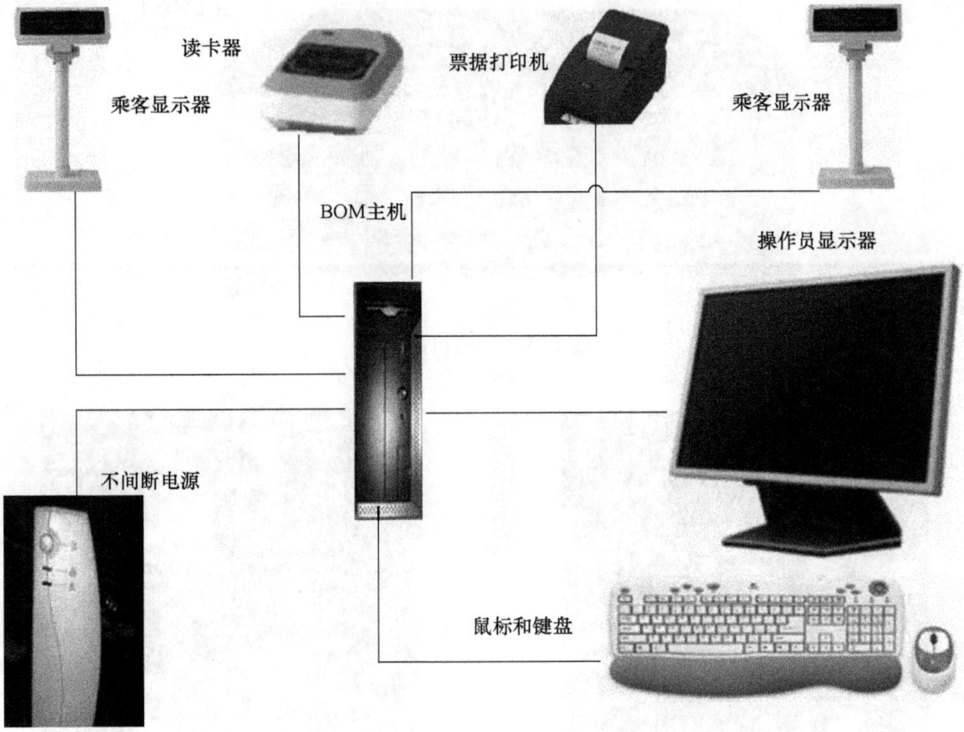

图 5-1　BOM 硬件组成实物图示

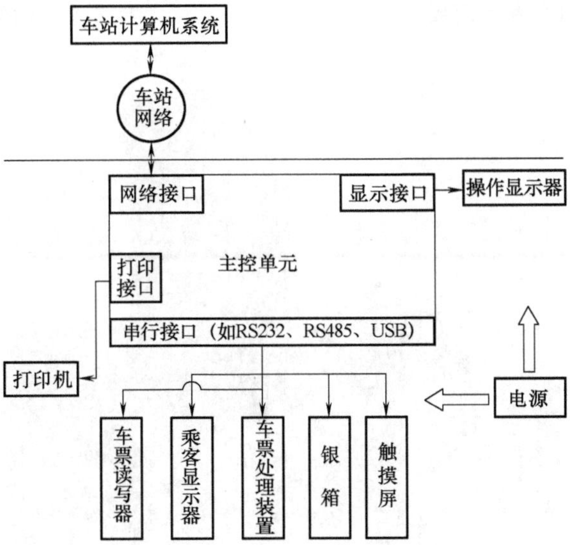

图 5-2　BOM 设备运作图示

票卡发售模块（见图 5-6）用于发售单程票，读卡器（见图 5-7）用于分析乘客需要处理的车票信息，也可以用于发售车票。

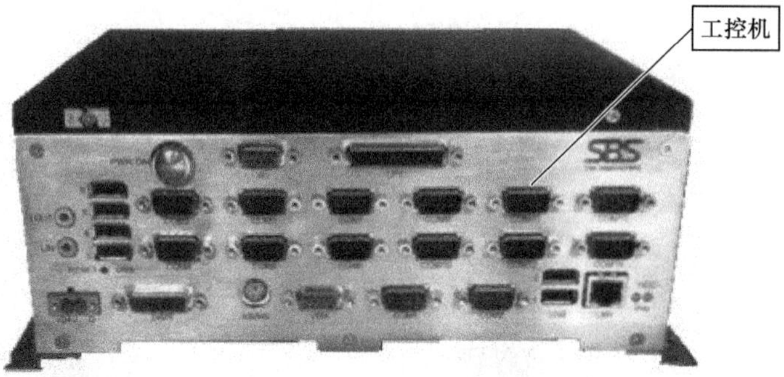

图 5-3　工控机图示

图 5-4　工控机后面板

图 5-5　工控机内部

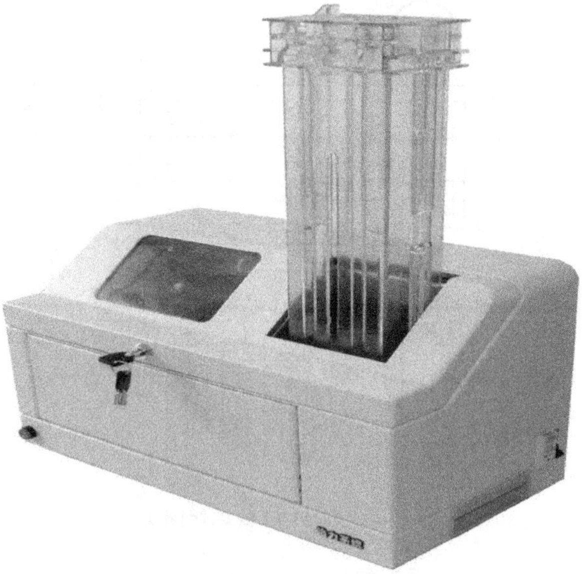

图 5-6　票卡发售模块图示

乘客显示器有两台，一台面向付费区乘客，另一台面向非付费区乘客，如图 5-8 所示。票据打印机主要用于打印乘客事务处理小单，如图 5-9 所示。

图 5-7　读卡器图示

图 5-8　乘客显示屏图示

不间断电源如图 5-10 所示。

图 5-9　票据打印机图示

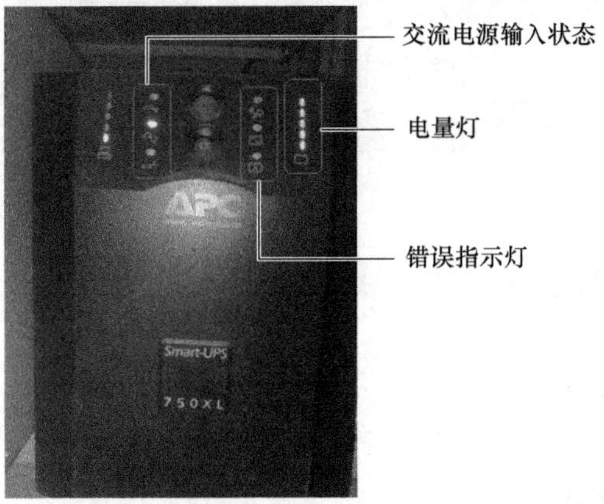

图 5-10　不间断电源（UPS）图示

课题二　BOM 设备的使用与维护

【课题目标】

熟悉城市轨道交通 BOM 设备应用软件的使用知识。

【课题内容】

一、BOM 应用软件的使用——发售和充值

1. 签到

签到分班次，输入用户名 ID 和用户密码后方可登录，如果登录失败，则查看与服务器

是否连接正常，以及服务器的数据库是否已经开启。用户名 ID 和密码可在 SC 中进行管理，可以对其进行添加、删除和修改操作。界面上可以看到当前 BOM 的工作模式，以及当前车站的站名，如图 5-11 所示。

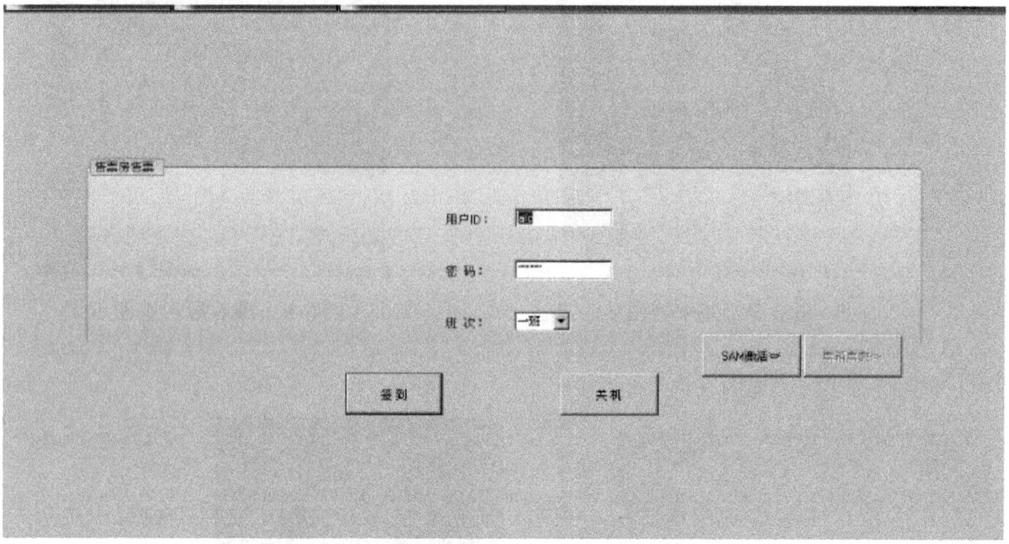

图 5-11　签到界面

操作步骤：双击软件图标，出现登录界面，输入用户 ID 和密码，选择班次后单击“签到”按钮。

2. 售票

售票界面可发售单程票和一卡通等，操作界面简单方便，操作人员容易上手且可以进行快速操作。

界面上可以看到当前设备的状态。

（1）发售单程票

操作步骤：选择车票类型→选择线路→选择车站→选择张数（默认为 1 张），价格是单张票价格，应收金额为单张票金额 × 张数，最后输入实收金额。当实收金额大于等于应收金额时，“确定”按钮就会激活，单击“确定”按钮 BOM 即会卖票。单程票售票界面如图 5-12所示。

（2）发售一卡通（储值票）

把一卡通放置到外置读卡器刷卡位置上，即可在储值票售票界面（见图 5-13）看到当前的车票信息。如果本卡无效则会有相应的提示，有效则输入相应的充值金额以及实收金额，单击“确定”按钮即可完成售票。这里一卡通是有押金的（有默认值），充值完成后可看到充值后卡内的信息，乘客显示屏上也会显示相应的提示。

（3）充值

充值只针对一卡通充值，单程票不可充值。打开充值界面，如图 5-14 所示，将一卡通放置到外置读卡器上，然后输入充值金额，或单击相应的常用快捷金额，输入实收金额后单击“确定”按钮即可完成充值，乘客显示屏上会提示充值金额，以及当前卡内的余额。

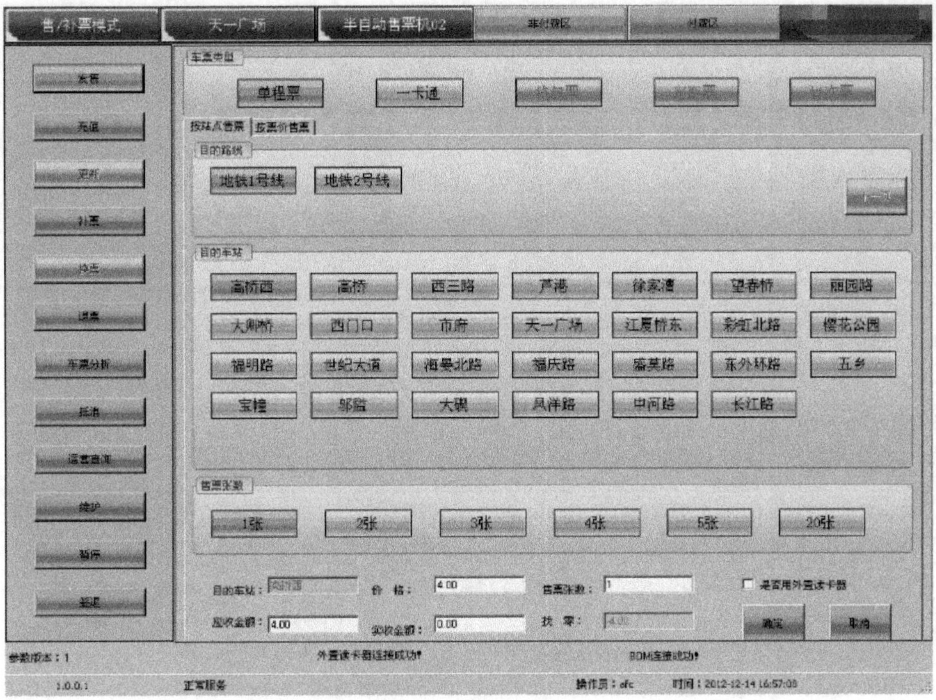

图 5-12　单程票售票界面

图 5-13　储值票售票界面

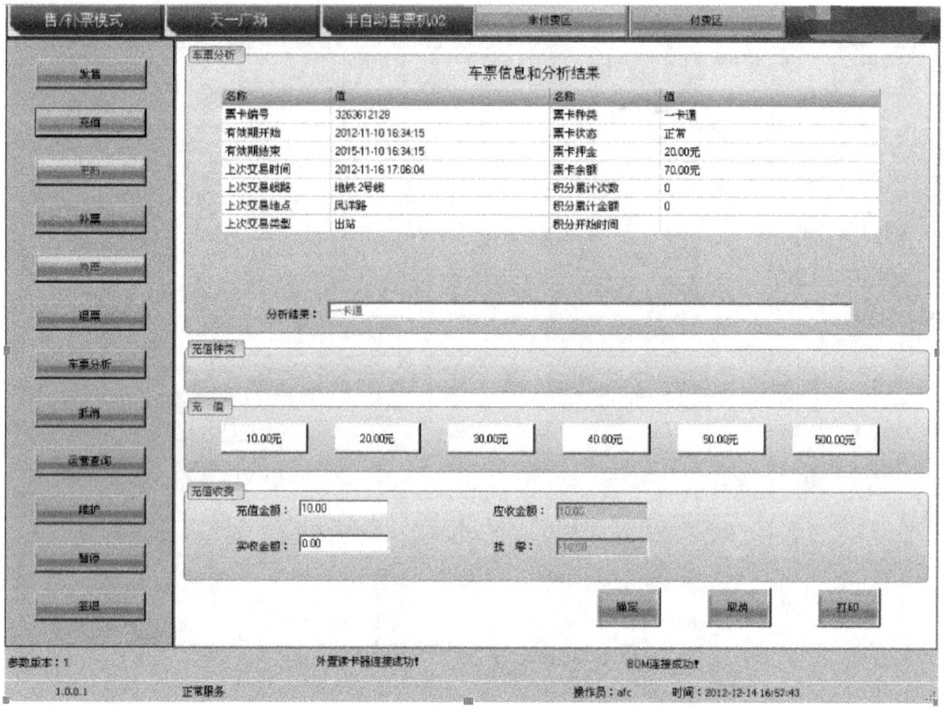

图 5-14　充值界面

二、BOM 应用软件的使用——服务处理

1. 补票

补票只针对单程票，当单程票无法进出闸机时需在补票界面（见图 5-15）做相应处理。打开补票界面，把单程票放置到外置读卡器上查看当前卡内信息，并看分析结果得知需做哪些操作，有超程和超时等原因。选择补票原因并输入相应的实收金额，单击“确定”按钮即可。

2. 退票

在退票界面（见图 5-16）中可对有效的单程票和一卡通进行退票，分为即时退票和非即时退票两种，即时退票针对单程票进行操作，而非即时退票只可操作一卡通。

对于单程票，如果是在本站买的票，且在有效期内，则可在本站进行退票，并返还卡内的余额给乘客；如果不是在有效期内的单程票，则回收单程票且不予退还余额。

对于储值卡，根据上笔交易的情况、卡内余额及卡内押金来确认应该退还乘客多少钱。

3. 车票分析

可以在车票分析界面（见图 5-17）中查看一卡通内的信息，以达到分析车票的目的。在交易信息栏中可以看到历史查询信息记录。

4. 抵消

抵消是对于乘客刷了进站卡但是却没进站的情况进行处理，在抵消界面（见图 5-18）中把卡的已进站状态修改为未进站的状态，使乘客可以进站。

图 5-15　补票界面

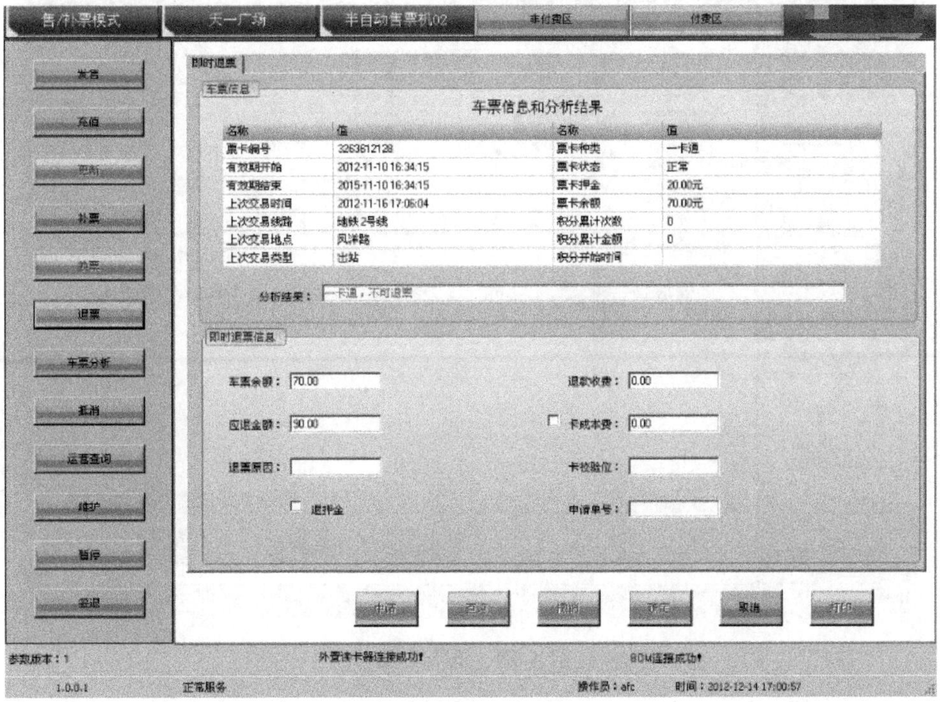

图 5-16　退票界面

图 5-17　车票分析界面

图 5-18　抵消界面

5. 运营查询

在运营查询界面（见图 5-19）中可以查看截止当前时间在该 BOM 上的所有交易记录，也可以选择相应的操作员或相应的日期区间进行查询，并可以打印。

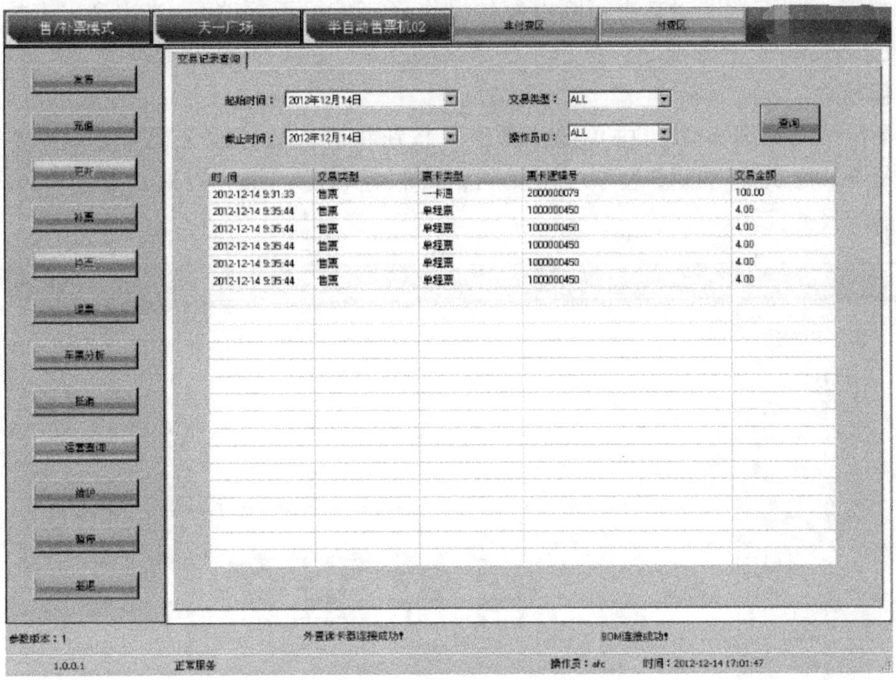

图 5-19　运营查询界面

三、BOM 应用软件的使用——维护、暂停和签退

1. 维护

在维护界面（见图 5-20）中可以查看设备的状态和运营的结算以及打印功能。如果

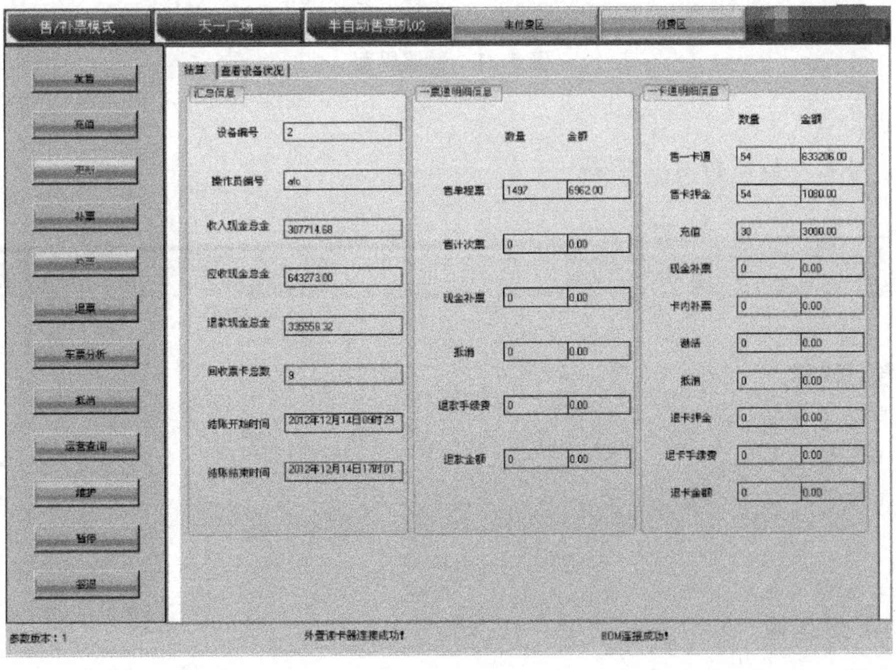

图 5-20　维护界面

BOM 设备故障，则可尝试对其进行断电复位操作（工控机不复位）。当出现出卡故障导致不出卡时，可旋转 BOM 上的滚轮，把卡主的票旋转出来，然后继续发卡。

2. 暂停

在暂停界面（见图 5-21）中单击“暂停”按钮将进入暂停服务模式，此时不可以进行任何其他操作，再次单击该按钮方可恢复到正常服务状态；也可以通过 SC 对 BOM 进行暂停服务和正常服务控制。

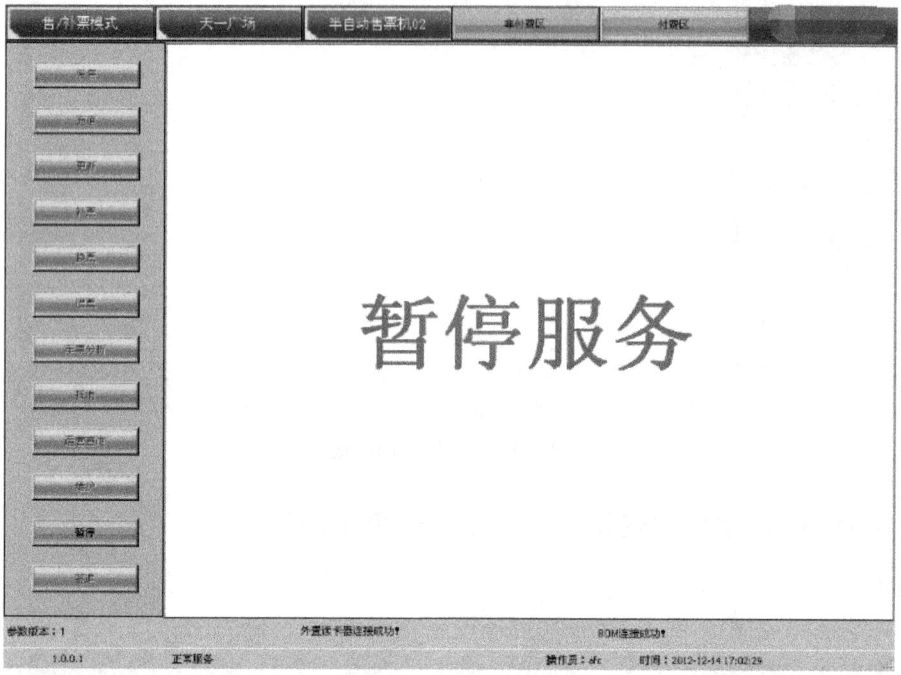

图 5-21　暂停界面

3. 签退

单击“签退”按钮将退出程序。

单元练习

一、名词解释

1. 半自动售票机（BOM）
2. 票卡发售模块
3. 充值
4. 补票
5. 车票分析

二、单项选择题

1. 半自动售票机的英文缩写是（　　）。

A. TVM　B. BOM　C. GATE　D. ATC

2. BOM 以（　）为核心，辅以其他设备进行票卡操作。

A. 车票读写器　B. 主控单元　C. 乘客显示器　D. 电源

3. 售票亭一般设置（　）台乘客显示器。

A. 1　B. 2　C. 3　D. 4

4. 票据打印机主要用于打印（　）。

A. 票务发票　B. 票务报表　C. 公司文档　D. 乘客事务处理小单

5. BOM 充值只针对（　）充值。

A. 单程票　B. 一卡通　C. 一日票　D. 纪念票

6. 当出现出卡故障时，可（　）BOM 上的滚轮，把卡拿出来。

A. 旋转　B. 按压　C. 拍打　D. 用力拔出

7. 下列不属于 BOM 服务处理的是（　）。

A. 补票　B. 退票　C. 车票分析　D. 票卡清分

8.（　）是对乘客刷了进站卡但是却没进站的情况进行处理，这里会把卡的已进站状态修改为进站状态，使乘客进站。

A. 补票　B. 车票分析　C. 抵消　D. 运营查询

9. 补票只针对（　），当（　）无法进出闸机时需在这里做相应处理。

A. 单程票　B. 一卡通　C. 储值票　D. 纪念票

10. 城市轨道交通公司还将与（　）实行一卡通，极大地便利乘客进出车站，让贴心服务贴近每一位出行乘客。

A. 市民卡　B. 银联卡　C. 会员卡　D. 手机

三、多项选择题

1. BOM 可以同时为（　）服务，兼顾售票和补票功能。

A. 站厅　B. 站台　C. 非付费区　D. 付费区

2. BOM 由（　）等部件组成。

A. 主控单元　B. 乘客显示器　C. 票卡发送装置　D. 键盘和鼠标

3. BOM 上签到分班次，输入（　）后才可登入。

A. 用户名 ID　B. 用户密码　C. 工作车站　D. 接班人姓名

4. 对于储值卡，根据（　）来确认应退还乘客多少钱。

A. 上笔交易记录　B. 卡内余额　C. 卡内押金　D. 车票成本

5. BOM 可以完成票务处理、（　）等及其他票务服务。

A. 车票发售　B. 自动找零　C. 车票分析　D. 车票加值

6. 售票界面可发售（　）等，操作界面简单方便，操作人员容易上手并完成快速操作。

A. 纸票　B. 条形码纸票　C. 单程票　D. 一卡通

7. 下列属于 BOM 补票服务处理范围的是（　）。

A. 超程　B. 超时　C. 无效票　D. 进出站次序错误

8. 在 BOM 应用软件使用和维护中可以查看（　）。

A. 设备运行状态　B. 运营的结算　C. 打印功能　D. 车票信息

四、判断题

(　　) 1. BOM 采用自动售票方式进行票卡操作。

(　　) 2. 主控单元一般选用高可靠性工业级计算机设备，也可以选用高档的商用计算机。

(　　) 3. 同一车票处理设备不能同时为付费区和非付费区进行票务服务。

(　　) 4. 如果在本站买的单程票，且在有效期内可在本站进行退票，并返还卡内余额给乘客。

(　　) 5. 当实收金额大于应收金额时，确认按钮才会激活，确认后 BOM 即会卖票。

(　　) 6. 把一卡通放置在外置读卡器上，如果本卡无效，则不会有相应的提示。

(　　) 7. 当单程票无法进出闸机时只能进行票卡回收重新再买一张。

(　　) 8. 运营查询只能查看截止当前时间在该 BOM 上的所有交易记录，不能进行其他操作。

(　　) 9. 单击暂停按钮进入暂停服务模式，此时 BOM 不能进行任何其他操作。

(　　) 10. 乘客显示器只需设置一台，面向非付费区即可满足乘客事务处理需求。

五、问答题

1. 简述 BOM 的硬件组成及功能。

2. 简述售票界面发售单程票的操作步骤。

3. 简述售票界面发售一卡通（储值票）的操作步骤。

4. 简述在 BOM 上进行一卡通充值的基本流程。

5. 使用 BOM 应用软件完成退票操作处理。

6. BOM 应用软件的一级菜单中有哪些功能？

单元六 自动检票系统

课题一 自动检票机

【课题目标】

掌握城市轨道交通自动检票系统的原理。

【课题内容】

自动检票机安装在车站的非付费区与付费区之间，检票机能够满足右手持票的乘客快速通过的需求，可接受单程票、储值卡及手机钱包三种 IC 卡。

一、自动检票机

1. 简介

自动检票机，英文为 Auto Gate（缩写是 AG），国内一般称为闸机、通道闸或出入口机等；国外一般称为 turnstile 或 baffle gate。闸机是一种通道阻挡装置（通道管理设备），用于管理人流并规范行人出入。其最基本、最核心的功能是实现一次只通过一人，可用于各种场合的出入口。

在城市轨道交通自动售检票系统中，自动检票机统称为 AGM（Auto Gate Machine）。

2. 结构

自动检票机的基本组成部分包括箱体、拦阻体、机芯、控制模块和辅助模块。

（1）箱体

箱体可以保护机芯和控制模块等内部部件，并起到支撑作用。主体材质通常采用 304 或 316 的不锈钢，辅助材质包括有机玻璃、钢化玻璃、树脂、石材或木材等。一般选用坚固、美观、不易变形，防刮防划痕，防锈防腐蚀，较易加工固定的材料。

（2）拦阻体

拦阻体在不允许行人通过的时候起拦阻作用，允许行人通过时会打开放行。一般以门或拦杆的形式实现。一般选用坚固、能承受一定的冲击力、但自身的冲击力对人无伤害、重量小、美观、防锈防腐蚀、易于加工固定、损坏后不伤人的材料。

（3）机芯

由各种机械部件组成一个整体（包括驱动电动机、减速机等），利用机械原理控制拦阻体的开启和关闭动作。

影响机芯性能和使用寿命的关键因素包括机械部件的加工工艺和材质，以及最重要的驱动电动机和相配套的减速机。

驱动电机通常采用直流有刷电动机或无刷电动机。直流有刷电动机成本较低，控制技术比较简单，因此被国内闸机厂商广泛采用，但其中的电刷属于易损耗件，需要定期维护和更换；直流无刷电动机无电刷，不存在此损耗，使用寿命也较长。

（4）控制模块

控制模块利用微处理器技术实现对各种电气部件和驱动电机的控制。

微处理器一般采用单片机，但如果控制系统比较复杂，或在需要与很多其他系统（包括票务系统、门禁系统等）集成，且对响应时间要求很高的情况下，需要采用性能更高的ARM 处理器甚至是 Cortex 处理器。

简单控制电路一般由主控板、电动机控制板及辅助控制板即可实现，复杂控制电路（如地铁检票机）则需要配置专门的工控机来实现。

（5）辅助模块

辅助模块包括 LED 指示模块、计数模块、行人检测模块、报警模块、权限输入模块和语音提示模块等。

1）LED 指示模块：一般由 LED 点阵或 LED 显示屏组成，用于指示闸机的通行状态和方向，有的还包含文字或图案等提示信息和欢迎信息等。

2）计数模块：用于记录通行人数，可通过 LED 数码管或显示屏显示出来，可以清零和设置计数上限。

3）行人检测模块：用于识别行人的通行状态，判断行人是否合法通行，并且可以判断行人是否处于拦阻体运动范围内，以保护行人的人身安全。检测模块的性能非常关键，影响着闸机的有效性和安全性，主要由硬件—传感器和软件—识别算法这两个因素决定。传感器一般采用红外光电开关（比较常见）或红外光幕，红外光电开关又分为成对使用的对射式（比较常见）和单个使用的反射式；高端闸机会采用 10 对以上的进口红外光电开关，特殊场合会采用高性能红外光幕或其他特殊的传感器。另外，识别算法也很重要，不同行人的身高、步距、速度各不相同，携带行李的尺寸和位置也多种多样，还要考虑到多人连续通过的前后间距（防尾随现象），有些场合还要考虑骑自行车通行的情况。高端闸机厂商一般会根据大量的实验数据建立相应的数学模型，自行开发识别算法，可以有效识别行人、行李和自行车等常见的通行目标，并且防尾随距离可以达到 20mm 以内，该指标还取决于传感器的识别精度和算法，普通闸机的防尾随距离只能达到 100mm。

4）报警模块：闸机在各种非正常使用的状况下会触发报警，用于提示或警告行人、管理者和维修者，这些状况包括非法通行、闸机异常、上电自检等，报警方式包括蜂鸣（比较常见）、灯光、语音等（可以综合使用）。

5）权限输入模块：行人在通行之前需要让闸机“知道”自己是否具备合法通行的权

限，即“输入”权限让闸机判断是否可以放行。输入方式有很多种，如非接触式IC卡刷卡方式、生物识别、输入密码和投币等，简单的有直接按钮通行。该模块一般与门禁系统或票务系统相结合，在自由通行的场合则无须此模块。

6）语音提示模块：这里的语音提示与前面的报警模块中的语音报警不同，其主要用于辅助提示与行人相关的信息，如提示通行门票的类型和欢迎信息等。该模块不太常用，需要向厂商定制。

3. 种类

根据对机芯的控制方式的不同，闸机有机械式、半自动式、全自动式三种，有些厂商会把半自动式称为电动式，把全自动式称为自动式。

1）机械式是通过人力控制拦阻体（与机芯相连）的运转，机械限位控制机芯的停止。

2）半自动式是通过电磁铁来控制机芯的运转和停止。

3）全自动式是通过电动机来控制机芯的运转和停止。

通过控制机芯的运转和停止，从而进一步控制拦阻体的开启和关闭。

根据同一台闸机所含机芯和拦阻体数量的不同，闸机可分为单机芯（包含一个机芯和一个拦阻体）和双机芯（包含两个机芯和两个拦阻体，呈左右对称形态）两种。

根据拦阻体和拦阻方式的不同，闸机可以分为三辊闸、摆闸、翼闸、平移闸等。

（1）三辊闸（见图6-1）

三辊闸也叫三杆闸、三棍闸、三滚闸、辊闸、滚闸。拦阻体（闸杆）由3根金属杆组成空间三角形，一般采用中空封闭的不锈钢管，坚固不易变形，通过旋转实现拦阻和放行。

三辊闸是最早出现的闸机类型，也是至今发展最为成熟和完善的一种闸机，但有逐渐被后续的摆闸和翼闸取代的趋势。

三辊闸从机芯控制方式上分为机械式、半自动式、全自动式三种，从形态上分为立式和桥式两种，立式三辊闸体积较小，比较容易安装；桥式三辊闸的通道较长，安保性更高。

图6-1　三辊闸

三辊闸的优点如下：

1）能够非常有效地实现单次单人通行，即一次只能通过一人，安全性和可靠性都比较高。

2）成本较低。

3）防水防尘能力较强，对环境的适应性很强，适用于室外和室内使用。

三辊闸的缺点如下：

1）通道宽（指可以允许行人通行的宽度）比较小，一般在500mm左右。

2）通行速度相对较慢。

3）受拦阻体形态的限制，不适于携带行李者通行。

4）外观的可塑性不强，大部分款式美观性不足。

5）机械式和半自动式三辊闸的闸杆在运转过程中会有机械碰撞，噪声较大（全自动三辊闸除外）。

三辊闸适用于普通行人和人流量不是很大或行人使用时不太爱护的场合，以及一些环境比较恶劣的户外场合。

（2）摆闸（见图6-2）

摆闸在轨道交通行业一般称为拍打门，其拦阻体（闸摆）的形态具有一定面积的平面，垂直于地面，通过旋转摆动实现拦阻和放行。拦阻体的材质常用不锈钢、有机玻璃、钢化玻璃，有的还采用金属板外包特殊的柔性材料（减少撞击行人的伤害）。

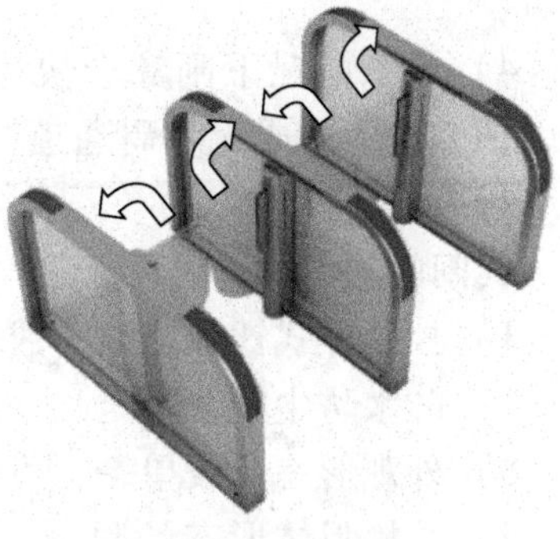

图6-2　摆闸图示

摆闸从机芯控制方式上分为机械式和全自动式两种，从形态上分为立式、桥式、圆柱式三种，立式和圆柱式的摆闸体积较小，易于安装，但通道长度较短，行人检测模块功能受到限制；桥式摆闸通道较长，行人检测模块功能较强，安保性更高。

摆闸的优点如下：

1）通道宽的范围是所有闸机中最大的，一般在550～1 000mm，某些高端产品可以做到1 500mm，比较适合用于携带行李的行人或自行车通行，也可以用作行动不便者的专用通道。

2）桥式摆闸相对三辊闸，增加了行人通行检测模块，可以有效检测通行目标，防尾随能力较强。

3）外观形态的可塑性是所有闸机中最强的，拦阻体的材料种类丰富，箱体的形态也多样化，易于设计出非常美观的造型，因此常用于写字楼、智能楼宇和会所等高端场合。

4）闸摆运转过程中没有机械碰撞，噪声比较小。

摆闸的缺点如下：

1）成本较高，尤其针对一些特殊定制的机型，如增大通道宽、采用特殊材料的闸摆，技术难度会相应增加很多。

2）部分机型防水防尘能力不足，只适用于室内，环境适应能力没有三辊闸强。

3）受拦阻体形态的限制，摆闸的耐冲撞性比三辊闸低，行人非法冲关易损坏闸摆和机芯。

4）对厂商的技术要求比较高，如果设计不好会大大降低产品的可靠性和避免人身伤害的防夹防撞人能力。

摆闸适用于对通道宽要求比较高的场合，包括携带行李包裹的行人或自行车较多的场合，以及行动不便者专用通道；还适用于对美观度要求较高的场合。

（3）翼闸（见图6-3）

翼闸在轨道交通行业一般称为扇式门或剪式门，国外很多地方也称为速通门，其拦阻体（闸翼）一般是扇形平面，垂直于地面，通过伸缩实现拦阻和放行。拦阻体的材质常用有机玻璃和钢化玻璃，有的还采用金属板外包特殊的柔性材料（减少撞击行人的伤害）。

翼闸的机芯控制方式只有全自动式，形态也只有桥式，行人检测模块功能较强。

翼闸的优点如下：

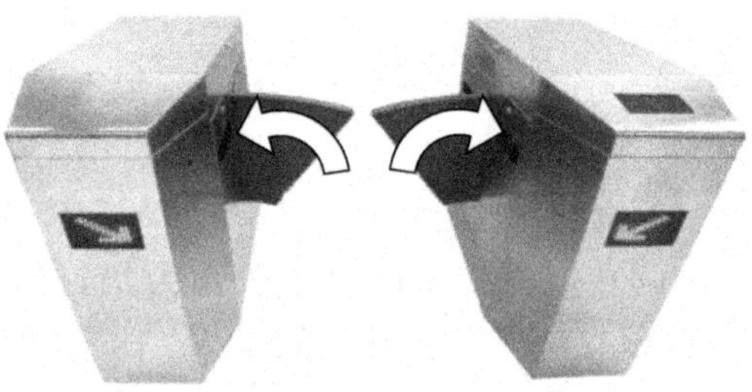

图 6-3　翼闸图示

1）通行速度是所有闸机中最快的。

2）通道宽介于三辊闸和摆闸之间，一般在550～900mm。

3）外观形态比较美观，闸翼的材料比较丰富。

4）紧急情况下闸翼会快速缩回到箱体中，可以很方便地形成无障碍通道，提高通行速度，易于行人疏散。

翼闸的缺点如下：

1）控制方式比较复杂，成本较高。

2）防水防尘能力不足，一般只适用于室内，如果用在室外则必须加雨棚。

3）外观形态比较单一，可塑性不强。

4）受拦阻体形态的限制，翼闸的耐冲撞性比三辊闸低，行人非法冲关易损坏闸翼和机芯。

5）对厂商的技术要求比较高，如果设计不好会大大降低产品的可靠性和避免人身伤害的防夹能力。

翼闸适用于人流量较大的室内场合，如地铁和火车站检票处；也适用于对美观度要求较高的场合。

（4）平移闸（见图 6-4）

图 6-4　平移闸图示

平移闸也叫平移门、全高翼闸等，由翼闸发展而来，借鉴了自动门的特点，拦阻体的面积较大，拦阻高度较高，垂直于地面，通过伸缩实现拦阻和放行。拦阻体的材质常用有机玻璃和钢化玻璃。

平移闸的机芯控制方式只有全自动式，形态也只有桥式，行人检测模块功能较强。

平移闸的优点如下：

1）安保性较强，由于拦阻体面积较大，可以防止行人的上爬、下钻或翻越闸机，因此有效避免了逃票等非法通过行为的发生。

2）外观形态非常美观。

3）通行速度较快，与翼闸类似。

4）通道宽介于三辊闸和摆闸之间，一般在 550～900mm。

5）紧急情况下闸翼会快速缩回到箱体中，可以很方便地形成无障碍通道，提高通行速度，易于行人疏散。

平移闸的缺点如下：

1）控制方式比较复杂，成本较高。

2）防水防尘能力不足，一般只适用于室内，如果用在室外则必须加雨棚。

3）外观形态比较单一，可塑性不强。

4）对厂商的技术要求比较高，如果设计不好会大大降低产品的可靠性和避免人身伤害的防夹能力。

平移闸适用于对安保性和美观性要求较高的室内场合。

4. 应用

闸机作为一种通道管理设备，最本质的功能是通过拦阻和放行实现一次只通过一人，其应用对象是行人（包括携带的行李和自行车等），应用场合是出入口，但作为智能化通道管理系统的一部分，闸机可以与其他系统配合用于不同的特殊场合，从而发挥更大的作用。

目前与闸机配套使用的系统较常见的是门禁系统和票务系统。

门禁系统中，最早的拦阻方式是电控门，但门无法有效实现一次只通过一人，并且受到结构和形态的限制，使用场合比较有限。改用闸机便可解决这些问题，尤其在建筑物或封闭地理区域的出入口，非常适合用闸机作为门禁系统的拦阻机构，如智能楼宇、政府机关、企业园区、小区、厂区和监狱等。

票务系统的检票部分与闸机的关系更是密不可分，只要是非人工的自动检票，就离不开闸机，其中最典型的两个应用类型就是轨道交通和电子门票。轨道交通包括地铁和高铁等，已经不再将闸机看作一个独立的产品，而是将其划归到自动检票机的一部分；电子门票主要指各种付费参观的场合所使用的入口自动检票，包括景区、游乐场、体育馆、滑雪场和娱乐场馆等。

二、扇门式检票机

1. 扇门式检票机的外形

扇门式检票机（见图6-5）按通道的宽度大小可分为普通通道和宽通道两类，通常无行李或仅携带小件行李的乘客可选择普通通道通过，而宽通道则是给携带大件行李的乘客或行动不便乘坐轮椅的乘客及有需要的乘客预留的宽度较大的通道，如图6-6所示。

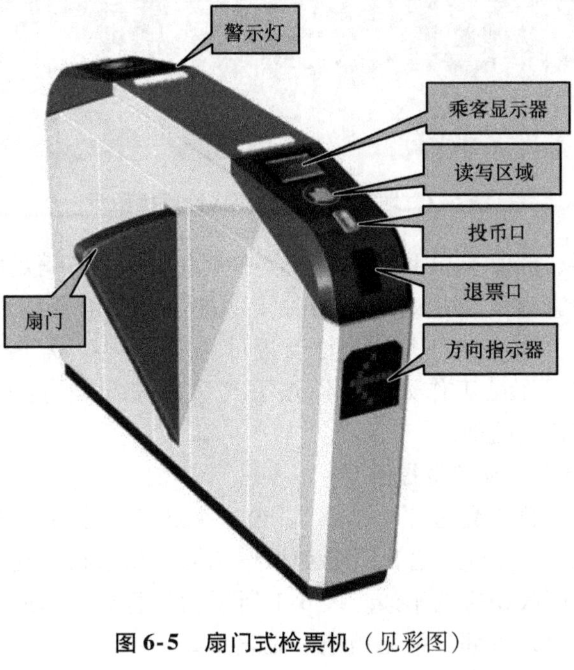

图6-5　扇门式检票机（见彩图）

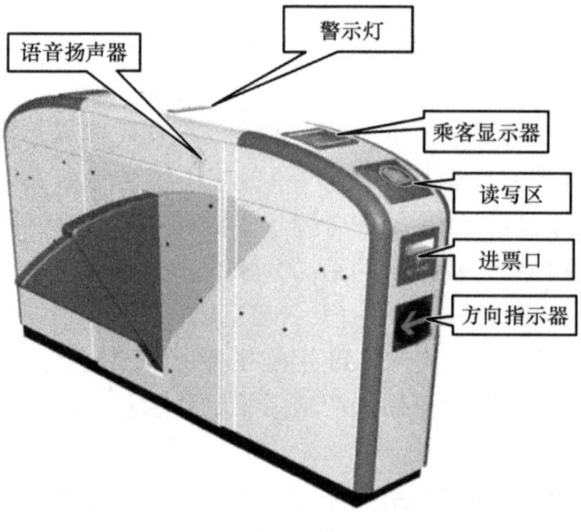

图 6-6　宽通道的扇门式检票机（见彩图）

扇门式检票机在插票处与储值票读写区均提供多种颜色的灯光提示，能有效提高乘客对使用检票机的熟悉速度，加快客流疏导。地铁出站口的扇门式检票机如图 6-7 所示。

图 6-7　地铁出站口扇门式检票机图示

检票机采用单程票、储值卡和手机钱包三合一读写器，能够满足所有的现有支持制式的付费需求，有利于车站客流的快速疏导。同时，设备还配备语音扬声器，可以提示乘客操作，并对“敬老卡”和“员工卡”等做出语音提示。

当遇到紧急情况时，车站工作人员可以按下“紧急按钮”，此时检票机会自动打开扇门，同时声光提示乘客快速疏散。

2. 基本功能（车票类型及信息提示）

扇门式检票机能接受轨道交通“单程票”、公共交通“一卡通”和手机钱包等形式的车票。当乘客进行进、出站检票时，会出现各种检票结果，检票机能给予不同的提示。检票机可根据相应的参数设置回收相应的车票。表 6-1 所示为乘客显示器通过指示灯和声光报警灯显示的各种提示组合。检票机部分常见拒绝码见表 6-2。

表 6-1　乘客显示器部分显示内容

序　号	描　述	显示内容
1	关闭	关闭　Closed
2	停止运营	停止运营　Stop
3	进站免检	进站免检　Enter Station Free
4	出站免检	出站免检　Exit Station Free
5	列车故障	列车故障　Train Stoppage
6	请使用测试票	请使用测试票　Use Test Ticket
7	暂停服务	暂停服务　Out of Service
8	请使用单程票	请使用单程票　Use SJT
9	请进站	余额：¥3.00 元（箭头）　Enter Station
10	请出站	单程票：请出站（箭头） 交通卡：余额：¥10.00 元（箭头） Exit Station
11	请到服务中心	请到售票处（拒绝码） Go to Service Center
12	请插入车票	请插入车票　Insert Ticket

表 6-2　检票机部分常见拒绝码

拒 绝 码	原因说明	备　注
00	正确	
01	车票数据检查码错误	
02	测试票在收费模式使用	
03	出站闸机——进出反	
04	进站闸机——进出反	
05	SJT 拒收——发行车站检查错误	进站闸机，单程票发售站点非本站； 往返票往返标志错误； 往返票往返站点错误
06	票价不足	进站闸机，单程票、应急票票面金额小于最低票价； 进站闸机，公交卡余额小于等于 0； 出站闸机，公交卡余额扣除本次票价后低于最高透支金额
07	车票过期	进站闸机，非当天出售的单程票； 应急票，结束时间已过； 公务票（82H、83H），结束时间已过； 计次票、纪念票，结束时间已过； 公交卡、公交卡类员工卡，结束时间已过； 月票、周票，超出有效使用期； 计时计次票，超出有效使用期
11	超程车票	车票超乘

（续）

拒绝码	原因说明	备注
12	超时车票	车票超时
13	车票类型不合法	4002 参数中未定义的车票类型
14	写错误	写卡错误
15	读错误	读卡错误
23	卡金额异常	交通卡卡内金额大于 1 000 元 小于 -8 元
25	已锁卡或注销票	包括交通卡和轨道交通专用车票
26	无效卡	卡信息已写坏； 车票使用不当； 特殊卡属性认证失败且参数未定义映射
27	进站站点错误	出站闸机，车站区间表中未找到票、卡上的进站站点

3. 检票机工作模式

检票机具有有多种工作模式，以满足正常运行和降级运行模式下的控制要求。其中，降级模式包括列车故障模式、进（出）站免检模式、时间免检模式、日期免检模式和超程免检模式。

4. 记录客流记录、交易记录和黑名单的功能

检票机能够记录进、出站客流记录、扣除车费记录及黑名单使用记录，以上记录信息均上报车站计算机，同时也可以输出至主控单元外接的移动存储设备。在检票机本机至少能保存 50 000 条交易数据和 14 天的设备数据。在主控单元的选型上，已经充分地考虑了交易数据所要占用的存储空间。

在黑名单数据的记录上，检票机可以保存多种类型的至少 20 000 条黑名单数据。此外，在检票机的运营过程中，黑名单的查找是一项经常性的工作，为了加快黑名单的查找速度，提高整机系统的响应速度，在软件设计时，特别考虑了大量黑名单数据的处理：①系统启动后，黑名单数据就常驻内存；②系统启动加载黑名单时，软件将自动对黑名单数据进行组织，从而提高查找速度；③采用高效的算法查找黑名单数据。在主控单元的选型上，已经充分考虑了对黑名单记录处理的问题。

5. 紧急放行

当发生紧急情况时，控制中心、车站值班人员可通过操作计算机终端或按下紧急按钮（由车站值班人员操作）控制所有检票机打开，门式检票机阻挡门将完全敞开，保证乘客无阻碍地快速离开付费区。同时，所有检票机的乘客显示器显示紧急放行信息，所有在付费区一端的方向指示器均显示“通行”标志，所有在非付费区一端的方向指示器均显示“禁止通行”标志，在此模式下，检票机不接收和处理任何车票。如果在网络、紧急按钮直连传输线都不通的情况下，可以通过本地控制开关设置检票机的紧急模式。另外，在设备断电状态下，检票机也会处于开启状态，门式检票机阻挡门完全敞开。

6. 单机工作和数据保存功能

当与车站计算机系统通信中断时，自动检票机可单机工作并至少可保存近 50 000 条交易数据及 14 天的设备数据，所有保存的数据会以队列形式存储在本地硬盘中。在通信恢复后，应用程序会按先前保存的队列顺序将交易、设备相关数据自动上传给车站计算机。一旦设备断线超过 14 天以上，数据不会丢失，程序会将 14 天前的数据存储在数据备份区中，只有在备份区将满时，才对过去的存储数据按时间先后进行清除。若通信中断期间需要 14 天之前甚至更久时候的数据，则程序可按要求另行上传。

数据安全存储流程如图 6-8 所示。

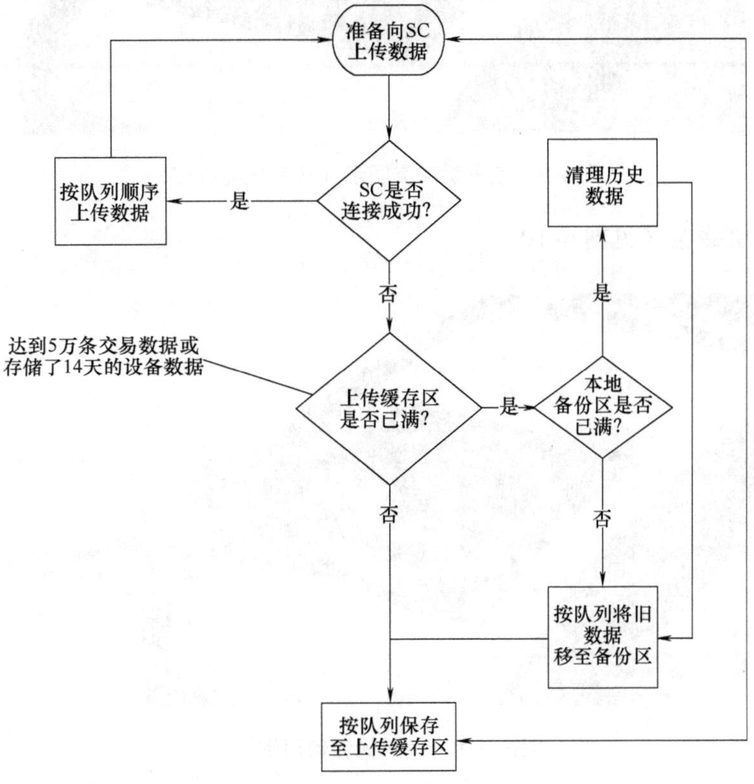

图 6-8　数据安全存储流程图

7. 读卡防冲突机制（见图 6-9）

检票机具有读卡防冲突功能，当两张或以上车票同时出现在检票机的读写区时，检票机的读写器将读到多张车票的状态通知主控单元，主控单元将拒绝处理车票，此时读写区将亮起红灯，并在乘客显示器上显示相关的提示信息。

8. 断电保护

当断电在 3min 内恢复供电时，检票机正常工作；当断电超过 3min 时，检票机完成最后一笔交易记录，同时保存交易数据和设备数据，然后将自动关闭；恢复外接供电后，检票机需要手动启动。

9. 语音功能

所有检票机都具有语音提示功能，能对“敬老卡”“员工卡”“紧急模式”等事件进行语音提示，丰富的语音资源可根据需要开启或关闭。

图 6-9　读卡防冲突图示（读写区亮红灯）

10. 支持手机钱包（见图 6-10）

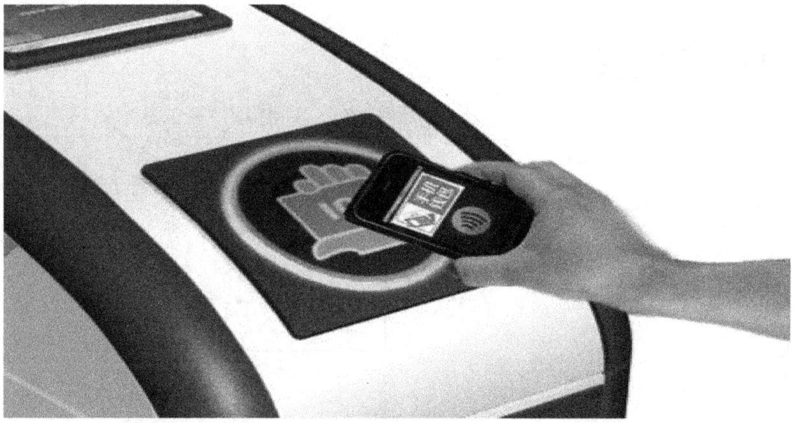

图 6-10　手机钱包使用图示

为了满足用户对于支付类业务的需求，手机钱包的出现提供了用户安全、便捷、时尚的支付手段。

自动检票机支持手机支付功能，当乘客将手机放置到读写区时，检票机将对手机钱包中的信息进行处理，并将余额通过乘客显示屏显示给乘客（该功能目前正处于调试阶段）。

11. 灯光和图形提示功能

由于部分乘客对于自动检票机的使用不熟悉，因此在检票机前不知所措，往往会造成客流拥堵或采用了不正确的出站方式。为了避免此类问题，自动检票机将在读写区及车票回收部分采用明显的灯光和图形显示，乘客可以明确得知车票的读写位置及回收插卡的位置。

读写器天线在整个读写区都有醒目的灯光提示，有利于乘客快速使用设备并疏散。灯光以及语音提示可根据需要开启或关闭。

12. 日志管理功能

自动检票机会在运行中记录相关的日志信息，包括模块通信日志、SC 通信日志、交易日志、维护日志、程序运行记录等。所有日志均以中文显示，对所有通信报文进行解析，易理解、易维护。维护人员可通过程序对所有日志进行管理，可设置不同的查询条件（如按设备、模块和时间段等）来查询相关日志，如通过时间来查询，查看此时发生的所有通信状态是否存在异常，以便快速定位异常发生的位置并及时处理，也可按需求进行输出和打印。

课题二　使用自动检票机的操作步骤

【课题目标】

掌握城市轨道交通自动检票机的使用步骤。

【课题内容】

自动检票机安装在车站的非付费区与付费区之间，能够满足右手持票的乘客快速通过的需求，可接受单程票，储值卡及手机钱包三种 IC 卡。自动检票机如图 6-11 所示。

图 6-11　自动检票机

一、乘客的进出站操作及显示界面

1. 单程票进站操作

1）选择通道。闸机上方亮有“绿色箭头”则表示正在工作；亮有红色“×”字则表示暂停检票工作。根据“绿色箭头”的指示，选择相应通道进站。

2）在刷卡区刷卡。持单程票的乘客，一票仅限一人，右手持票，用票轻触进站闸机顶部的刷卡区，如图 6-12 所示。

图 6-12　单程票进站操作图示

3）迅速通过。当闸机发出提示“嘟”声，扇门打开，信息屏显示“谢谢”，证明单程票刷卡有效，请迅速由通道进站。

特别提醒：

1）进站后请妥善保管车票，以便出站时使用。

2）不要将车票弯曲、折叠或污损。

3）闸机扇门关闭时请勿冲撞。

2. 单程票出站操作（见图 6-13）

1）选择通道。根据“绿色箭头”的指示，选择相应通道出站。

2）投入车票（见图 6-14）。由于单程票在出站时需要回收，因此持单程票的乘客应将票投入到闸机正面下方的投票口。一票仅限一人，请右手持票。

图 6-13　单程票出站操作图示

3）迅速出站。车票被闸机回收，闸机发出提示“嘟”声，扇门打开，信息屏显示“谢谢”，请迅速由通道出站。

温馨提示：

1）如车票丢失，请到票亭补票后出站。

2）为了方便携带大件行李及乘坐轮椅的乘客乘车，各进出站闸机均设有宽口通道。

3）如果带有1.3m以下儿童乘车，则刷卡后请让儿童先行，成人随后由通道迅速通过。

3. 一卡通进站操作

1）选择通道。闸机上方亮有“绿色箭头”则表示正在工作；亮有红色“×”字则表示暂停检票工作。根据“绿色箭头”的指示，选择相应通道进站。

2）轻触刷卡区。持一卡通储值卡的乘客进站时，一卡仅限一人，右手持卡，用卡轻触进站闸机顶部的刷卡区，如图6-15所示。

图6-14　投入车票图示

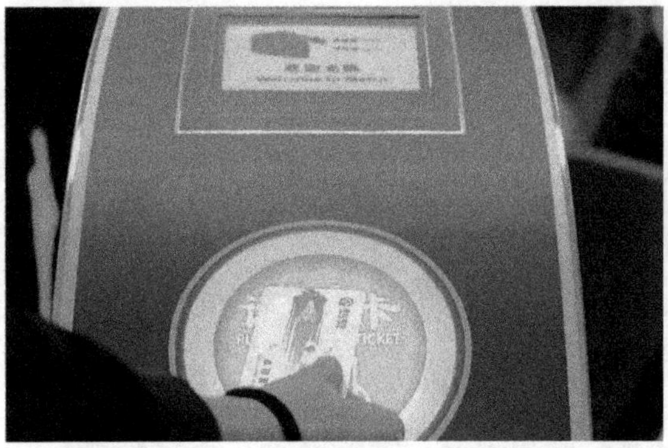

图6-15　一卡通进站操作图示

3）迅速进站。当闸机发出提示“嘟”声，扇门打开，信息屏显示卡内余额，表明一卡通储值卡刷卡有效，请迅速由通道进站。

特别提醒：

1）每张一卡通储值卡仅限一人使用，请勿一卡多人使用。

2）闸机扇门关闭时请勿冲撞。

4. 一卡通出站操作

1）选择通道。根据“绿色箭头”的指示，选择相应通道出站。

2）轻触刷卡区。乘客出站时也是一人一卡，右手持卡，用卡轻触出站闸机顶部的刷卡区，如图6-16所示。

3）迅速出站。当闸机发出提示“嘟”声，扇门打开，信息屏显示本次乘车的扣款金额及卡内余额，表明一卡通储值卡刷卡有效，请迅速由通道出站。

图6-16　一卡通出站操作图示

温馨提示：

1）一卡通储值卡进、出站均需刷卡。

2）为了方便携带大件行李及乘坐轮椅的乘客乘车，各进出站闸机均设有宽口通道。

3）如果带有1.3m以下儿童乘车，则刷卡后请让儿童先行，成人随后由通道迅速通过。

二、检票机显示界面

闸机根据不同的机型有进站模式、出站模式、双向模式、暂停服务模式和紧急模式等运营模式。针对不同的闸机，可设置不同的模式。双向闸机可以设置所有模式；出站闸机不能设置进站模式；进站闸机不能设置出站模式。

1. 进站模式（见图6-17）

非付费区内的乘客持有效卡在进站模式下只能进站，付费区内的乘客不可通过此闸机。

2. 出站模式（见图6-18）

付费区内的乘客持有效卡在出站模式下只能出站，对单程票进行回收，非付费区内的乘客不可通过此闸机。

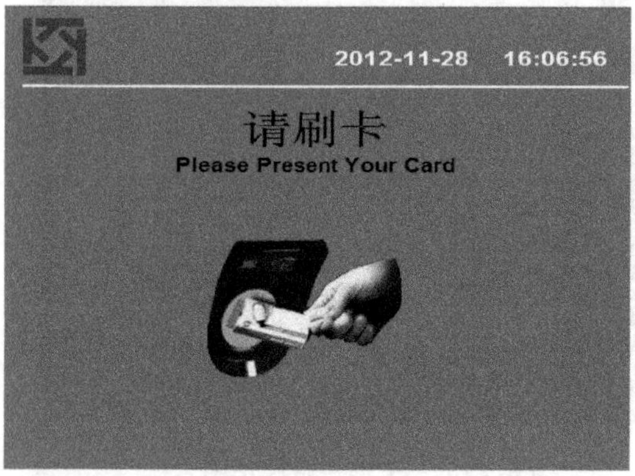

图6-17 进站模式下刷卡界面图示

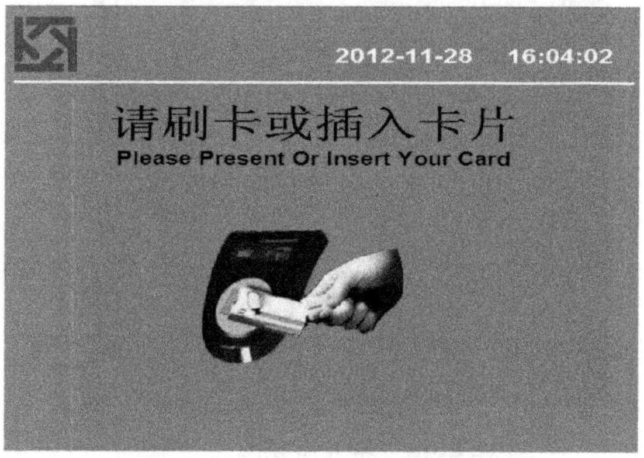

图6-18 出站模式下刷卡界面图示

3. 双向模式（见图6-19）

付费区的乘客可在双向模式下出站，非付费区内的乘客可在本模式下进站。付费区或非付费区刷卡感应处为了避免乘客两端刷卡引起的纠纷，检票机设计有防冲突功能，即在同一时刻，双向检票机只有一端允许乘客通行，当一端有乘客使用时，在乘客未通过前，另一端拒收车票并显示请让对方先通过，并显示交易成功的一方通过通道，直至乘客通过后，另一端才允许刷卡检票。

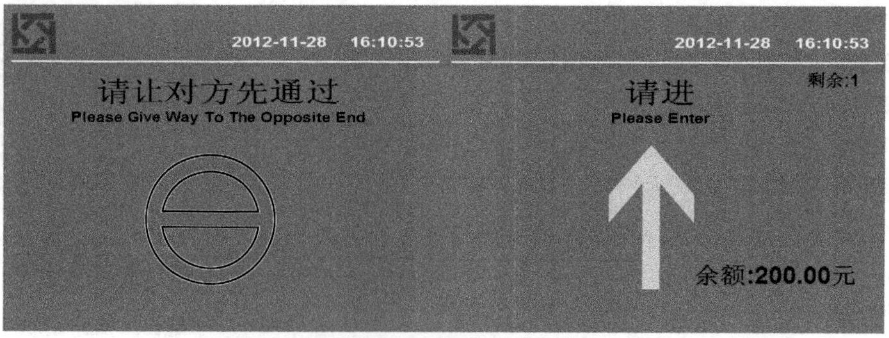

图6-19 双向模式下刷卡界面图示（见彩图）

4. 暂停服务模式（见图 6-20）

在暂停服务模式下闸机停止检票工作，界面切换成暂停服务，并对闯入通道的人进行报警提示。

5. 紧急模式（见图 6-21）

出现特殊紧急情况时可由 SC 或闸机设置紧急模式（还有按下“紧急按钮”的方式），在该模式下扇门会打开，闸机界面显示“请立即离开”，乘客不用刷卡可以直接出闸机。

图 6-20 暂停服务模式下的界面图示（见彩图）

图 6-21 紧急模式下的界面图示（见彩图）

三、自动检票机的部件操作

自动检票机主要由工业级计算机（主控单元）、读写器及天线、回收模块、乘客显示器、方向指示器、警示灯及语音扬声器、通道传感器、扇门机构、维护面板、电源模块、机壳和软件等组成。

1. 主控单元（见图 6-22）

自动检票机的主控单元（ECU）负责运行控制软件，完成车票处理、数据通信、状态监控及故障检测等功能。主控单元采用低功耗的嵌入式工业级计算机。主控单元的设计应模块化，以满足物理和功能上的互换性要求。

图 6-22 主控单元实物图示

自动检票机满足的存储容量的要求为：黑名单存储容量大于 20 000 条，交易记录存储容量大于 50 000 条，同时，要满足自动检票机数据的安全性、可靠性及可维护性。

2. 读写器及天线

检票机采用三合一的读写器，只要安装有相应的 SAM 卡就能对票卡进行读写操作。

双向检票机安装有三个读写器，分别为进站端读写器，出站单程票读写器和出站交通卡读写器。

读写器及天线技术指标满足《城市轨道交通单程票非接触式集成电路（IC）卡通用技术规范》和《城市公共交通非接触式集成电路（IC）卡通用技术规范》以及手机钱包相关技术规范的要求。

读写器及天线的主要技术参数如下。

1）支持非接触式 IC 卡读写。

2）标准 RS232 接口。

3）工作电压：DC12V。

4）功耗：150mW。

5）非接触 IC 卡读写距离：≥60mm。

6）读写时间：单程票读写时间≤200ms；交通卡（M1、CPU）读写时间≤300ms；手机钱包读写时间≤300ms。

7）工作频率：13.56MHz，误差为 7kHz。

8）表面工作场强：1.5～7.5U/m。

9）工作温度：－10～50℃。

10）储存温度：－20～70℃。

3. 回收模块（结构见图 6-23）

出站检票机（三杆）和双向检票机设置有回收模块，回收模块设置在检票机进入端，用于回收系统指定的车票。

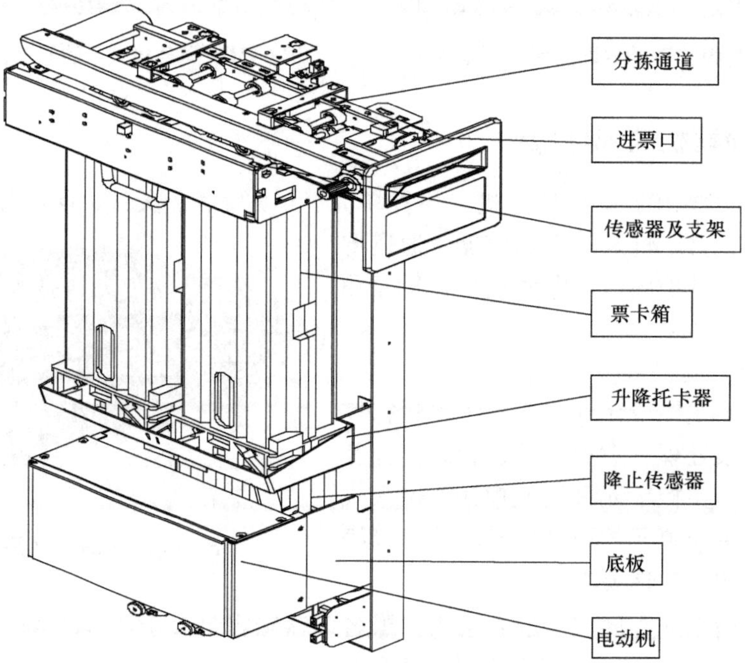

图 6-23　回收模块结构图示

（1）外形尺寸

检票机回收模块的尺寸示意图如图 6-24 所示。

（2）技术规格

1）尺寸：800mm×180mm×420mm。

2）重量：20kg。

3）适用票卡尺寸：宽 85mm×高 54mm×厚 0.5mm。

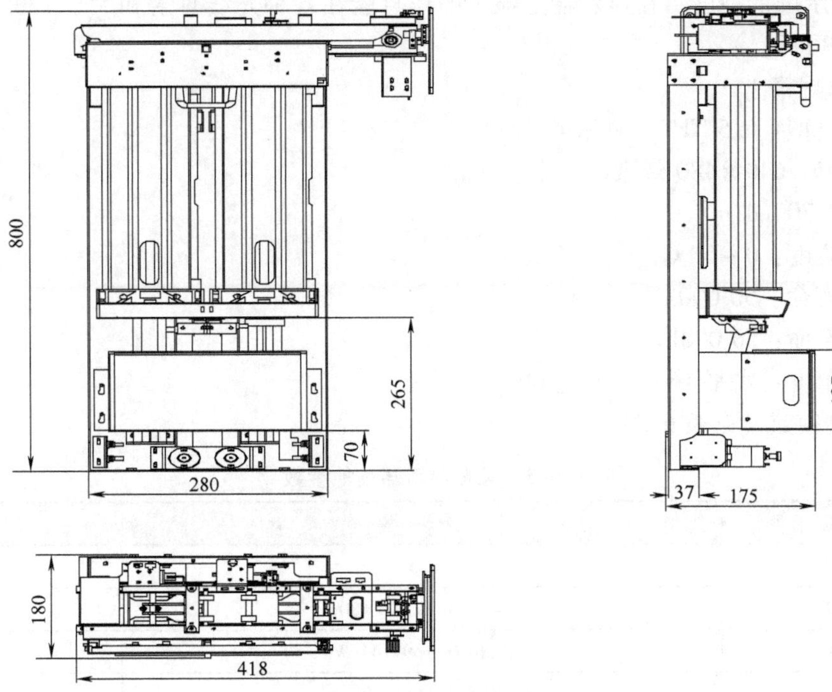

图 6-24 回收模块尺寸示意图

4）票箱尺寸：长 157mm × 宽 145mm × 高 650mm。

5）单个票箱的票卡容量：≥750 张

（3）适用环境

1）储存温度为 -20 ~ 60℃。

2）工作温度为 -10 ~ 50℃。

3）工作湿度为 5% ~ 95%。

（4）可靠性与易维护性

1）易耗品（皮带）寿命≥50 万次。

2）传感器寿命≥10 万 h。

3）MCBF≥20 万次（包括卡票）。

4）MTTR≤30min。

5）装票箱耗时 < 1min；取票箱耗时 < 1min。

4. 乘客显示器（见图 6-25）

乘客显示器应安装在检票机上表面，遵照良好的人体工程学设计，安装位置不能妨碍乘客及其携带行李的通过。双向检票机两端安装有两个相同的乘客显示器以供两个方向的乘客看望。

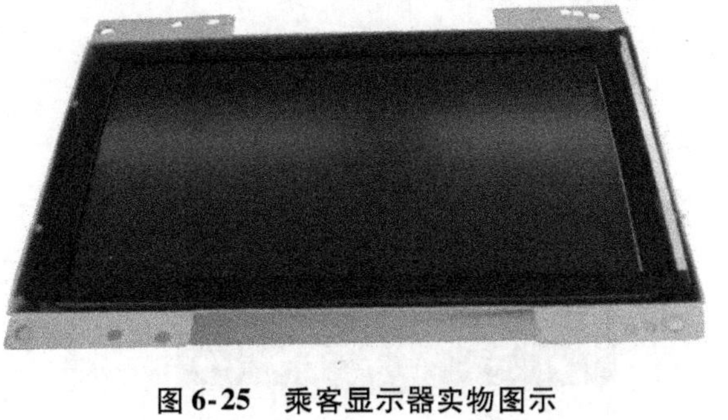

图 6-25 乘客显示器实物图示

乘客显示器采用 TFT 液晶屏，以实现高可靠性、高亮度和高效性。在高架和地面车站将适当调高显示屏的亮度。在显示器上显示的信息能在各种光线直射和大于130°的视角下，保证信息清晰可见。

（1）技术规格

1）显示类型：6.5″TFT 液晶屏。

2）分辨率：640×480像素。

3）亮度：700cd/m^2。

4）工作温度：0～50℃。

5）LCD寿命：50 000h。

6）背光寿命：50 000h。

7）可视角度：水平160°，垂直140°。

（2）其他参数（见表6-3）

表6-3 乘客显示器其他参数

参 数	规 格	单 位
屏幕尺寸	6.5	in
显示模式	640×R,G,B×480	px
有效区域	129.6(H)×97.44(V)	mm
点距	0.0 675(H)×0.203(V)	mm
像素距	0.203(H)×0.203(V)	mm
像素结构	条纹	
重量	335	g

5. 方向指示器（见图6-26和图6-27）

方向指示器分别安装在检票机两端的前面板上，用于指示该通道允许或禁止通行。其信息采用国际通用的标志显示，如用绿色45°箭头指向通行通道表示“通行”，用红色横线表示“禁止通行”。“通行”及“禁止通行”信息是互斥的，两种信息标志不能同时显示。

方向指示器用于检票机允许或禁止通行的远距离提示，其采用高亮度发光二极管，亮度是普通LED灯的3倍以上，使用寿命也大幅度延长，同时可以保证在任何光照情况下都清晰明了，正常环境下可运行10万h，免去了日常维护工作。显示标志能在15m外的距离明确辨识其显示信息。

图6-26 方向指示器实物图示（绿灯）（见彩图）

图6-27 方向指示器实物图示（红灯）（见彩图）

方向指示器由检票机的控制模块控制。控制模块与主控单元通过 RS232 进行通信，如图 6-28 所示。

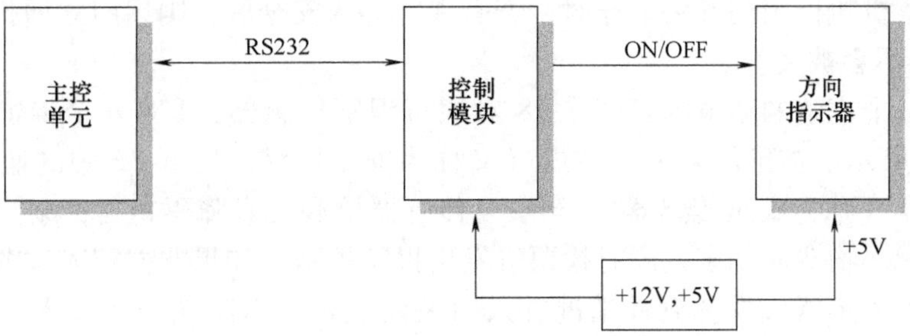

图 6-28　方向指示器结构图示

方向指示器由两种颜色构成（绿色和红色），通过不同颜色来指示通行及禁止。

6. 警示灯及语音扬声器（见图 6-29 ~ 图 6-31）

图 6-29　警示灯实物图示（绿）(见彩图)

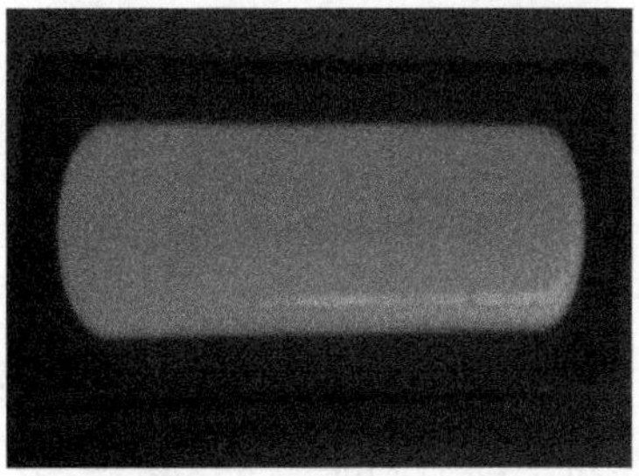

图 6-30　警示灯实物图示（红）(见彩图)

在检票机的顶部安装有红色、绿色的警示灯，可独立或组合显示，可设置闪烁或不闪烁。警示灯采用超高亮发光二极管，亮度是普通 LED 灯的 3 倍以上，使用寿命也大幅度延长，正常环境下可运行 10 万 h，免去了日常维护工作。其外壳采用优质 ABS 材料的半透明的塑料制成，耐压性好。警示灯可以通过红色、绿色、闪烁及非闪烁等显示方式单独或组合使用。

图 6-31　扬声器实物图示

检票机配置有语音扬声器，扬声器通过播放音频可根据需要播报内容。语音扬声器可以模仿蜂鸣器，也可以模拟多种不同的警示声音，包括短促单音、短促两声和长声等。对特殊车票（如员工票等）的使用具有灯光提示功能；对黑名单车票具有声光报警功能，对敬老卡等优惠票卡具有语音提示功能。语音提示功能可以选择开启或关闭。

警示灯和语音扬声器由检票机的控制模块与工控机共同控制。控制模块与主控单元通过 RS232 进行通信，语音扬声器另外通过音频接口播放语音信息。

7. 通道传感器

检票机采用扇门式阻挡机构。扇门式检票机安装有高可靠性的红外传感器对乘客的通行情况进行监控，多组传感器的配合使用可以判断乘客通过的方向和具体人数，并结合车票的检查结果，决定阻挡门的开启或关闭。

在扇门开关区域内，设有安全传感器，当监测到有障碍物遮挡安全传感器时，扇门维持开启状态。检票机执行扇门开关动作时，若有乘客进入安全区，则扇门立即打开（200ms 以内），保证乘客不会被夹伤。

在检票机一个完整的通道内安装了 18 对通行识别传感器，4 对安全传感器，传感器的分布如图 6-32 所示。在扇门开关区域内（又称为安全区域，图 6-32 中的蓝色方块区域），设立监测传感器（称为安全传感器），当安全传感器检测到有障碍物时，扇门将维持当前状态，以防止对障碍物造成伤害，同时检票机发出报警提示。如果非授权人试图尾随或从反方向进入通道，则传感器应探测到此情况并及时关闭通道，以阻挡非授权人，同时发出报警提示。

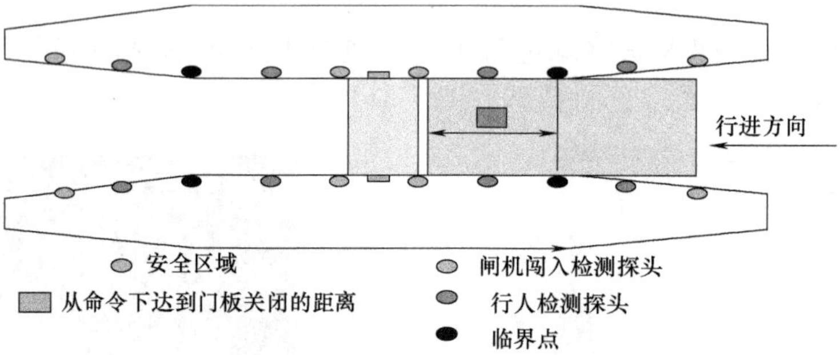

图 6-32　检票机传感器分布图示

检票机能够对间距大于 200mm 的乘客进行识别，检票机将有效刷卡数量与乘客通过数量进行对比，就能准确地判断出乘客的尾随情况。当尾随情况发生时，检票机将进行声光报警并关门。检票机的防尾随设计如图 6-33 所示。

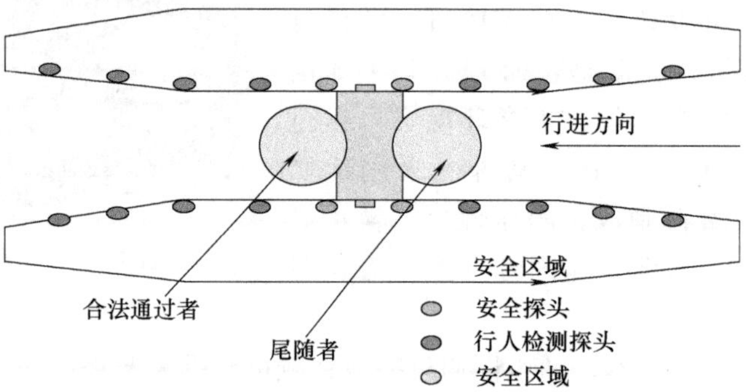

图 6-33　检票机防尾随设计图示

通道传感器的技术参数如下。

1）类型：光电传感器。

2）光源：650nm。

3）电源电压：+5V。

4）功耗：40mW。

5）控制输出：TTL 电平（集电极开路型）。

6）响应时间：<1ms。

7）受光面照度白炽灯：10,000lx 以下，太阳光：20,000rx 以下。

8）环境温度：-25～55℃。

9）检测距离：5m（7m 带透镜）。

10）检测最小物体：Φ20mm。

8. 扇门机构

检票机采用扇门式阻挡机构。扇门阻挡机构具有高可靠性和高安全性等特点，为一对回缩型的门型挡板，其机械部分能保证每天超过 10 000 次的使用以及超过 500 万次的使用寿命，乘客持有效车票通过通道时可防尾随，若机构夹到尾随乘客则会立即回缩，夹击力不会对尾随乘客造成伤害。机构正常使用可保证其寿命且内部不会变形，即不会因变形而造成机构无法开启或关闭的情况。扇门机芯结构如图 6-34 所示。

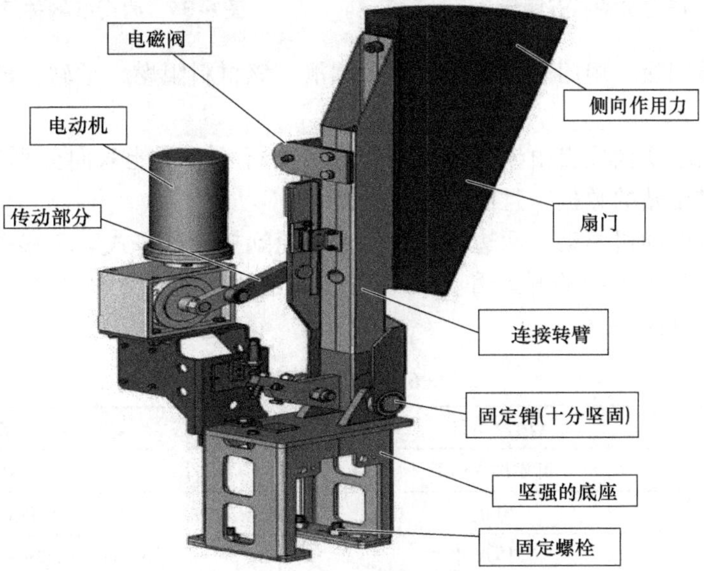

图 6-34　扇门机芯结构图示

扇门开启/关闭速度在 0.3～1s 可调。一般设置开启/关闭时间小于 0.5s，即在读到一张有效车票之后，扇面的完全打开时间将小于 0.5s，当检测到乘客已经通过后，扇门完全关闭的时间小于 0.5s。扇门的控制采用原配控制系统。

在紧急状态或断电情况下，扇门会自动打开，打开时扇门能够完全收缩到检票机箱体内，乘客可以无障碍地通过检票机。

在常开状态下，检票机服务模式将保持开放状态（见图 6-35），当接收到无效车票或乘客试图无票通过时将关闭扇门；当检票机处于暂停服务状态时，扇门关闭，如图 6-36 所示。

在常闭状态下，无论检票机处于服务模式还是暂停服务模式，扇门均处于关闭状态。检票机处于服务模式时，当接受了一张有效车票后，扇门打开，在乘客通过后，扇门在参数设置的时间段内若没有接收到下一个乘客的有效车票或检测到有乘客试图无票通过，则将关闭。

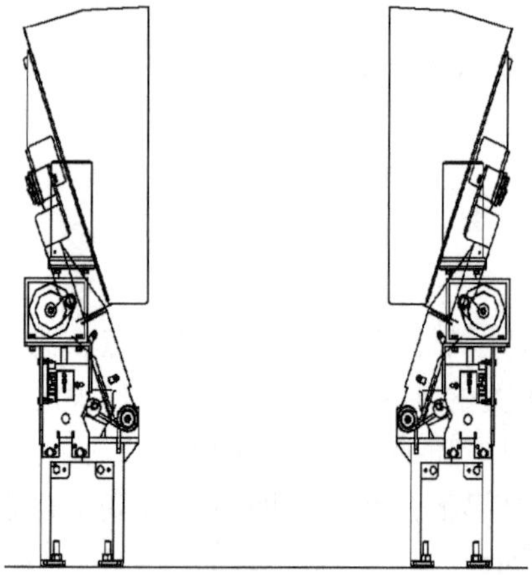

图 6-35　扇门机构打开图示

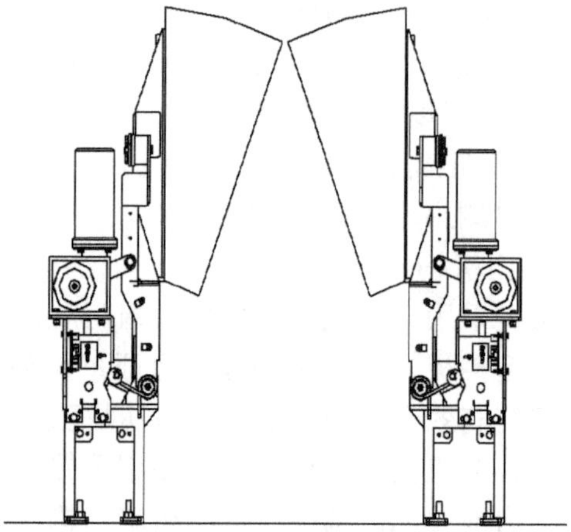

图 6-36　扇门机构关闭图示

扇门采用软质门板，扇门表面光滑、边角圆滑。该材料阻燃，柔软，即使乘客撞上扇门也不会造成伤害。

扇门可根据需求切换成自由模式，扇门在自由通行状态下能双向分别统计进出的人数，并能区别于正常进出站的数据，且能将数据上传至 SC。

扇门采用直流电动机驱动。两边扇门均采用蜗轮蜗杆传动方式同步移动，保证运动过程中平稳且不产生振动。扇门的开启和关闭速度可通过软件的设置来调整，电动机功耗小于 500W，其他技术参数见表 6-4。

表 6-4　技术参数

序　号	项　目	规　格
1	可靠性 MCBF	1 500 000
2	电机	DC48V
3	整体尺寸	300mm × 242mm × 873mm
4	闸机宽度	适用于 310mm 宽闸机
5	通道宽度	900mm
6	噪音	最大的躁音为 60dB（离闸机 1m 处）
7	储存温度	-20℃ ~70℃
8	工作温度	0℃ ~50℃
9	环境湿度	95% RH
10	扇门开启/关闭速度	0.4s
11	扇门关闭的动态冲击力	400N
12	扇门关闭的后静态力	40N

9. 维护面板（见图 6-37）

维护面板安装在检票机内部，用于帮助维护人员进行设备维护、故障诊断及参数设置等操作。维护人员须通过操作面板输入密码，正确登录后才可对维护面板进行操作。如果在没有登录或登录后维护权限不足的情况下对检票机进行维护，则检票机将声光报警，并将向

SC 上传报警信息。

维护面板功能显示按照菜单化设计，可帮助操作员快速操作。维护面板上有 10 个数字键（0 ~9）及 10 个功能键，各功能键可通过软件定义其含义。当维护人员输入登录号及密码后，以数字 0 ~9 结尾的维护代码将在显示屏上显示出来，便于维护人员的操作。检票机维护菜单主界面如图 6-38 所示。

图 6-37 维护面板

维护菜单

查看闸机数据	1
设置闸机模式	2
设置计费模式	3
设置日期和时间	4
更换闸机模块	5
闸机自检	6
更换票箱	7
退出程序	8
重启闸机	9

Exit:ESC

图 6-38 维护菜单主界面

在维修模式下，通过简单的命令输入能检测所有传感器、机械部件、电子部件的工作状态和性能，能检查设备的寄存器数据和参数表信息，能检查设备最近的 100 条交易记录等信息。

设备内部模块的安装设计简洁，各模块的安装位置不应互相遮挡以方便维修，同时在设计上保证维修时的人员与设备安全。

10. 电源模块

主电源部分由电源箱、两个开关电源盒、环形变压器、电源开关和熔丝座组成，在过电压及短路情况下可保护受电部件不受大电流冲击。电源模块的进线端设置总电源开关和漏电保护器，进线端配有放电管与滤波器。通过熔丝，电源开关为三个开关电源盒供电，开关电源为整个检票机提供直流电源。输出的直流电源分为两组：12V-1、24V-1 供工控机直连的部件；12V-2、24V 供其他各部件；两部分之间实现电隔离。环形变压器直接为主控板及门机芯提供 48V 的直流电源。电源模块的技术参数见表 6-5。

表 6-5 电源模块技术参数

技术指标	技术参数
输入电压	宽电压输入 AC176 ~264V
冷却方式	自冷式
工作温度	−25 ~70℃

（续）

技术指标	技术参数
工作湿度	20% ~90% RH
频率范围	47 ~63Hz
过载率	105% ~150%
效率	≥85%
断电保持时间	28ms
保护功能	过热、过电流、漏电、短路、过电压、欠电压保护
电压浮动率	DC +12V（设置值的 ±2% 以内） DC +24V（设置值的 ±2% 以内）
波纹电压噪声	DC +12V：50mV_{P-P}以下 DC +24V：50mV_{P-P}以下
电气隔离	输入侧-地：AC 1.5 kV 输出侧-地：AC 0.5kV 输入侧-输出侧：AC 3kV
绝缘电阻	输入对输出、输入对外壳：≥1000mΩ（DC1000V） 输出对外壳、输出对输出：≥250mΩ（DC250V）
MTBF	≥300 000h

11. 机壳

检票机机身用于安装检票机的所有模块和组成乘客检票通道，机体采用不锈钢拉丝并进行抛光，防锈耐腐蚀，简要说明如下：

1）用 304L 不锈钢材料，外形平整，表面光滑，没有毛边、毛刺。

2）设备底部留有走线的空间。

12. 软件

检票机软件用于控制指挥检票机各机械、电子单元协调工作，以实现检票机的各项功能。软件主要由以下模块组成：

1）主控系统；

2）检票机控制单元模块；

3）乘客显示器控制模块；

4）读写器控制模块；

5）回收装置控制模块；

6）与 SC 通信接口模块；

7）软件自动更新模块。

课题三 自动检票机的维护常识

【课题目标】

掌握城市轨道交通自动检票机的维护知识。

【课题内容】

一、自动检票机的组成及结构

1. 检票机的组成

检票机主要由主控单元、乘客显示器、方向指示器、警示灯和语音扬声器、读写器及天线、通道阻挡装置、票卡传送/回收装置、维护面板/移动维护终端接口、电源模块等组成，如图 6-39 所示

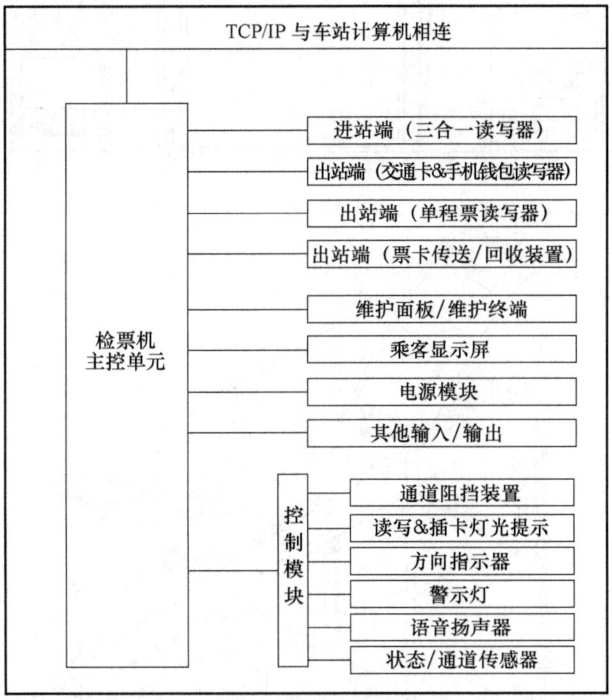

图 6-39　检票机模块机构

2. 结构

检票机的结构布局，如图 6-40 所示。

3. 阻挡机构

检票机采用剪式扇门阻挡机构，具有高可靠性。剪式扇门阻挡机构选用较软的阻燃材质制作，不会对乘客造成伤害，可以确保携带行李及坐轮椅的特殊乘客无障碍地通过通道。

扇门旁附有监测装置，一旦感应到尾随乘客有被夹危险，扇门会自动打开，并声光报警提示。

4. 检票机的工作模式

检票机可通过 SC 下达命令或在本机上设置为：检票机模式、出站模式、进/出检票机双向模式。

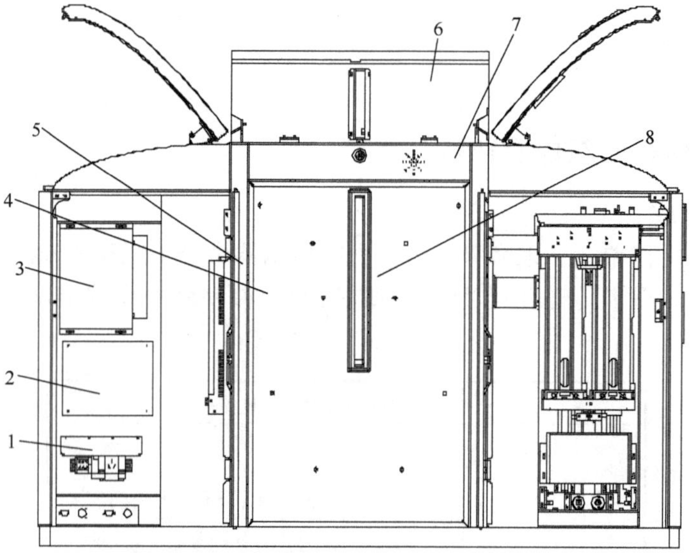

a)

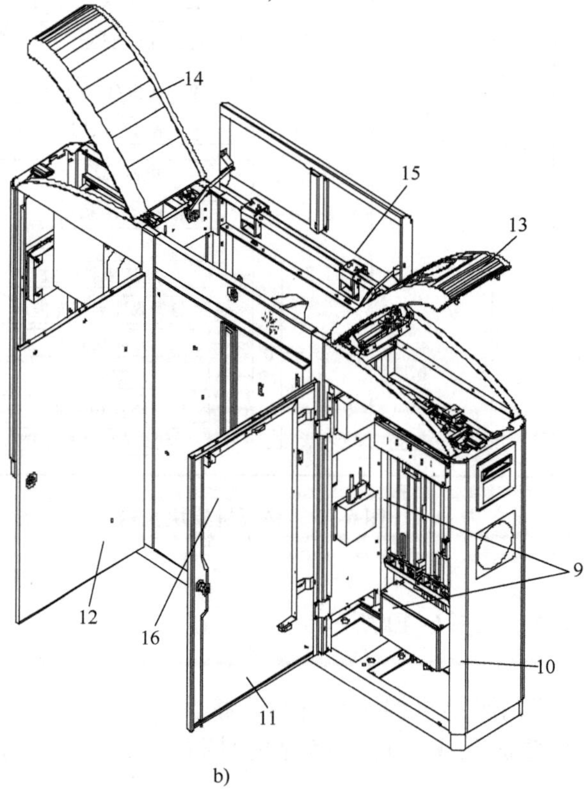

b)

图 6-40　检票机结构布局

a）检票机结构 1　b）检票机结构 2

1—接线桩　2—主控板　3—主控单元（ECU）　4—维护面板　5—电源模块　6—警示灯　7—语音扬声器　8—扇门机构　9—出站交通卡 & 单程票读写器　10—单程票回收模块　11—维护门 1　12—维护门 2　13—维护门 3　14—维护门 4　15—维护门 5　16—维护门 6

在单向模式下，检票机在相应端显示允许使用信息，在相对端显示禁用信息。在双向模式下，为了避免乘客两端刷卡引起的纠纷，检票机设计有防冲突功能，即在同一时刻，双向检票机只有一端允许乘客通行，当一端有乘客使用时，在乘客未通过前，另一端拒收车票并显示相应禁用信息，并明显地提示交易成功的一方通过通道，直至乘客通过后，另一端才允许刷卡检票。

二、自动检票机机柜的基本操作

1. 打开检票机维护门操作

检票机的维护门一共有 6 扇，即图 6-40 所标示的维护门 1 ~ 6，它们开启的方式各不相同，有 3 种不同的开启方式。

维护门 1、维护门 2 及维护门 5 可以用编号为“CC07”的机柜门钥匙开启，如图 6-41 所示。

维护门 1 的开启与关闭如图 6-42 所示。

图 6-41　机柜门钥匙 CC07

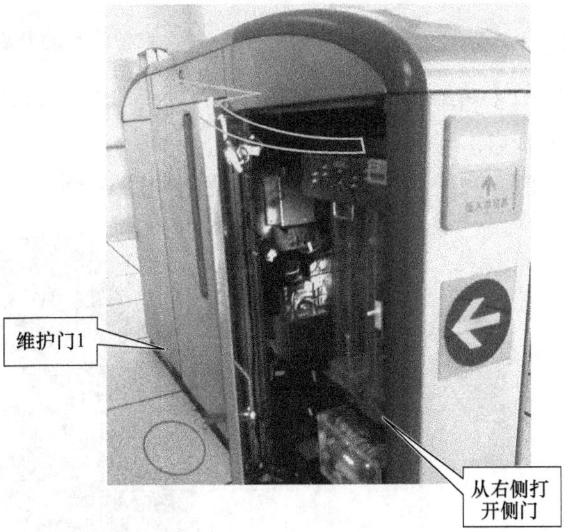

图 6-42　维护门 1 的开启与关闭

维护门 2 的开启与关闭如图 6-43 所示。

图 6-43　维护门 2 的开启与关闭

维护门 5 的开启与关闭如图 6-44 所示。

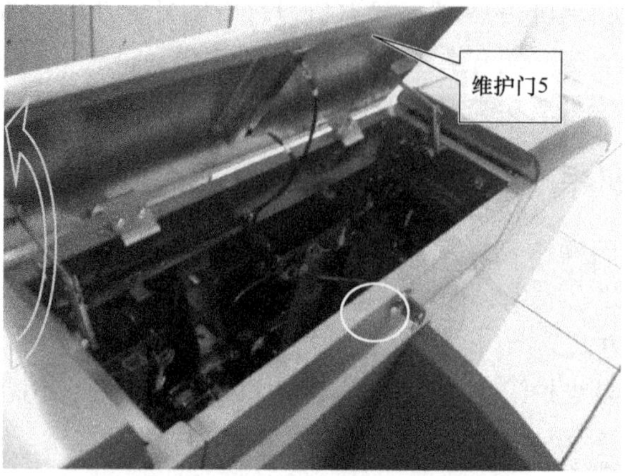

图 6-44 维护门 5 的开启与关闭

维护门 3 和维护门 4 不能用钥匙开启，需要在打开维护门 1 和 2 后，从机柜内部通过机械机构来开启。

维护门 3 和维护门 4 的开启与关闭如图 6-45 ~ 图 6-47 所示。

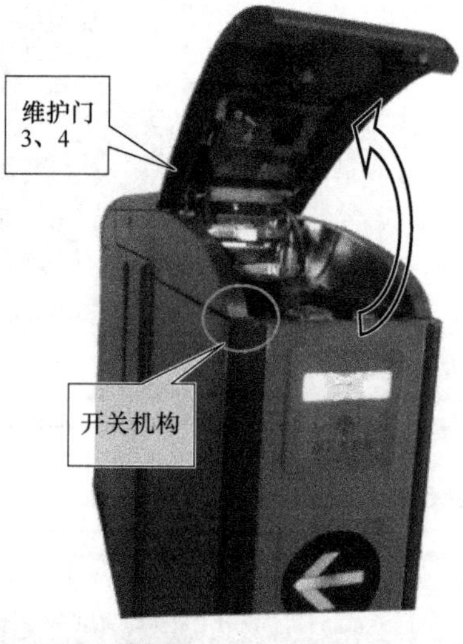

图 6-45 维护门 3 和维护门 4 的开启

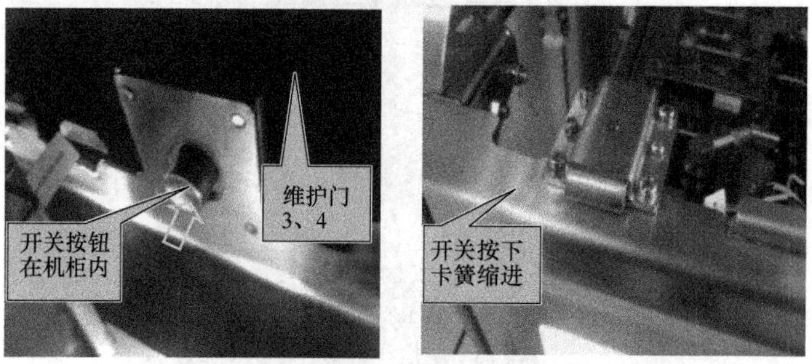

图 6-46 维护门 3 和维护门 4 的内部开关图示

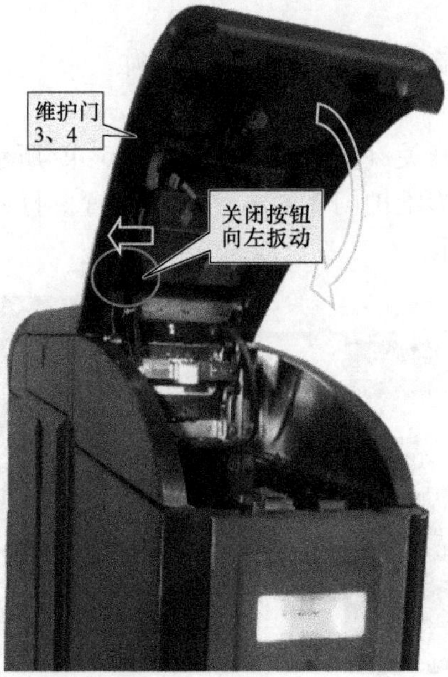

图 6-47 维护门 3 和维护门 4 的关闭

维护门 6 不能用钥匙开启，需要在打开维护门 5 后，通过机柜内部的机械机构来开启，如图 6-48 所示。

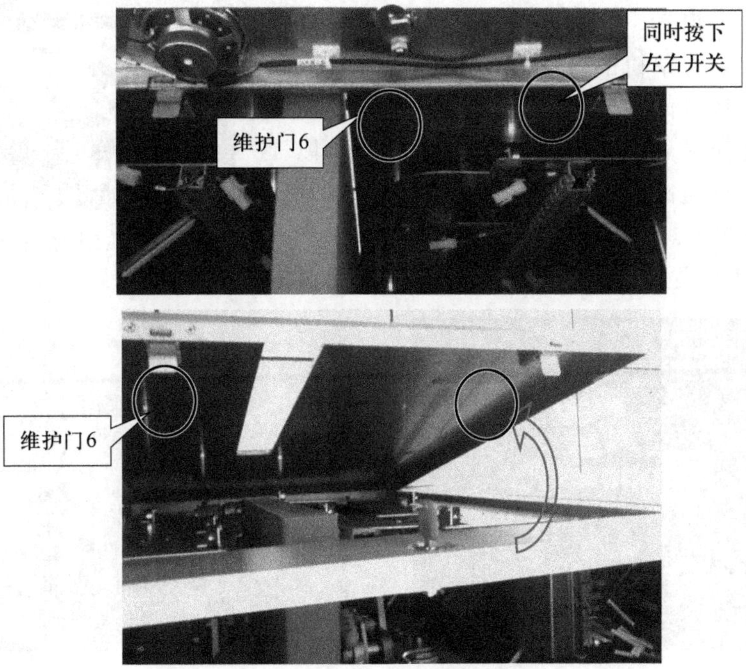

图 6-48 维护门 6 的打开图示

2. 打开检票机操作

（1）开机准备工作

1）将钥匙 CC07 插入维护门 2，逆时针转动。

2）打开维护门 2。

3）确认各个组件到位并确认 220V 电源连接正确。

（2）打开检票机步骤

1）打开总电源控制模块开关（空气开关），如图 6-49 所示。

2）打开电源模块，位置为维护门 2 内右侧底部位置，打开后按钮上的红色电源指示灯将立即被点亮，如图 6-50 所示。

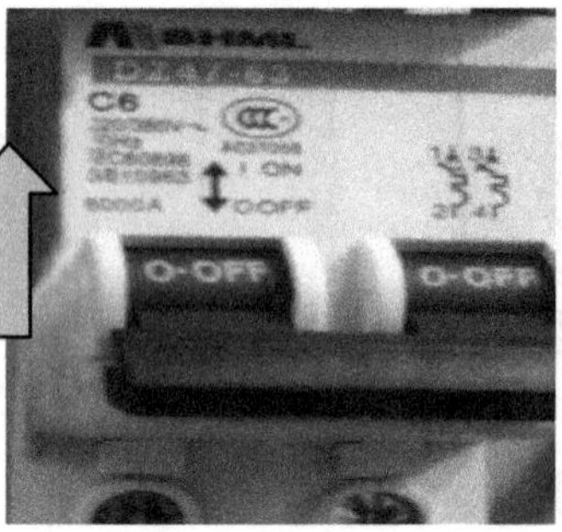

图 6-49　空气开关

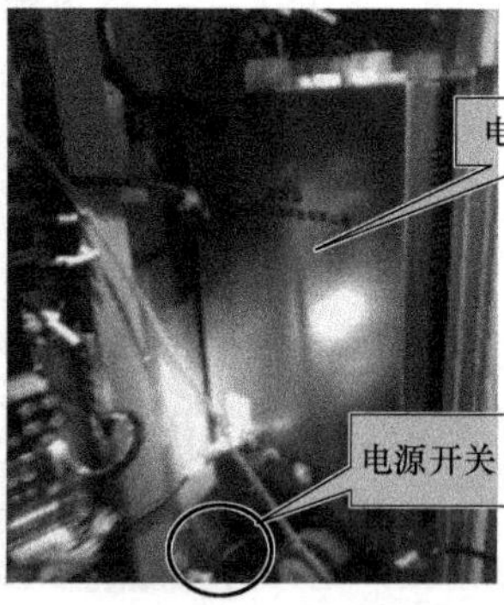

图 6-50　电源模块图示

3）打开工控机。打开工控机电源开关（见图 6-51），启动操作系统，检票机的应用程序将会随着系统的启动而自动启动。在启动界面上，用户可以清楚、直观地看到检票机的各个功能模块的自检状态，可以确认这些组件是否处于正常工作状态；当出现问题时，启动界面上会有明确的提示信息，以帮助用户快速地确定故障部件位置，使用户可以及时、有效地排除故障。

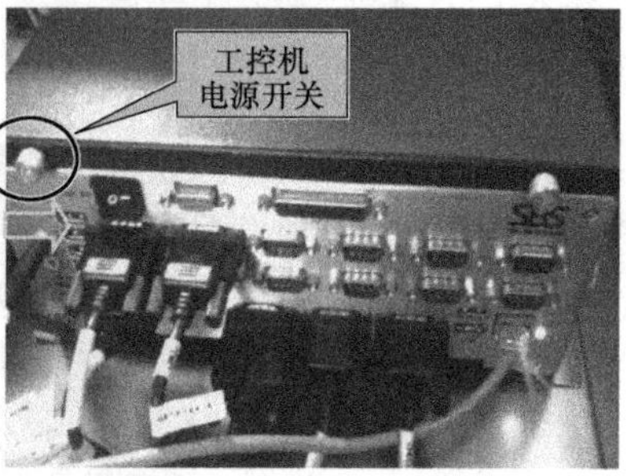

图 6-51　工控机电源开关图示

4）关闭维护门等待进入主程序，如图 6-52 所示。

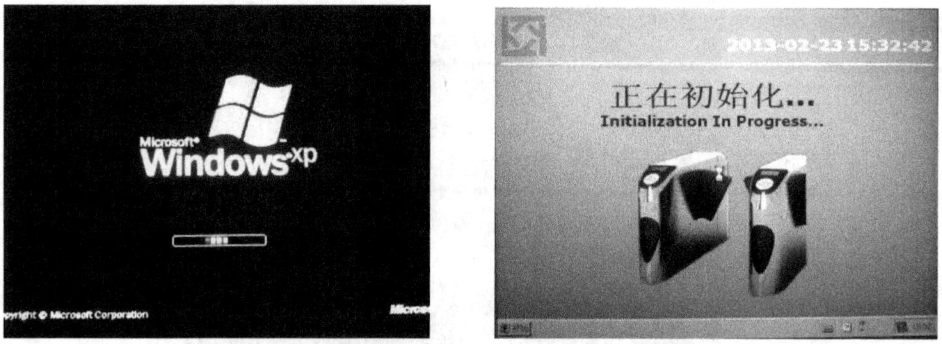

图 6-52　进入主程序

注意：

① 请严格要按照以上步骤操作，否则可能会损伤检票机的电源。

② 请勿触摸贴有“危险”标签的部分，以免发生意外！

③ 请不要将身体过于接近翻板，以免翻板打开时碰伤。

（3）关闭检票机的步骤

1）打开维护门2。

2）打开维护面板并输入维护代码“123”。

3）显示登录界面后输入用户名“123456”和密码“123456”，关闭检票机。

4）显示维护界面后，按数字键“8”退出程序，如图6-53所示。

5）等待检票机关机后关闭电源开关。

6）关闭电源开关。

7）关闭维护门2。

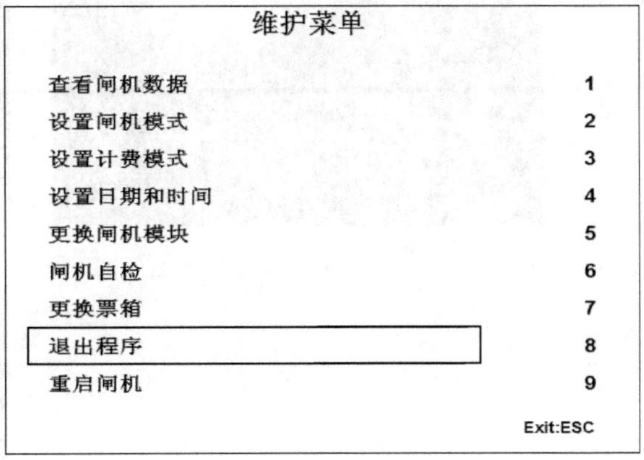

图6-53 退出程序

注意：

请严格按照以上步骤操作，否则可能会损伤检票机的主控单元以及电源！

（4）更换“单程票”票箱步骤

1）打开维护门1（使用钥匙CC07）。

2）按下黄色按钮打开上盖，如图6-54a和图6-54b所示。

3）将拉板上翻，如图6-54c所示。

4）向外拿出票箱1，如图6-54d所示。

5）倒出单程票。

6）插入票箱1。

7）向外拿出票箱2（与票箱1操作相同）。

8）关闭上盖，如图6-54e所示。

9）关闭维护门1。

注意：

放置票箱时，一定要按上端多出的尖端靠近门的方向放置，如果票箱方向放反，则刮票刮不出。

（5）检票机维护菜单操作

1）登录闸机维护系统。在闸机空闲时，在维护面板上连按数字键“1”“2”“3”，即可进入闸机维护菜单的登录界面，如果中途按键错误，则按“ESC”键可清除之前按的记录，然后重新按“1”“2”“3”键即可进入闸机维护菜单的登录界面，如图6-55a和图6-55b所示。

在登录界面中输入用户名，按“Enter”键，再输入密码，再按“Enter”键，如果用户名和密码都正确则可进入维护菜单主界面（见图6-55c），若有错误则重新输入。

进入维护菜单后按相应的数字键即可进入或执行对应的子菜单或功能。绿色字体表示当前状态项或执行项，红色字体则显示相关异常状态。

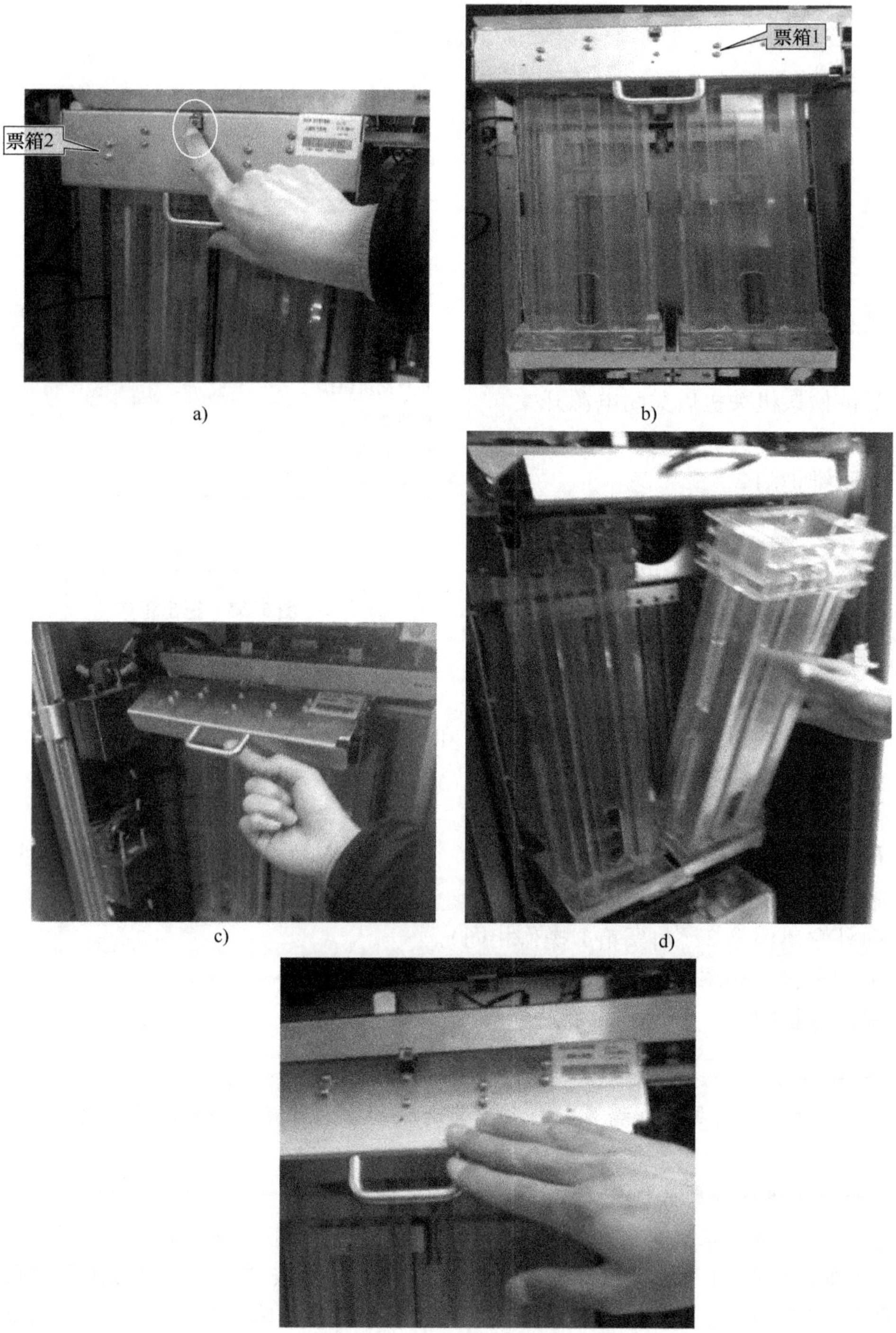

a) b) c) d) e)

图 6-54 更换“单程票”票箱操作图示

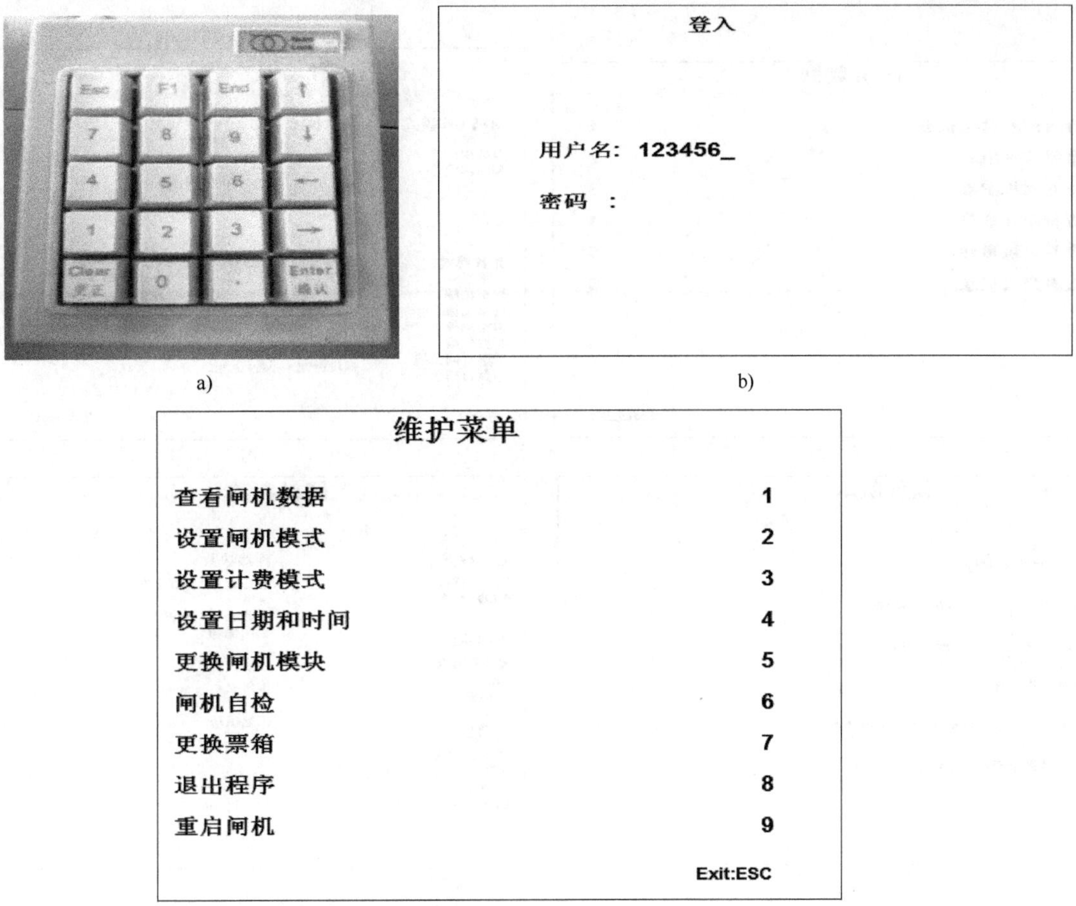

a)　　b)　　c)

图 6-55　维护面板与维护界面

a）维护面板　b）维护菜单登录界面　c）维护菜单主界面

2）查看闸机数据如图 6-56a 所示。

（6）闸机数据主界面

1）查看闸机常用状态。这里可以看到闸机的设备常用状态，从而知道闸机的哪个部分出现了问题，以进行相应的维修，界面如图 6-56b 所示。

2）查看软件版本。查看软件的版本信息，确认是否是最新版本，如图 6-56c 所示。

3）查看闸机参数。这里可以看出设备的类型以及设备的网络相关信息，如图 6-56d 所示。

4）查看交易记录。这里可以查看本闸机今天的交易记录，包含进站和出站的记录。按“↑”“↓”键可以进行翻页查看，如图 6-56e 所示。

3. 设置闸机模式

此界面可以设置闸机的模式和通道模式，有时闸机会掉模式，可以在这里重新设置成正常模式，或按需求进行对应的模式设置。若设置失败，则失败的那个模式字体会先变红然后变黑，若成功则变成绿色。绿色字体表示当前的闸机模式，界面如图 6-57 所示。

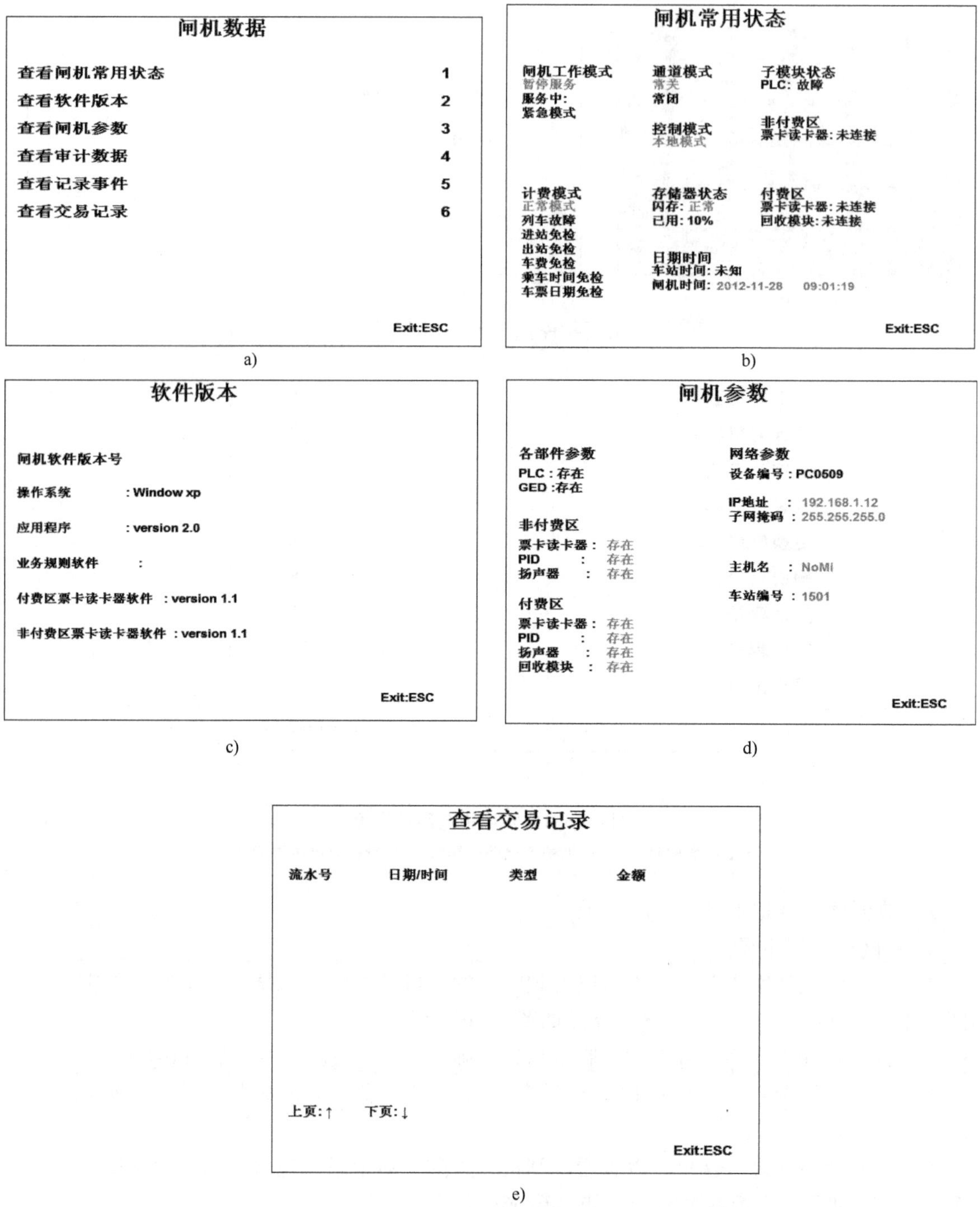

图 6-56 闸机界面

a) 闸机数据界面 b) 闸机常用状态界面 c) 软件版本界面
d) 闸机参数界面 e) 查看交易记录界面

4. 设置计费模式

在此界面中根据特殊情况可以设置闸机的降级检票模式，绿色表示当前计费模式，如图 6-58 所示。

设置闸机模式	
服务中:进站	1
服务中:出站	2
服务中:双向	3
暂停服务	4
强制打开模式	5
通道常闭模式	6
通道常开模式	7
紧急模式	8
解除紧急模式	9
	Exit:ESC

图 6-57　设置闸机模式界面

设置计费模式	
正常模式	1
列车故障	2
进站免检	3
出站免检	4
车费免检	5
乘车时间免检	6
车票日期免检	7
	Exit:ESC

图 6-58　设置计费模式界面

5. 设置日期时间

此界面可以设置闸机的日期和时间，但考虑到设备时间的同步问题，这里暂时不能设置，界面如图 6-59 所示。

6. 更换闸机模块

如需更换闸机模块，则在此界面中按数字键选择相应模块后即可更换相应的模块（预留），如图 6-60 所示。

设置日期时间		
更改日期		1
更改时间		2
当前日期	: 2012-11-28	
当前时间	: 09:14:08	
新的日期(YYYY-MM-DD):暂不可修改		
新的时间(HH:MM:SS) :暂不可修改		
		Exit:ESC

图 6-59　设置日期时间界面

更换闸机模块	
电子主控模块(EMM)	1
电源支持模块(UPS)	2
扇门模块(FLAP)	3
回收模块(SMA)	4
付费端票卡读卡器(Ticket Reader)	5
非付费端票卡读卡器(Ticket Reader)	6
付费端乘客信息显示屏(PID)	7
非付费端乘客信息显示屏(PID)	8
	Exit:ESC

图 6-60　更换闸机模块界面

7. 闸机自检

在此界面中可以测试闸机的常用模块功能，以得知设备是否能正常工作。

（1）票卡读卡器测试

对付费区和非付费区的读卡器进行测试，按相应的键测试不同区的读卡器，若超过 10s 不把卡放置在读写区内，则停止测试，如图 6-61 所示。

（2）扬声器测试

按下数字键 2 即可听到播放的声音，若没声音则扬声器状态不正常。

（3）回收模块测试

对回收模块的功能测试，当回收票入口卡票时，用此功能对票卡进行回收或退还，界面如图 6-62 所示。

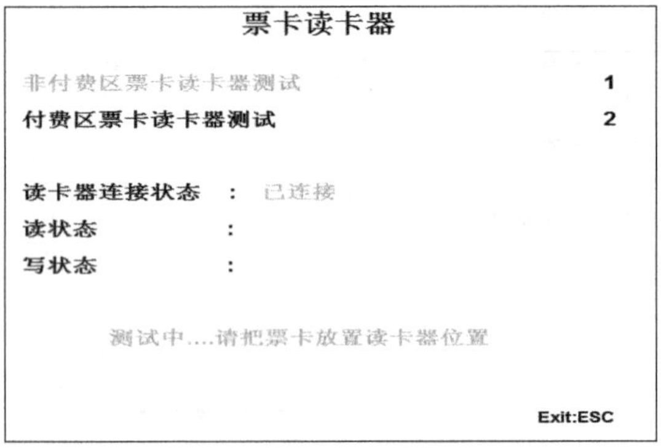

图 6-61　票卡读卡器测试界面

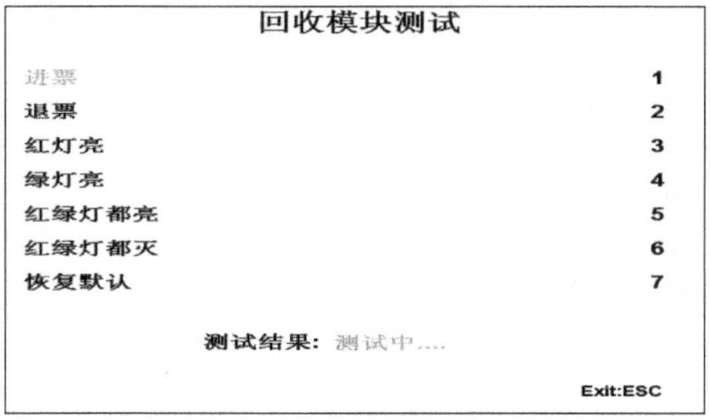

图 6-62　回收模块测试界面

（4）本地局域网测试

在此界面中可以查看本机的 IP 地址、SC 的 IP 地址，且选择测试后可查看与 SC 的网络状态，如图 6-63 所示。

（5）扇门测试

对扇门的开关进行测试，观察扇门开关是否正常，界面如图 6-64 所示。

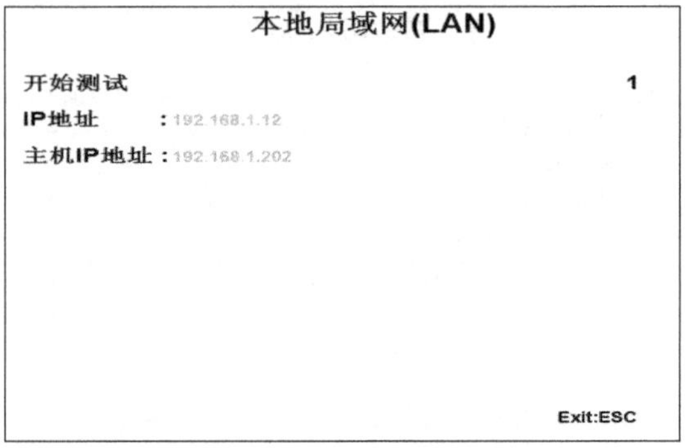

图 6-63　本地局域网测试界面

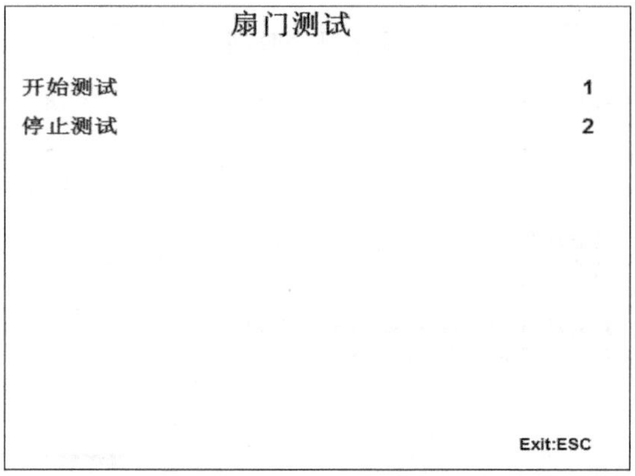

图 6-64　扇门测试界面

（6）方向指示器测试

对方向指示器的指示灯进行测试，查看是否正常，界面如图 6-65 所示。

（7）维护门开关状态测试

查看维护门的开关状态，主要是检查维护门的限位开关是否连接正常，按下维护门限位开关即可看到状态由打开变成关闭，若还是关闭则说明维护门限位开关连接不正常，界面如图 6-66 所示。

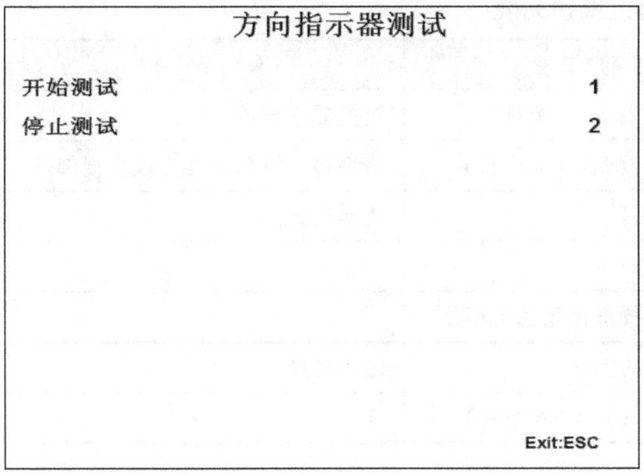

图 6-65　方向指示器测试界面

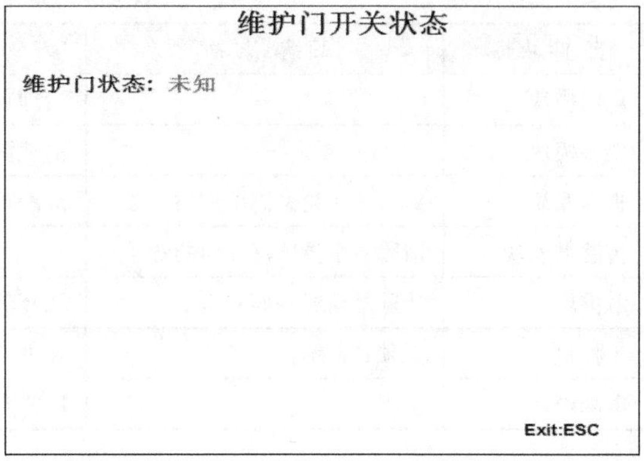

图 6-66　维护门开关状态测试界面

（8）传感器测试

检测传感器的工作是否正常，当传感器遮挡时，对应的传感器会显示“遮挡”，相反则显示“未遮挡”，界面如图 6-67 所示。

（9）停止传感器测试

停止对传感器进行测试，否则报警会不正常，因为控制板会处于传感器测试状态，所以需要停止。

8. 更换票箱

运营结束或更换好票箱时，要对票箱里的票卡数据进行清零操作，界面如图 6-68 所示。

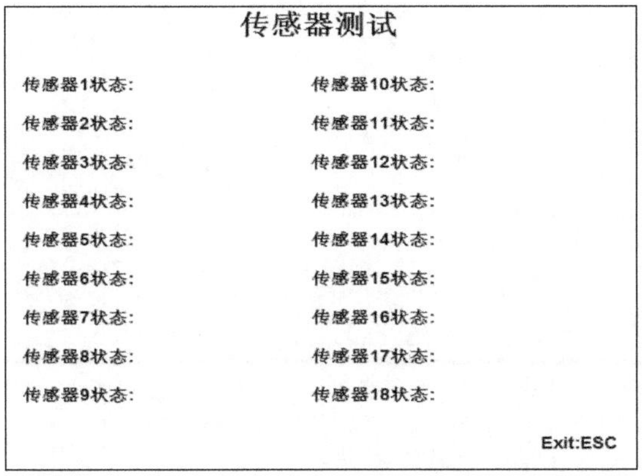

图 6-67　传感器测试界面

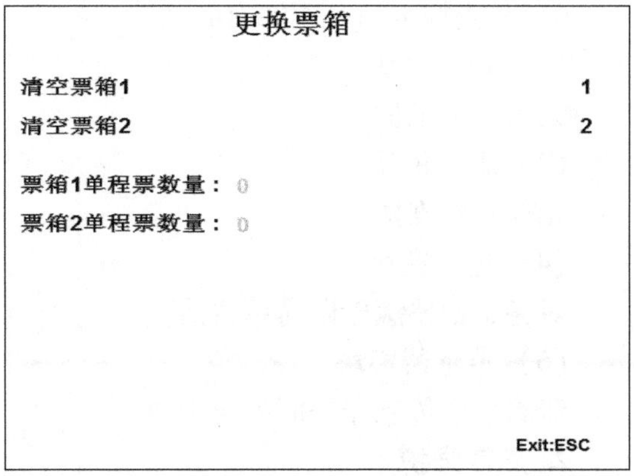

图 6-68　更换票箱界面

9. 退出程序和重启闸机

退出程序会终止当前程序并退出，重启闸机则会重启操作系统和闸机软件。

三、自动检票机的维护常识

要想做好自动检票机的日常维护工作，就需要对自动检票机进行定期养护，维护工作具体见表 6-6。

表6-6 自动检票机维护列表

部件名称	日常维护	周期维护	年维护
扇门模块	—	清理灰尘（每1~2个月）	更换受损部件
票箱模块	—	清理沉积物（每1~2个月）	清理每个零部件并更换受损部件
进卡模块	对各个滚轮做简单清洁	清洗重要部件	更换受损部件
传感器模块	清除各个传感器表面的灰尘	—	—
触摸屏	清除触摸屏表面灰尘	认真清理触摸屏边角的沉积物	—
工控机	无须日常维护	除去工控机表面的灰尘	磁盘整理
电源模块	—	UPS充放电（每4~6个月）	—

1. 日常维护

（1）整机

1）保持整机的清洁。扫净机身内外显露的尘土，防止由于机器运转、静电等因素将尘土吸入自动检票机体内。

2）请勿使用有机溶剂擦拭自动检票机表面，以防表面标识脱落。

3）擦拭干净显露在用户面前的部件，如触摸屏、进票口、纸币/硬币入口等，留给用户一个清洁、舒适的环境。

4）保持机器处于干燥状态，做到表面无水滴下或成股流下，以防发生漏电事故。

5）一般不建议打开功能单元进行维护，只要检查一下外观、接线没有松动、操作性能良好即可。

6）检查插卡口是否塞有异物。

（2）扇门模块

无须日常维护。

（3）票箱模块

无须日常维护。

（4）进卡模块

对各个刮票滚轮做简单清洁。

（5）传感器模块

清除各个传感器表面的灰尘。

2. 周期维护

1）进卡模块：使用工业酒精沾湿的清洁软布擦拭回收模块各滚轮。

2）传感器模块：使用干燥的软布擦拭或使用皮老虎吹去各光感上的灰尘。

3）工控机模块：使用毛刷扫除设备内部的灰尘，应重点清洁工控机上部堆积的灰尘。

4）机柜：清洁设备外壳。

3. 月维护

1）检查各部件螺钉有无松动。

2）退出主程序，使用磁盘清理工具清理磁盘碎片后关机。断电并打开工控机盖，使用毛刷扫除设备内部的灰尘后开机。

3）清洁设备底部灰尘，使用不锈钢清洁剂去除外壳上的污渍及斑点。

4. 年维护

检查各部件的磨损情况并记录、更换已磨损的部件，紧固各主要部件的螺钉。

四、自动检票机故障排除方法

1. 车票读写故障

1）检查连接读卡器的通信线、电源线是否松动，若松动可拔下重新进行安装。

2）利用专用工具检查连接读写器的射频线（通信线）是否良好，如通信故障，则直接更换射频线。

3）检查读写器，更换一个好的读写器进行调试。

4）进行检票测试，如果检票正常则故障清除。

5）复位自动检票机。

6）正常运行自动检票机。

2. 传输阻塞故障

1）观察传输机构是否有卡票，如有卡票，则取出卡票并校正卡票位置部件。

2）清洁传输通道传感器。

3）调整刮卡机的进票间隙。

4）若为电路板故障，则更换一块好的电路板。

5）进行检票测试，如果检票正常则故障清除。

6）重新复位自动检票机。

7）正常运行自动检票机。

3. 车票识别器故障

1）打开车票读卡器机盖，查看天线是否松动。

2）测试读卡器。

3）如果故障仍未清除，则更换三合一读卡器再进行测试。

4）故障清除后复位自动检票机。

4. 设备通信故障

1）观察维护面板显示。

2）重新连接通信插头，在正常模式下断开通信线缆。

3）观察通信指示灯的状态是否正常。

4）观察维护面板显示，若还是有相同的故障提示，则更换通信电缆。

5. 扇门限位开关故障

1）检查扇门限位开关，检查其是否有松动或损坏现象。

2）利用工具固定或更换限位开关，如图6-69所示。

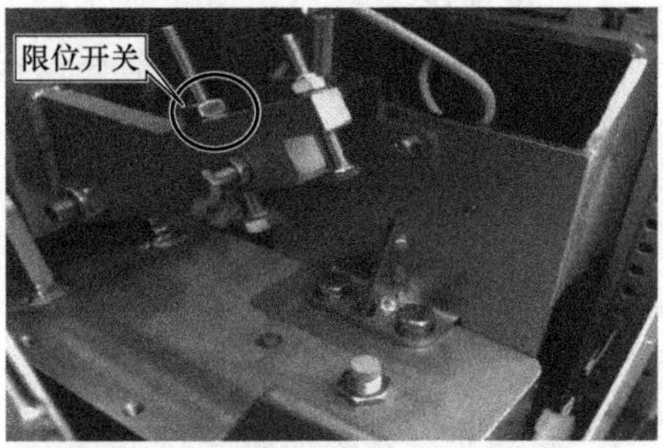

图6-69　扇门限位开关实物图示

6. 闸机的扇门常开，无法关闭

1）按控制板的复位键，在板子的中下方位置，上面写着“Reset”。

2）关上维护门再测试。

7. 扇门刷卡不开门

1）打开维护菜单的“扇门测试”界面。

2）如果正常开关，则再打开“传感器测试”界面，检测传感器是否被遮挡。

3）如果发现遮挡现象，则检查该传感器是否有电、位置是否正确以及是否该清洁了。

8. 读卡器工作不正常

进入维护菜单的“读卡器测试”界面或查看设备状态、检测读卡器，如果出现故障等异常信息，则可尝试断电重启闸机。

注意：

维修过程中，需要断电时应先关闭工控机的操作系统，然后再断电，在SC的模式控制里有一键关机功能（或按下电源箱的红色开关），这样可以延长工控机的使用寿命，且可以防止应用程序损坏。

【实训操作】

自动检票机

单元练习

一、名词解释

1. 自动检票机（AGM）
2. 箱体
3. 拦阻体
4. 检票机工作模式
5. 双向模式

二、单项选择题

1. 自动检票机的基本组成部分包括箱体、拦阻体、机芯、（　　）和辅助模块。

A. 控制模块　　B. 驱动电机　　C. 减速机　　D. 计数模块

2. 摆闸通道宽的范围是所有闸机中最大的，一般在（　　）。

A. 550～1000mm　　B. 500～550mm　　C. 550～900mm　　D. 500mm左右

3. 拒绝码“06”的含义是（　　）。

A. 正确　　B. 票价不足

C. 车票数据检查码错误　　D. 出站闸机——进出反

4. 在检票机本机至少能够保存（　　）条交易数据。

A. 40 000 B. 50 000 C. 60 000 D. 35 000

5. 在检票机本机至少能够保存（ ）天的设备数据。

A. 14 B. 13 C. 30 D. 7

6. （ ）以下儿童乘车，刷卡后可让儿童先行，成人随后由通道迅速通过。

A. 1.2m B. 1.1m C. 1.3m D. 1m

7. 付费区的乘客可以出站，非付费区的乘客也可以进站，这是（ ）模式。

A. 进站 B. 出站 C. 进出站 D. 双向

8. （ ）无须日常维护。

A. 进卡模块 B. 整机 C. 扇门模块 D. 传感器模块

三、多项选择题

1. 三辊闸也叫（ ）。

A. 三杆闸 B. 三滚闸

C. 三棍闸 D. 滚闸

E. 辊闸

2. 三辊闸从机芯控制方式上分为（ ）。

A. 机械式 B. 半机械式

C. 半自动式 D. 完全自动式

E. 全自动式

3. 目前，与闸机配套的系统最常见的有（ ）。

A. 票卡系统 B. 清分系统

C. 门禁系统 D. AFC 系统

E. 票务系统

4. 闸机模式中有（ ）。

A. 进站模式 B. 出站模式

C. 双向模式 D. 暂停服务模式

E. 紧急模式

5. 自动检票机的故障有（ ）、闸机的扇门不出、扇门刷卡不开门和读卡器工作不正常等。

A. 车票读写故障 B. 传输阻塞故障

C. 车票识别器故障 D. 设备通信故障

E. 扇门限位开关故障

四、判断题

（ ）1. 自动检票机安装在车站的非付费区。

（ ）2. 检票机能够满足左右手持票的乘客快速通过的需求。

（ ）3. 闸机可接受单程票、储值卡及手机钱包三种 IC 卡。

（ ）4. 闸机是一种通道阻挡装置，用于管理人流并规范行人出入。

（ ）5. 自动检票机的基本组成部分包括箱体、拦阻体、驱动机、控制模块和辅助模块。

（ ）6. 闸机在非正常使用的情况下会触发警报，正常情况下也会发出警报信息。

(　　) 7. 根据拦阻体和拦阻方式的不同，可以分为三辊闸、摆闸、翼闸、平移闸、一字闸。

(　　) 8. 翼闸通道宽的范围是所有闸机中最大的。

(　　) 9. 双向闸机可以设置所有模式。

(　　) 10. 在扇门开关区域内，设有安全传感器，当监测到有障碍物遮挡安全传感器时，扇门将维持开启状态。

五、问答题

1. 简述三辊闸的优点。

2. 闸机如何进行断电保护？

3. 简述自动检票系统的进出站操作。

4. 简述自动检票机的主要组成部分。

5. 简述自动检票机车票读写故障的排除方法。

单元七

运营辅助设备

课题一 票卡清点机和纸币清点机

【课题目标】

认识票卡清点机的组成部件，掌握各部件的功能及操作方法。

【课题内容】

以 T-C10T 型票卡清点机为例，它是针对地铁、高速公路等场所清点票卡而专门设计的专用设备，采用轮式供票和传输，不存在因皮带磨损而导致磨损颗粒粘附在票卡表面的现象；高精度传感器精确计数，可预设点卡值至预设值自动停机；票卡厚度可调，适用于 0.45mm（含 0.45mm）以上的不同材质票卡；具有点卡准确、速度快、票箱容量大、使用方便等特点，应用于地铁、高速公路等需要大量清点票卡的场所。

一、票卡清点机组成部件的识别

票卡清点机通过发卡、计数、输送、集卡等步骤完成票卡的清点。它主要由机体部分、发卡机构、防双票机构、光感计数通道、票卡回收箱、LED 显示屏和操作面板七部分组成，如图 7-1 所示。

1. 机体部分

票卡清点机外壳采用不锈钢材质，能长久耐腐蚀。设备表面光滑，边角圆滑，没有外露的螺栓、螺母、毛边或裂纹，不会对使用者造成伤害。机体侧面带有两组手动调节旋钮供使用者清理维护时使用。票卡清点机带有票卡厚度调节器，可根据需要自由在 0.4 ~ 0.8mm 线性调整，以满足不同用户的不同需求。

2. 发卡机构

票卡发卡机构由发卡机和票卡箱组成。票卡放置在票卡箱里，票箱内可容纳 0.45mm 厚的票卡且不少于 450 张。刮卡轮会把票卡依次刮入光感计数通道。票卡也可以从设备上取下

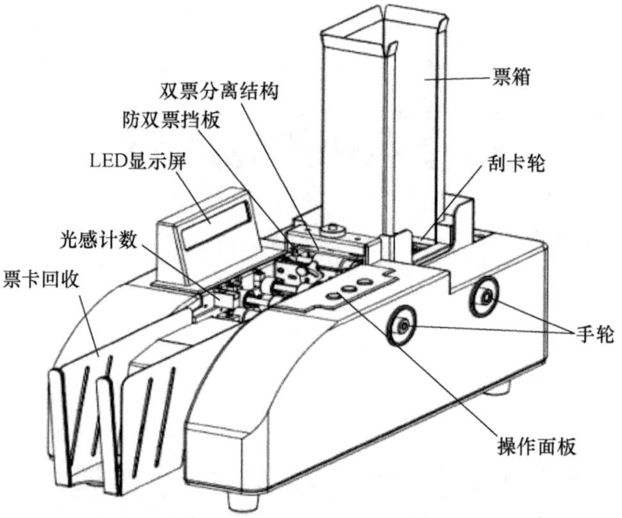

图 7-1　票卡清点机

票卡筒直接使用。当设备没有检测到票卡时，刮卡轮会自行停止刮卡。

3. 防双票机构

防双票机构由票卡分离机构和防双票挡板组成，票卡分离机构负责将票卡分离，防双票挡板限制单张票卡通过以保证计数通道不会有双票产生。该机构可根据所需处理票卡的厚度线性调节，以满足用户清点不同厚度票卡的要求。

4. 光感计数通道

光感计数通道由送卡通道和光电感应器组成，运行稳定可靠，当票卡经过光电感应器后，票卡清点机自动为其计数。当随机暂停计数时，票卡会暂留在计数通道上。如果继续启动，则票卡清点机会继续清点直至所设定的票卡数量。

5. 票卡回收机构

票卡清点机的票卡回收箱由回收箱、挡板和缓冲橡皮组成，该模块采用可拆装的结构。

6. LED 显示屏

LED 显示屏上由两组数字显示组成。左边一组由四位数字组成的数字显示的是设备当前点卡的数量，右边一组三位数组成的数字，显示的是设备点卡前操作人设置的点卡数量。显示屏下方设有状态指示灯，运行在相应状态下工作时指示灯会亮起，如图 7-2 所示。

7. 操作面板

操作面板由“设置”“清零”“开/停”三个功能键组成。当按下“设置”功能键时，票卡清点机便进入了设置模式，此时 LED 显示屏设置指示灯会亮起，按下“清零”功能键为减少、“开/停”功能键为增加。可以根据需要自由调节票卡清点数量。再次按下“设置”功能键则退出设置模式，如图 7-3 所示。

小知识：票卡清点机的技术参数

- 票箱容量：450 张/750 张（使用地铁票箱）
- 点卡速度：600 张/min
- 最大累加：9 999 张

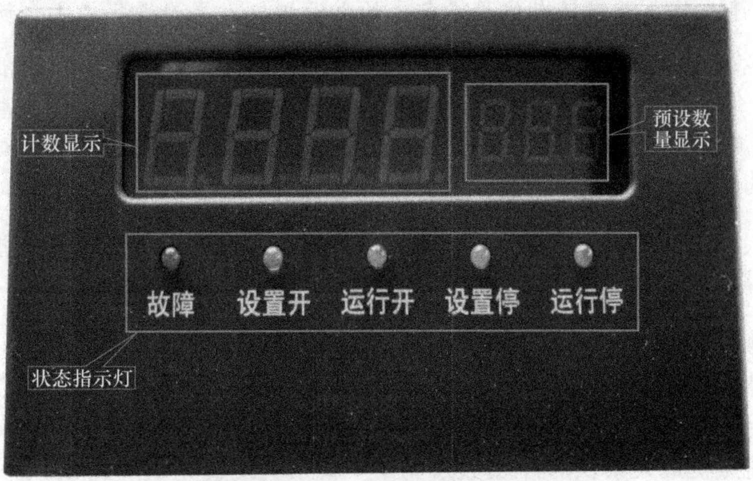

图 7-2　LED 显示屏（见彩图）

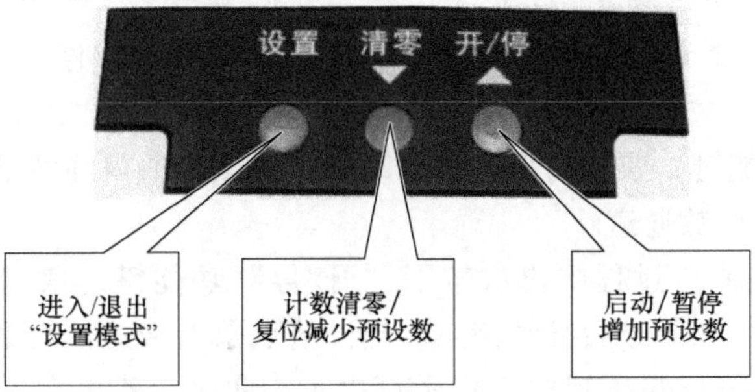

图 7-3　操作面板图示

- 最大预设量：999 张
- 出卡箱容量：150 张（0.45mm 地铁标准票卡）
- 计数显示：LED 显示
- 重量：5kg
- 功率：<50W
- 电源：220（1 ±20%）V，50Hz
- 温度：0 ~40℃
- 相对湿度：30% ~80%

二、票卡清点机的使用

点卡操作有三个阶段，即准备、点卡和结束。

1. 准备阶段

1）检查。检查并移去票卡清点机上放置的杂物，保持刮卡轮及各滚轮的清洁。检查轨道上是否有脏物，若有应及时处理。

2）电源。为票卡清点机插上电源，然后打开位于票卡清点机上的电源开关，将开关上的 0 拨向 1。

注意： 请先将电源线插在位于设备上的电源接口，再为设备插上合适的电源。

3）票卡准备。准备好需要清点的票卡，在将票卡放入不锈钢票卡箱之前应将票卡上的纸带、橡皮筋、绳子等捆绑物解开并去除，手动筛选出弯卡、折卡、断卡、翻面卡。整理需要清点的票卡，并水平放入票卡箱，适量即可，将压卡板放置在票卡上方。使用闸机回收票筒：若票箱内票卡过多，则取出多余的票卡。将票筒放在票卡清点机上进行取回。

注意： ①不要将弯卡、折卡、断卡放入票箱，否则可能会造成设备损坏；②票卡放置不宜超过票卡箱的开口，以免票卡意外掉落。

4）设置。设置预设清点的票卡数量。按“设置”功能键进入设置模式，“清零”功能键为减少预设的点卡数量，“开/停”功能键为增加预设的点卡数量。在设置的同时 LED 显示屏上的数字会自动显示所预设的点卡数量。一般最大设置数量为 999 张。当设置数量为“0”时，票卡清点机最大累积的计数数量为 9 999 张。设置完成后再次按下“设置”功能键即可。

注意： 票卡回收箱容量为 150 张（0.45mm 票卡），当回收箱满时需要按下“开/停”功能键来手动暂停清点，将票卡回收箱内的票卡取出后再次按下“开/停”功能键则继续清点。

2. 点卡阶段

按下“开/停”功能键，票卡清点机将自动进行清点，值得注意的是，票卡清点机运行时，操作人员严禁触碰计数通道。

1）暂停/继续。在清点过程中再次按下“开/停”功能键，票卡清点机将自动暂停清点，再次按下“开/停”功能键后继续清点。当已清点票卡未达预设数量而票箱内的票卡已经刮完时，机器会自动停止并亮起故障指示灯提示。此时，若再次添加票卡可按“开/停”功能键继续清点，机器会在之前数目上继续累加直至到达预设值。

2）清零。若票卡箱中的票卡点完时，机器将自动停止，并亮红灯给出提示，此时如果想重新清点票卡，则按下“清零”功能键来清除 LED 显示屏上的计数。

3. 结束阶段

当票卡清点机清点至预设值后，机器会自动停止运行，计数器自动清零，此时可以拿出出票箱里的票卡。清点结束后，关闭设备电源并清理票卡清点机。

小知识：使用票卡清点机的注意事项

① 在票卡清点机运行时，不要将手伸进清点机的计数通道，以免弄伤手指，或造成清点机运行的不稳定，造成不必要的麻烦。

② 在票卡清点机运行时，不要用手触碰手轮，以免受伤。

③ 请经常清理的票卡清点机以保证其运行效率及运行的稳定。

④ 在改变票卡类型后需重新设置防双票挡板和票卡分离装置的高度。

⑤ 不要让油腻的东西与卡轮和刮卡轮接触。

三、纸币清点机（点钞机）简介

点钞机用于各车站接收纸币的清点和验钞，该设备能够对多种规格的纸币进行点验。纸币清点速度 ≥500 张/min；点钞尺寸：长度 110 ~ 180mm，宽度 50 ~ 80mm，厚度

0.75 ~0.15mm。

点钞机是一种自动清点钞票数目的机电一体化装置，一般带有伪钞识别功能。由于现金流通规模庞大，银行出纳柜台现金处理工作繁重，因此点钞机已成为不可缺少的设备。随着印刷技术、复印技术和电子扫描技术的发展，伪钞制造水平越来越高，必须不断提高点钞机的辨伪性能。

点钞机是由捻钞轮、压钞轮、接钞轮、机架、电机、变压器、电子电路等多部分组成的。

1. 捻钞部分

捻钞部分主要由滑钞板、送钞舌、阻力橡皮、落钞板、调节螺钉、捻钞胶圈等组成。将要清点的钞票逐张捻出是保证计数准确的前提。该机采用横向分张出钞：捻钞胶圈捻走处于表面的一张钞票，下面的钞票被阻力橡皮粘住，使表面的钞票与下面的钞票分开，实现分张。这个过程不断重复进行，直到捻完最后一张钞票。由于更换麻烦，捻钞胶圈和阻力橡皮的磨损一直是困扰人们的两大难题，要解决这个问题，不外乎是提高使用寿命和使更换方便。对于捻钞胶圈，可以采用加大外径，在外圆中间开一圈凹槽来提高捻钞胶圈的耐磨性，并将胶圈轴向截面改为锯齿形，使胶圈齿面相对钞票的接触面加大，以提高胶圈齿面对钞票的附着力。对于附图橡皮，比较简单方法是采用阻力橡皮快换结构，用手压下滑钞板的后端，可以很容易取出阻力橡皮进行更换。

2. 出钞部分

出钞部分主要由出钞胶轮和出钞对转轮组成，其作用是出钞胶圈以捻钞胶圈两倍的线速度把连续送过来的先到的钞票与后面的钞票有效地分开，并送往计数器与检测传感器进行计数和辨伪。钞票离开捻钞胶圈进入出钞胶圈。由于捻钞轴与出钞轴之间的距离加宽了，因此为了确保钞票从捻钞轮能顺利运动到出钞轮，增加了一对过轮，过轮外缘的线速度等于捻钞胶圈外缘的线速度，出钞胶圈外缘的线速度是捻钞胶圈外缘线速度的两倍。当出钞胶圈外缘捻到钞票后，钞票即以原来速度的两倍运动，这样就将捻钞胶圈的磨损转移到过轮上，而过轮采用耐磨材料，经实践证明，捻钞胶圈的使用寿命提高了几倍。虽然增加一对过轮可以提高捻钞胶圈的使用寿命，但随之带来的问题是成本增加，结构复杂和维修的不便。如果在不增加一对过轮的情况下，而采用的捻钞轴上装一个超越离合器（俗称单向轴承），则可起到相同的作用，原理如下：单向轴承装在捻钞传动轮内，可以相对于捻钞轴逆时针转动。捻钞时，捻钞传动轮顺时针转动，单向轴承不转动，起传递动力的作用，当钞票移动到出钞胶轮时，即以原来速度的两倍运动，在钞票的拖动下，由于单向轴承的作用，捻钞胶圈外缘以和钞票相同的速度运动，钞票和捻钞胶圈间没有相对滑动，因而可延长捻钞胶圈的使用寿命。

3. 接钞部分

接钞部分主要由接钞爪轮、托钞板、挡钞板等组成。

点验后的钞票一张张分别卡入接钞爪轮的不同爪中，由脱钞板将钞票取下并堆放整齐。飞钞现象在点钞机中比较常见，要解决这个问题，须注意 3 个方面：一是接钞叶轮中心位置，二是叶爪形状，三是叶轮转速。

1）接钞叶轮中心位置的确定：接钞叶轮中心应尽量靠近出钞轴，当钞票离开出钞胶圈时，必须尽量卡入叶爪的深部，这样就能保证钞票不致因为卡入过浅而飞钞。

2）叶爪的形状：曲线应使钞票插入后有一个弯曲变形，钞票变形越大则越不易飞出。

3）叶轮转速：叶轮转速越快越易飞钞，但太慢钞票会撞击叶爪底部。叶轮转速与点钞速度和叶爪数量有关。

4. 传动部分

传动部分可采用单电动机或双电动机驱动，由电动机通过传动带和传动轮，将动力输送给各传动轴。采用双电动机驱动易于实现预置数功能。电动机可采用交流或直流电动机，由于电动机和变压器的重量较大，如采用直流电动机配合开关电源，则可大大减轻整机重量。

经实践证明，机架组件采用冲压力边板效果较好。采用这种设计的好处是机架的左、右边板中相对应精度较高的部分可以采用同一模具一次加工完成，提高了机架的装配精度，降低了成本，也为运动中的钞票得到有效识别提供了所需的定位精度。

5. 电子电路部分

由主控部分、传感器部件、驱灯组件、电源板等组成一个单片机控制的系统，通过多个接口把紫光、磁性、红外穿透、计数信号引入主控器。把正常钞票在正常清点中在各传感器接收到的信号进行统计、取样、识别，并寄存起来，作为检测的依据。当清点纸币时，把在各通道接口接收到的信号参数与原寄存起来的信号参数进行比较和判断，若有明显差异，则立即送出报警信号并截停电动机，同时送出对应的信号提示。

四、纸币清点机的使用

纸币清点机操作有三个阶段，即准备、点钞和结束。

1. 准备阶段

将电源线插在机器上，然后将插头插在该产品说明书允许的电源插座上，需要注意的是，这个插座的供电标准必须严格遵守说明书上允许的范围。例如，说明书注明了“AC220V ±10% 50Hz ±5%”，就要将插头插在市电的插座上，不要插在 UPS 电源上，否则可能导致机器性能的不稳定。然后即可打开开关进行操作使用了。

2. 点钞阶段

1）观察机器开机后的信息，看信息是否有故障提示在内。

2）参照说明书进行功能的设置。如果是智能型的机器，则此步骤可以省略。

3）下钞使用，下钞时建议将成摞的钞票按照机器下钞部分的外形捻成一个微小的斜面，这样可以使机器橡胶件的使用寿命延长一些。键盘是对点钞机进行功能设置和实现基本操作的部分，现在机器的键盘设置一般都设有“启动键”“清零键”和其他功能设置键。其中，“启动键”是当机器遇到伪钞报警停机后用来启动机器继续工作的；“清零键”是用来清除屏幕显示的。其他键则是设置相应功能或相应工作状态的按键，一般有设置磁检功能的“磁检键”、设置光检功能的“光检键”和设置预置数功能的“预置键”等。

3. 结束阶段

当点钞结束后，机器会自动停止运行，计数器显示点钞数量与金额，此时可以拿出钞票，计数器清零。点钞结束后，关闭设备电源。

课题二 票卡清点机和纸币清点机的维护与保养

【课题目标】

1. 掌握票卡清点机防双票机构的调整方法与简单维护保养的方式。
2. 了解票卡清点机的排故方法。

【课题内容】

当轨道交通车站在大量走票后，或需要改变清点票卡类型时，票卡清点机需要进行防双票机构的调整。在一天的繁忙清点工作之后，票卡清点机更需要进行简单的日常维护保养，也就是对设备进行清洁和清理。这些操作都必须在断电状态下进行。

一、防双票机构的调整

防双票机构的调整方法：

1）关闭票卡清点机的电源。

2）移走票箱。

3）使用 M10 扳手逆时针拧开紧固螺母，如图 7-4a 所示。

4）将两张票卡同时放入防双票机构。

5）按照图 7-4b 所示的操作将间隙调整为最紧状态。

6）抽出票卡后测试其是否可放入两张票卡。

7）若出现卡机现象，则微调拨片即可，如图 7-4c 和图 7-4d 所示。

注意：

① 票卡在厚度调节器里抽动不宜过紧，否则会降低运行效率，或发生卡机现象。

② 票卡在防双票挡板下抽动不宜有剐蹭，否则会刮伤票卡降低运行效率，或发生卡机现象。

二、票卡清点机的日常维护

票卡清点机的日常维护保养包括刮卡轮和其他卡轮的清洁以及防尘槽和光感计数器的清理。值得注意的是，所有维护工作须在断电后进行！

维护票卡清点机所需的工具有清洁毛刷、一字螺钉旋具、镊子、7mm 扳手和 10mm 扳手各一把，如图 7-5 所示。

1. 刮卡轮的清洁（最好每天进行一次）

1）将机身左侧的手轮取出。

2）使用镊子夹住酒精棉左右擦拭刮卡轮。

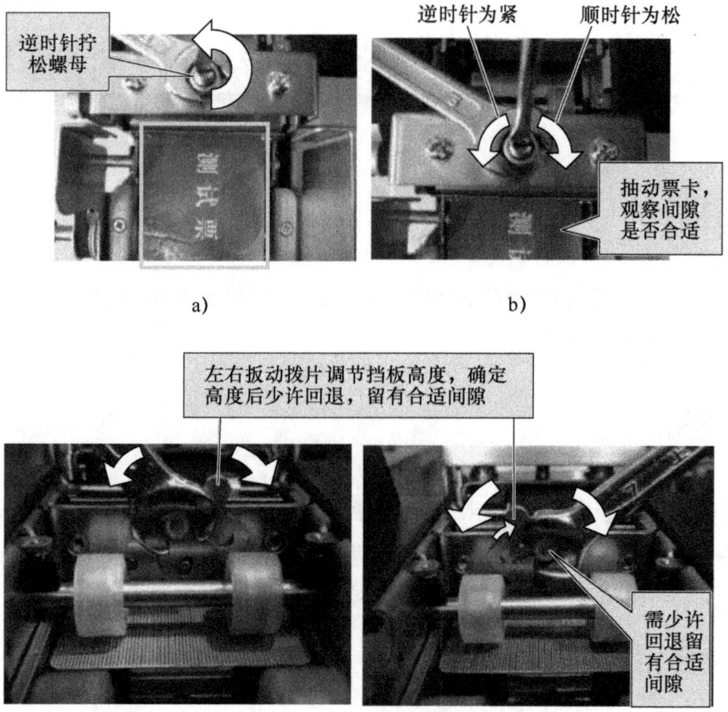

a)　b)　c)　d)

图 7-4　防双票机构图示

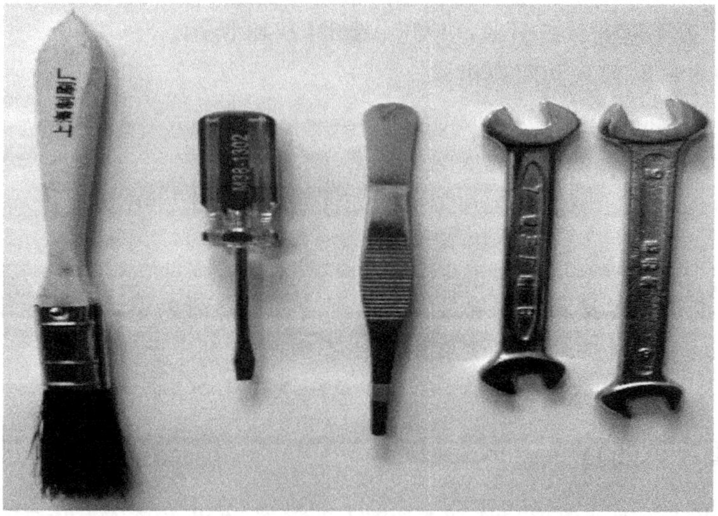

图 7-5　维护工具

3）转动位于机体侧边的手轮，并仔细观察是否擦除刮卡轮上的垃圾，直到刮卡轮上的垃圾完全清除为止。

2. 其他卡轮的清洁（最好每天进行一次）

1）将机身左侧的手轮取出。

2）使用镊子夹住酒精棉擦拭压票轮。

3）转动手轮直至污垢清除为止。

4）当压票轮上的污泥较厚时（单边≥0.5mm），可使用一字螺钉旋具或与刀片配合转动手轮进行刮除工作。

3. 防尘槽的清理（最好每周进行一次）

1）向上抬起票卡回收箱。

2）拉出回收箱。

3）拉出防尘槽，如图7-6所示。

4）倒掉防尘槽上的垃圾后，使用毛刷清理剩余污垢，如图7-7所示。

5）将防尘槽按原路径插回，并确保已放置到位（已插到底），如图7-8所示。

6）将票卡回收箱插回轨道，并确保到位。

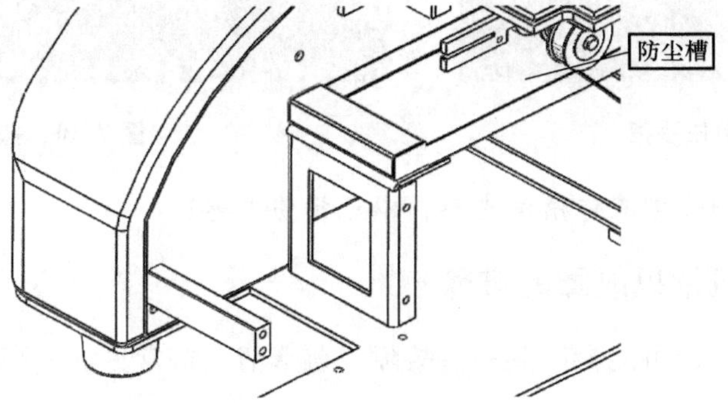

图7-6 拉出防尘槽

图7-7 清理防尘槽

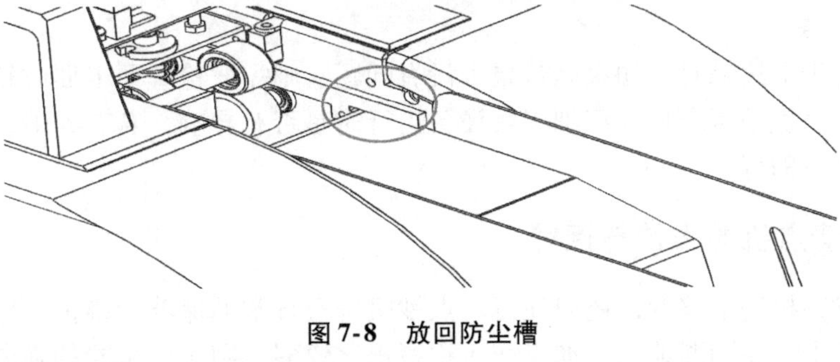

图7-8 放回防尘槽

注意：防尘槽要靠底插入，不能插错。

4. 光感计数器的清理（最好每月进行一次）

1）拿一块干净的软布，用布包住手指，如图7-9所示。

2）轻轻地擦拭光感，直至光感上的灰尘擦除，如图7-10所示。

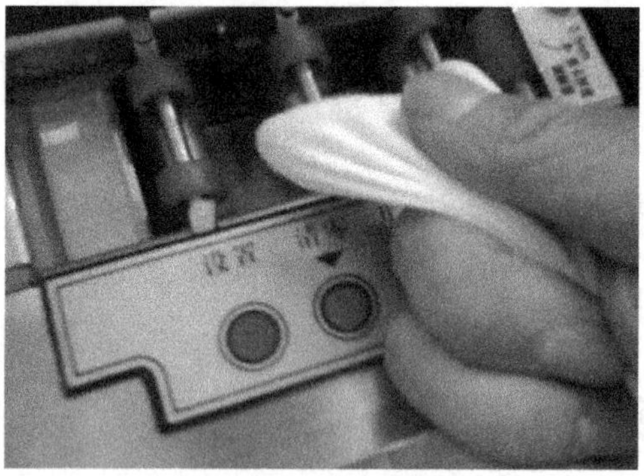

图7-9　用布包住手指

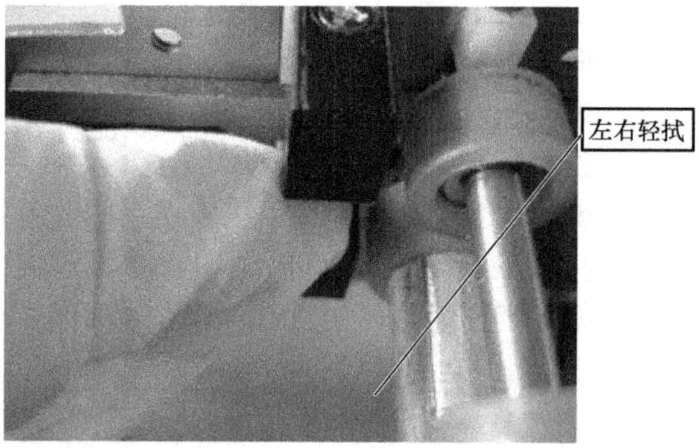

图7-10　擦拭光感

小知识： 不要使用化学液体清洁光感，以免损伤光感！

三、票卡清点机常见故障的排除

使用票卡清点机时，可能会碰到一些故障。票卡清点机常见的故障有以下几种。

1. LED无显示

当碰到LED无显示时，可以先检查电源是否打开，电源线是否接好，再检查插座是否接触不良或已经失效。值得提醒的是，若使用的电源线不是原装产品，则可能造成电源接口接触不良的情况。

2. 故障红灯点亮

当故障红灯点亮时，首先要按下“清零”功能键并确认票卡箱中存有票卡，若按下“开/停”功能键后还是出现红灯，则需要确定票卡是否正常。

3. 运行速度下降或出卡不顺

当运行速度下降或出卡不顺时，要先确定票卡有没有问题，即有没有弯卡、折卡、破损卡等现象。若没问题，则需要清洁刮卡轮和其他的卡轮。值得注意的是，如果票卡处于较低票位，此时出票速度减慢属于正常现象，可以在票箱里放上压块以解决此问题。

4. 立卡和飞卡

出现立卡或飞卡故障时，如果确认票卡没有问题，则需要检查票卡回收箱的缓冲橡皮是否脱落、破损，挡板是否弯折。仔细观察设备运行时是否有异响，若有异响，则确定轴承所在位置后进行更换即可。

四、纸币清点机的维护与保养

能使用好点钞机是不够的，还应注意对点钞机进行日常的保养和维护。保养点钞机最重要的一点就是除尘。在潮湿地区，如果灰尘积留得比较多，则会对机器的强电部分产生很大的影响。在干燥地区，灰尘中带有大量自由电荷，而点钞机在清点的过程中也会产生一部分自由电荷，这样就会造成自由电荷在钞票上的积累，最终产生尖端放电，这就是人们常说的

“静电”。静电产生放电现象后会对机器产生影响，轻则影响鉴伪，重则对机器的集成电路造成无法补救的损害。抛开这些对机器的不利影响不说，灰尘多了对人体也是有害的。所以保养机器的最重要任务就是除尘。

在机器内灰尘积累较多的地方是紫外灯管。紫外灯管是点钞机利用光学技术进行鉴伪的光源，当它被遮挡时，光源的强度就会下降，这时鉴伪的灵敏度也会随之下降。在多数情况下，光学传感器距离光源很近，如果灯管的积灰多，也会将传感器遮盖住，这样鉴伪的灵敏度就更低了。这里的灰尘可以使用毛刷或抹布进行清理，不过一定要记住必须先将机器的电源线拔下来，以免触电！清除了灯管上的灰尘后就要对机器的积尘盒进行清理了。带有吸尘装置的点钞机，其吸尘装置吸取的灰尘都装在积尘盒里，可以将它拆下来进行清理。点钞机的机构是很复杂的，用毛刷或抹布不能碰到的地方就不要非得去碰，否则容易损坏机器。

接下来的工作就是更换易损件。点钞机的易损件主要包括橡胶器件和紫光灯管。点钞机是模仿人类点钞的机器，它主要模仿的是摩擦作用，因此使用了部分橡胶器件。橡胶器件使用一段时间后会因磨损而导致摩擦力下降，从而导致机器的性能也随之下降，在这种情况下就需要更换相应的橡胶器件了。另外，紫外灯管工作一段时间后，紫外光的发射能力也会下降，从而导致机器鉴伪能力下降，这时也需要更换紫外灯管。更换它们的方法一般是很容易的，只要按使用说明书简介的方法拆下相应的部分，然后再将新的器件安装上就可以了。

最后一项保养工作是调节点钞的间隙。点钞机有一个调节摩擦力的机构，大多数点钞机的这个机构都设在机器的后部，其外形类似于圆形的钮，可称它为“旋钮”。旋钮的调整一般符合这样的规律——“顺时针调整，摩擦力增加；逆时针调整，摩擦力减小”，知道这个规律后调整起来就方便多了，一般调节两圈即可。

五、纸币清点机常见故障的排除

（1）开机后无显示

1）检查电源的插座是否有电。

2）检查点钞机的插头是否插好。

3）检查点钞机的熔丝是否已熔断。

（2）开机后出现故障码

一般点钞机具有故障自检功能，开机后点钞机即可自诊是否有故障。不同的点钞机，故障码也不一样。

（3）计数不准

1）调节托钞盘后部的垂直螺钉，顺时针拧一周或两周。

2）清理光电记数传感器上的积尘（除尘）。

3）若除尘后不能恢复正常，则检查阻力橡皮和捻钞轮是否严重磨损。换完后再进行调整。

4）调节送钞台光电计数器传感器的对正位置。

（4）荧光鉴伪不报警或检伪灵敏度降低

1）调节电路板灵敏度按键或灵敏度调节电位器（荧光鉴伪的灵敏度）。

2）查看荧光灯管光传感器（紫光灯探头）上是否堆积了大量灰尘。

3）查看荧光灯管是否老化。

（5）启停方式失灵

1）查看送钞传感器是否堆积了大量灰尘。

2）若送钞传感器和主电路板连接开路，则接好即可。

3）检查点钞机皮带是否折断。

课题三 编码分拣机的操作与维护

【课题目标】

1. 认识编码分拣机的组成部件，掌握各部件的功能。
2. 熟悉编码分拣机的操作方法。

【课题内容】

一、编码分拣机的功能

编码分拣机可针对符合 ISO-7816 标准外形的车票进行初始化、编码、赋值和分拣。

整个编码分拣机控制系统由本地计算机（主控单元）、车票处理模块、打印机、显示器以及键盘组成。每台编码分拣机的主控单元可提供车票编码数据审计、数据报表输出、车票分拣数据统计、设备状态显示以及通过以太网将所有的数据上传到中央计算机系统。

1. 编码功能

每批空白车票，供货商应提供该批空白车票的物理卡号清单。在初始化之前，将此清单转存在中央计算机上，保证物理卡号唯一。在初始化时，由编码分拣机读取车票上唯一的物理卡号，同时与存储在中央计算机清单上的数据进行对比。

2. 赋值功能

经过初始化编码的票，在 AFC 系统中尚不能使用，编码系统应可以根据需要制作不同的预赋值车票，预赋值的车票方可在地铁系统内正常使用。对车票进行赋值有两种方式，一种是在初始化过程中就可以进行赋值，另一种是对已经初始化的车票重新赋值，两种方式可以由操作员选择或在制定任务时以参数的形式给出。

3. 分拣功能

编码分拣机可以按照事先制定的分拣规则对车票进行分拣，并按照制定的票箱存放分拣后的票，在分拣过程中，出现校验异常的票将被存放在废票箱中。

4. 校验功能

编码分拣机在对车票进行初始化、预赋值、注销、再编码、分拣等车票处理的过程中，会对车票进行严格的校验。经校验后的车票由编码分拣机根据校验结果及车票的类型把编码不正确的车票送入废票箱，将正确的车票送入堆叠票箱。

在操作屏幕上操作员通过实时报表记录和分段报表记录可以清楚地了解到各票箱中有效票的数量和废票的数量。当编码分拣机完成每批分拣计划后在审计打印机上会打印出相关的数据清单。

二、编码分拣机的日常操作

编码分拣机（见图7-11）能处理薄卡（如单程票）和厚卡（如储值票）两种不同厚度的票。对于不同厚度的卡的处理，建议使用固定票种编码机。

图7-11　编码分拣机

1. 登录

编码分拣机开机后，必须登录才能进行操作。工号和密码由操作员在安全与发卡子系统中注册。成功登录后，显示主界面。操作完成后，操作员可以退出登录或关机，操作方法是：

1）单击主界面上的“退出登录”按钮

2）单击“退出登录”或“关机”图标。

2. 执行任务

任务只能由安全与发卡子系统生成，编码分拣机根据参数请求任务时间间隔（默认为1min）主动检查一次安全与发卡子系统，并及时更新任务到编码分拣机。

1）编码分拣机能处理三种任务：车票编码（初始化）、车票分拣和车票注销。

2）当任务指定的数量完成时，编码分拣机将自动终止任务，任务状态变成“结束状态”。已经结束的任务不能再次执行。

3）正在执行的任务可以暂停执行，通过按“暂停”按钮，可以暂停执行，编码分拣机将下降所有回收票盒。任务暂停后，其状态变为正在暂停状态，“暂停”按钮变成“执行”按钮。

4）处于暂停状态的任务要恢复执行，可按“执行”按钮，如同任务激活。

5）任务执行尚未完成时，可以强行终止任务，方法是：先暂停任务，再终止任务。任务终止后，任务状态变成“结束状态”。已经结束的任务不能再次执行。

6）执行快捷菜单中的“取消”命令，尚未激活的任务可以取消，任务一旦取消，状态变成“取消状态”。已经取消的任务不能再次执行。

三、编码分拣机组成部件的识别（见图7-12）

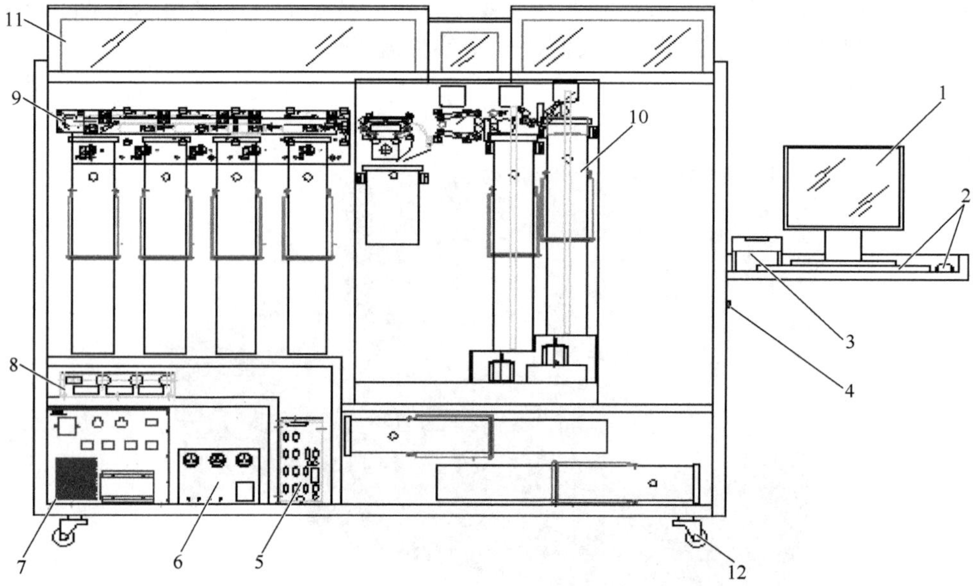

图7-12　编码分拣机结构

1—操作显示屏　2—键盘与鼠标　3—打印机　4—紧急按钮　5—工控机　6—UPS　7—电源
8—模块控制单元　9—车票堆叠模块　10—车票发送模块　11—监测翻板　12—滑轮

四、编码分拣机的日常维护

1. 日常维护

（1）整机维护

保持整机的清洁。扫净机身内外显露的尘土，防止由于机器运转、静电等因素将尘土吸入。

（2）分拣机体内

将显示屏上的灰尘擦拭干净。保持机器处于干燥状态，做到表面无水滴下或成股流下，以防发生漏电事故。

一般不建议打开功能单元进行维护，只要检查一下外观、接线没有松动且操作性能良好即可。

检查打印机色带是否转动、是否有色。检查打印纸是否够用。检查走纸情况是否正常，会不会卡纸。

（3）传输装置及刮卡模块

只有在各个刮票滚轮和传输滚轮都保持清洁干爽时，才能保持最高的票卡效率。保持各个刮票滚轮的清洁是十分重要的，需要及时清洗。使用工业酒精沾湿的清洁软布擦拭传输装置及刮卡模块上的各滚轮，手动搬动各个滚轮，仔细擦拭每一个滚轮。

刮卡模块与传输装置之间以及传输装置每组滚轮之间，都安装有传感器以确保正常工作。为了维持传感器的灵敏度，应使用干燥的软布擦拭各个传感器上的灰尘。注意，绝对不能使用有机溶剂来清洗传感器。

2. 周期维护

触摸屏、工控机、打印机和电源的周期维护与单元四中介绍的自动售票机的周期维护方法一致，这里不再重复介绍。

3. 年维护

传输装置及刮卡模块各个转动轮由电动机通过同步带带动，长时间运营，同步带可能受到拉伸及老化，维护人员需根据经验进行更换。同时对发卡模块的各个固定部件进行紧位。

五、编码分拣机常见故障的排除

1. 传感器故障

1）检查黑、白传感器是否对齐。

2）检查故障传感器连接的线束是否牢固且连接正确。

3）检查白色传感器是否有电压，应在5V左右。

4）检查传感器接收端，即黑色传感器，无遮挡时应为低电平，有遮挡时应为高电平。

5）正常情况下，无遮挡时对应插接器旁的指示灯不亮，有遮挡时亮起。

例如，现有传感器STO1故障：

1）外部表现为该传感器插接器旁的LED1指示灯长亮。

2）故障分析：测量CN6插接器：1，2脚是否有5V；3，4脚短接是否LED灯灭。没有5V，或3，4脚短接LED灯不灭，则电路板损坏。

3）结果：如果以上测试正常，则说明为光电传感器本身故障，更换传感器，对准后再次测试。

2. 吸铁故障

1）检查线束连接是否牢固且正确。

2）检查对应电路板连接器1脚是否有12V。

3）检查吸铁本身是否已经烧毁等。

例如，吸铁MC1.1故障：

1）外部表现为MC1.1不能吸合。

2）故障分析：用软件控制吸铁动作时，检查吸铁两端是否有电压，大约为12V；用软件控制吸铁动作时，相应的LED灯是否点亮。

3）结果：没有12V或控制后LED灯不亮，接口电压还是12V则说明电路板损坏。反之，说明吸铁损坏，需更换新的吸铁后再进行测试。

3. 电机故障

1）检查线束连接是否牢固且正确等。

2）检测到位开关是否完好。

3）检查电路板是否正常。

例如，到位开关1即SWB1故障。

1）外部表现为票筒安装到位后，显示无票筒等。

2）故障分析：线束连接是否正确地接在 CN16 的 5，6 引脚。到位开关是否完好（松开时，导通；按下时，断开）。CN16 的 5，6 脚人为短接，LED19 指示等是否熄灭，不短接是否长亮。

3）结果：根据以上分析，可以判断是线没有连接好，还是开关本身有问题，或电路板有故障，更换新的即可。

4. 模块没电

1）检查直流电源是否有电。

2）检查电源接口板熔丝是否熔断。

3）检查该模块自身熔丝是否熔断等。

5. 卡票故障

由于人为操作或机械、程序等原因经常会出现卡票故障，因此操作员和维修人员都要熟悉卡票故障解除的具体方法，具体如下：

1）根据被遮挡的传感器判断卡票位置。

2）拿出被卡的票。

3）利用软件进行系统故障检测。

4）进行设备复位，使系统进入正常运行状态。

课题四 票卡清洗机的操作与维护

【课题目标】

1. 认识票卡清洗机的组成部件，掌握各部件的功能。
2. 熟悉票卡清洗机的操作方法。

【课题内容】

票卡清洗机对于标准尺寸的票卡具有洗涤、去污、消毒、烘干和计数等功能。通过分发入卡、洗涤、漂洗消毒、干燥、输送集卡等步骤完成票卡的清洗。

票卡清洗机外壳采用不锈钢材质，耐用且耐腐蚀。设备表面光滑，边角圆滑，没有外露的螺栓、螺母、毛边或裂纹，不会对使用者造成伤害。通道上有罩盖，防止洗涤、漂洗部分的液体溅出。罩盖上设有透明板窗口利于观察票卡的洗涤情况。掀开罩盖可对票卡通道进行操作处理。罩盖上安装有撑杆，可使罩盖保持关闭或打开状态。机架底部有地脚螺钉孔和调平螺孔，供安装时调平紧固设备之用。机身侧面设有翻门，打开翻门可对注排水系统的阀门进行操作。烘箱翻罩、电器箱门、刮卡控制系统翻罩等均可打开，便于操作和维修。

一、票卡清洗机组成部件的识别（见图 7-13 和图 7-14）

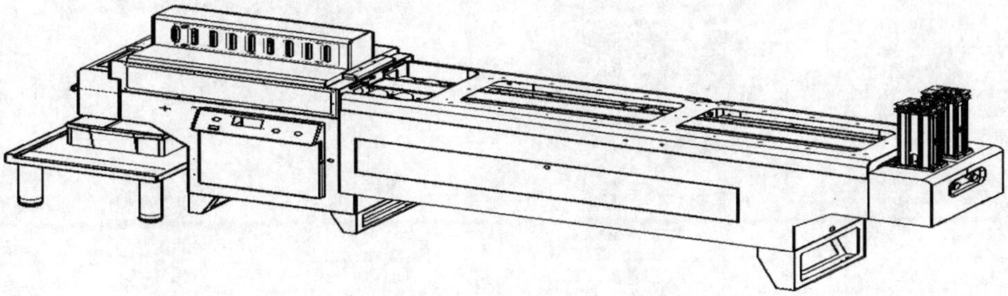

图 7-13　票卡清洗机

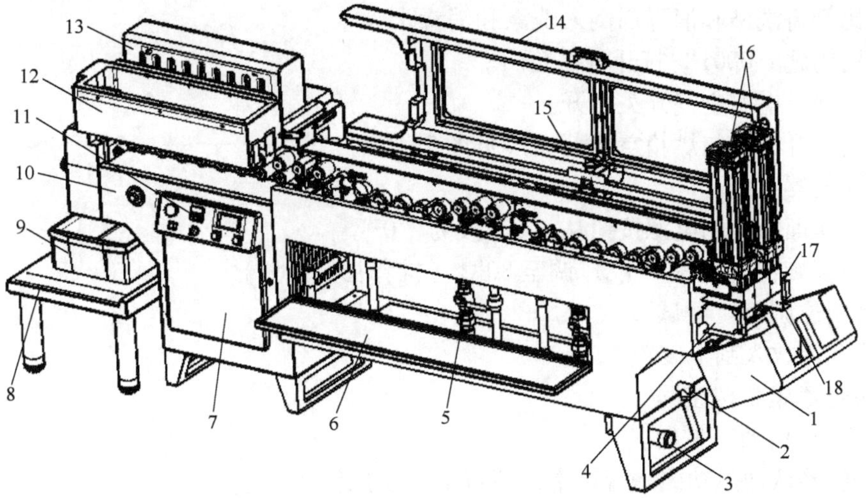

图 7-14　票卡清洗机的结构图示

1—刮卡控制系统翻罩　2—进水管　3—排水管　4—刮卡主控板　5—排水阀　6—侧翻门　7—电气箱门　8—回收箱架　9—票卡回收箱　10—温控器　11—操作面板　12—烘箱翻罩　13—风量调节器　14—罩盖　15—罩盖锁扣　16—票箱　17—刮卡装置　18—电动机驱动板

二、票卡清洗机的操作

（1）试运行环境

在开机前应确认设备周围无积水、无大量灰尘，且环境温度不低于 10°。同时，确保进水/排水管路能够正常使用且管道连接正常，无漏水情况；确保连接电线没有外露、桥接、短路，电压稳定在 220V、50Hz 平稳供应。票卡清洗机操作示意图如图 7-15 所示。

（2）准备工具

准备工具包括：一瓶洗涤剂，一瓶消毒剂，两箱票卡（满箱）。

（3）使用步骤

1）连接设备电源。

2）打开各水龙头使水盘内的水位浸没至传输轮。

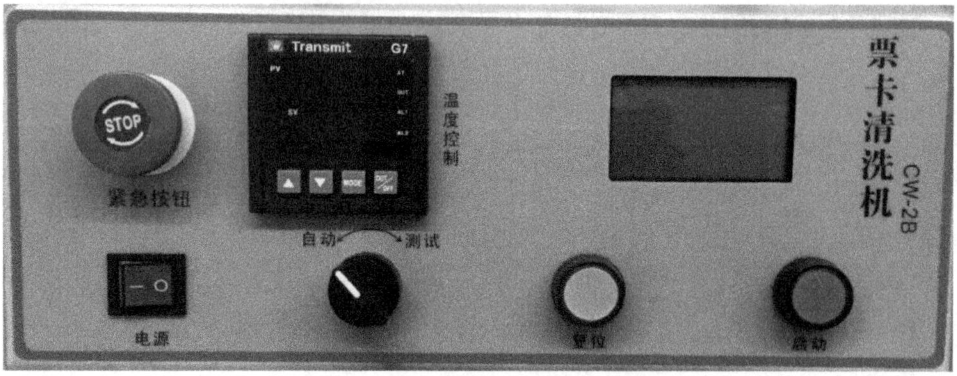

图 7-15　票卡清洗机操作示意图

3）按比例将洗涤和消毒剂倒入洗涤和消毒水盘。

4）使用钥匙“0001”打开电器箱门。

5）将底部总电源空气开关打开。

6）分别打开电机与烘箱空气开关（见图 7-16）。

7）关闭电器箱门。

8）将操作面板上的电源按钮从“1”拨为“0”。

9）将温度旋钮（见图 7-17）调至 80℃（推荐初始设置）。

10）将档位调至“测试”。

11）将票箱放入刮卡装置。

12）松开“紧急按钮”。

13）按下“启动”按钮。

14）若要确认加热功能是否正常，请看下一步操作。

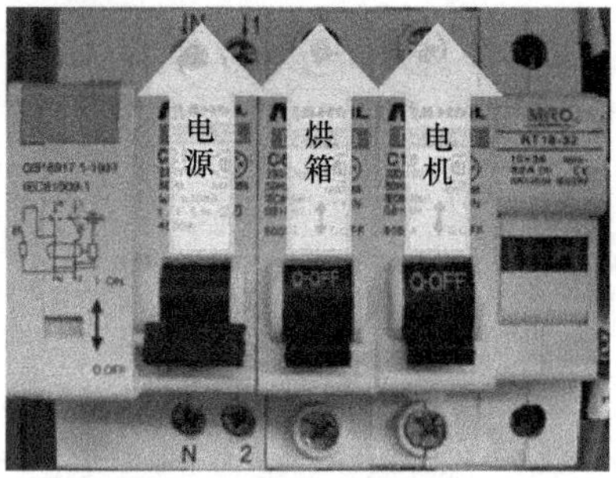

图 7-16　电机与烘箱空气开关

图 7-17　温度旋钮

15）按下“复位”按钮。

16）将档位调至“自动”。

17）按下“启动”按钮，等待温度到达设定值后设备会自行启动运转。

注意：

① 设备通电后务必遵守以上步骤，否则容易引起设备的不稳定。

② 通电开机前请确保设备试运行环境符合要求。

（4）关闭步骤

1）按下“复位”按钮并将温控开关调整到最小。

2）等待3min后按下“紧急按钮”。

3）关闭电源。

4）确认水盘内无杂物。

5）拔出水盘出水塞。

6）使用“0001”钥匙打开侧翻门（见图7-18）。

7）逆时针打开排水阀（见图7-19）。

8）待水排尽后清洁各毛刷轮。

9）若长时间不用请切断设备电源。

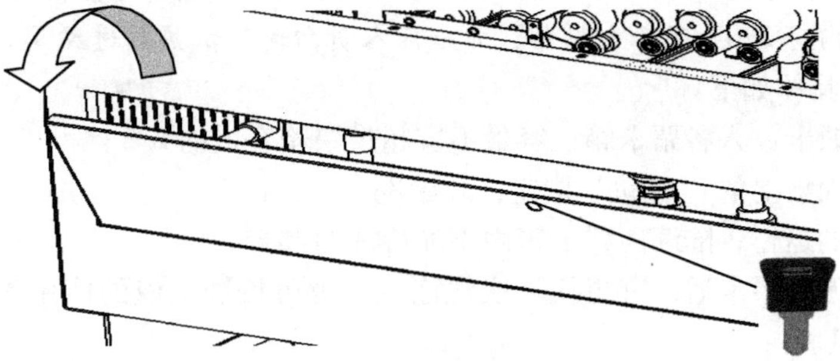

图7-18　打开侧翻门

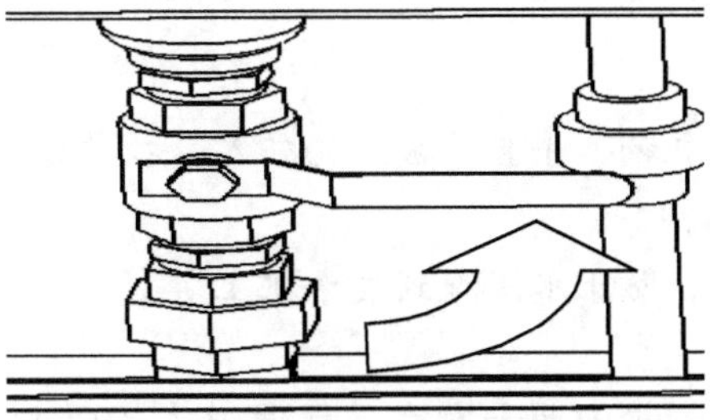

图7-19　打开排水阀

注意：

① 设备关闭前应确保断电前有3min以上的通风散热时间，确保内部制热设备不被损坏。

② 确保水盘内没有杂物，以免造成水管堵塞。

③ 设备不用时，应拔出插在电源插座上的电源插头。

④ 若长期不用应确保设备每月至少一次通电运行，若环境潮湿应确保每月通电两次以上。

（5）洗卡

洗卡操作有三个阶段，即预备工作、洗卡工作和结束工作。

1）预备工作具体如下：

① 检查并移去票卡清洗机上放置的杂物，保持各水盘清洁，关闭各水盘排水阀。

② 开启票卡清洗机的总电源开关接通电源，检查显示屏显示内容，屏幕应显示正常准

备状态。手动调节操作面板的温度调节旋钮到适宜温度，对设备进行“预热”，此时烘箱内的加热器通电，开始对烘干通道加热。预热时间为10～30min，根据室温不同而变化，气温较低时所需时间较长。

③ 打开设备进水阀，分别对票卡清洗机的洗涤、消毒、漂清三个部分注水，直到水位达到溢水口的高度。

④ 在注水的同时，分别在洗涤水盘与消毒水盘中加入专用洗涤剂和消毒剂。

⑤ 开启通道空运行1min，查听确认没有异常声响。

⑥ 注水时若适当加入热水可改善洗卡效果。

注意：

① 电源模块内含有220V高压电，非专业人员不要打开。需打开电器箱门之前，应切断电源。

② 烘箱部件内有220V高压电热器，非专门人员勿卸下加热箱进风罩。

2）洗卡工作具体如下：

① 将待洗的票卡放入各票卡箱，容量不宜超过票箱容量的2/3。

② 按下操作面板上的“启动”按钮，开始洗卡。

③ 随着设备的运行，陆续向票卡箱内添加待洗的票卡。

④ 每清洗3万张票卡后，宜更换一次洗涤液，也可按洗涤液的使用程度灵活处理。更换洗涤液时应停机。

⑤ 每清洗1万张票卡后，宜对下降的消毒液液面进行添补。

⑥ 消毒液明显全脏时，应全部更换。更换时应停机。

注意：

① 操作时为防止头发、衣袖、手套等被滚轮轧入，操作者/维护者应穿束身工作服，长发操作者/维护者应佩戴工作帽。

② 注水时适当控制水流，防止水滴溅到发卡机上。

3）结束工作具体如下：

① 要结束洗卡时，待发卡箱内票卡发完并且通道中的票卡也走完时，按下操作面板中的“停止”按钮，然后关闭票卡清洗机的电源按钮。

② 整机停止运行后，让排气电扇再吹风3min，待散热后切断机外总电源。

③ 打开各水盘的排水阀，排尽水盘存液。

④ 清洗水盘，用洗涤剂清洗毛刷轮。

⑤ 温控开关调节到最小控制温度。

注意：

① 传动带不可用化学清洁剂清洁。

② 光电感不可触碰化学药品。

③ 勿将小木条、铁钉等杂物丢入水盘中，以免造成水盘及管道阻塞。

④ 须使用16A的电源插座。

（6）罩盖的关闭

洗卡机通道上的翻罩可在票卡卡住时或注水/放水时打开，平时操作应尽量关闭。当打开洗卡通道上的罩盖时，罩盖会自动锁住，若想关闭罩盖可按以下步骤操作：

1）按下罩盖卡扣（见图7-20）。

2）关闭罩盖。

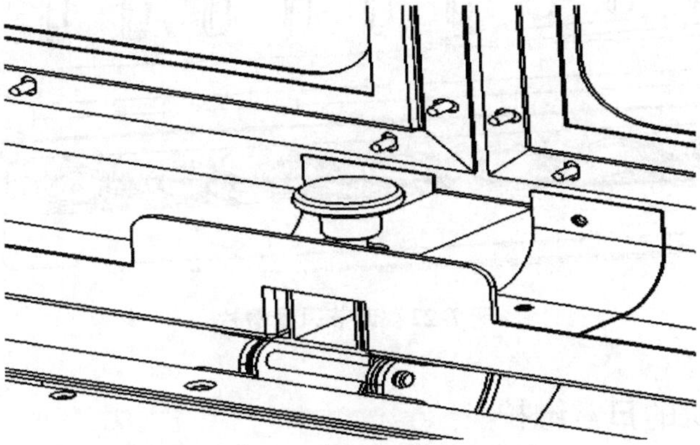

图7-20　按下罩盖卡扣

（7）烘箱翻罩的关闭

当设备需要维护/维修时，可将烘箱的翻罩打开，具体的操作方法以及注意事项如下：

1）向上提起翻罩支撑杆（见图7-21）。

2）向下翻下罩盖。

图7-21　提起翻罩支撑杆

注意：

① 非专业人员不得进行此项操作。

② 请先确保设备已冷却，然后再打开翻盖，以免烫伤。

（8）进风量的调节

烘箱上方有个进风口，用户可根据环境情况调节进风口的开口大小，以达到理想的烘干效果。具体调节方法如下：

调节风量拨片，向右拨动为增加进风量，向左拨动为减小进风量，如图7-22所示。

天气较热时可加大进风量，以加速票卡烘干；天气较潮湿时应尽量减小进风量，以提高箱内的干燥度。

图 7-22 调节风量拨片

三、票卡清洗机的日常维护

1. 周维护

工作内容：

1）使用工业酒精沾湿的清洁软布擦拭各滚轮。

2）使用干燥的软布擦拭或使用皮老虎吹去各光感上的灰尘。

3）使用毛刷扫除设备内部的灰尘。

4）清洁设备外壳。

5）清洁各毛刷。

6）清洁刮卡轮。

7）清理水盘。

8）断电后清理烘箱。

2. 月维护

工作内容：

1）检查各部件螺钉有无松动。

2）清洁设备内部和外部的灰尘。

3）使用不锈钢清洁剂去除外壳上的污渍及斑点。

4）校正反向轮间隙。

5）检查各处连接水管有无渗漏。

3. 年维护

工作内容：

1）检查各部件磨损情况并记录。

2）更换已磨损部件。

3）紧固各主要部件的螺钉。

四、票卡清洗机常见故障的排除

（1）显示屏显示“卡空”

排除方法：检查票卡筒，对刮空的票卡筒内添加票卡即可恢复正常。

（2）显示屏显示“出卡堵塞”

排除方法：检查发卡机，当有票卡堵在发卡机出口处时，发卡机停止工作，传输通道正常运行，取走堵住的票卡便可恢复正常。

（3）显示屏显示“通道堵塞”

排除方法：当票卡在通道的传输过程中发生卡票时，一定时间内（5～10s）设备自动停止运行。此时按下操作面板上的“紧急停止”按钮，处理卡住的票卡，待处理结束后，先按下操作面板上的“启动”按钮对设备进行复位，然后释放紧急停止按钮，并再次按下“启动”按钮，恢复设备运行。

（4）显示屏显示“发卡失败”

排除方法：此时票筒内有卡票，但多次刮仍不出票。要检查刮卡轮是否磨损严重，必要时更换刮卡轮。

（5）通道橡胶轮突然停止转动，机器发出“嗒、嗒、嗒”的声音

排除方法：这是票卡在通道上卡住了，过载保护轮发生空转。此时先关机，再查找票卡卡住的地方，排除卡票，重新开机即可。

（6）显示屏显示“无通讯”

排除方法：检查控制板与发卡板之间的通信光缆。

【实训操作】

运营辅助设备

单元练习

一、名词解释

1. 票卡清点机
2. 防双票机构
3. 点钞机
4. 分拣功能
5. 票卡清洗机

二、单项选择题

1. 票卡清点机带有票卡厚度调节器，可根据需要自由在（　　）线性调整，以满足不同用户的不同需求。

A. 0.4～0.8mm　　B. 0.5～0.9mm　　C. 0.3～0.7mm　　D. 0.6～1.0mm

2. 票卡清点机的LED显示屏上由（　　）数字组成。

A. 1 组　B. 两组　C. 3 组　D. 4 组

3. 保养点钞机最重要的一点就是（　　）。

A. 清洁　B. 维护　C. 除尘　D. 检查

4. 经过初始化编码的票，在 AFC 系统中尚不能使用，编码系统应可以根据需要制作不同的（　　）车票，经过此功能的车票方可在地铁系统内正常使用。

A. 编码　B. 预赋值　C. 分拣　D. 校验

5. 每台编码分拣机的（　　）可提供车票编码数据审计、数据报表输出、车票分拣数据统计、设备状态显示以及通过以太网将所有的数据上传到中央计算机系统。

A. 显示器　B. 车票处理模块　C. 打印机　D. 主控单元

6. 票卡清洗机要确保连接电线没有外露、桥接、短路，且电压稳定在（　　）平稳供应。

A. 220V，50Hz　B. 220V，40Hz　C. 380V，50Hz　D. 380V，40Hz

三、多项选择题

1. 票卡清点机的票卡回收箱由（　　）组成，该模块采用可拆装的结构。

A. 回收箱　B. 挡板　C. 缓冲橡皮　D. 手轮

2. 票卡清点通过（　　）等步骤完成。

A. 发卡　B. 计数　C. 输送

D. 集卡　E. 校验

3. 操作面板由（　　）功能键组成。

A. 设置　B. 故障　C. 清零

D. 运行　E. 开/停

4. 纸币清点机操作有（　　）三个阶段。

A. 开始　B. 准备　C. 点钞

D. 检验　E. 结束

5. 整个编码分拣机控制系统由（　　）组成。

A. 主控单元　B. 键盘　C. 打印机

D. 显示器　E. 车票处理模块

6. 编码分拣机在对车票进行（　　）等车票处理过程中，会对车票进行严格的校验。

A. 初始化　B. 预赋值　C. 注销

D. 再编码　E. 分拣

四、判断题

（　　）1. 票卡清点机带有票卡厚度调节器，可根据需要自由在 0.3 ~ 0.7mm 线性调整，以满足不同用户的不同需求。

（　　）2. 使用票卡清点机时应注意，在改变票卡类型后需重新设置机体和票卡分离装置的高度。

（　　）3. 当碰到 LED 无显示时，可以先检查电源是否打开，电源线是否接好，再检查插座是否接触不良或已经失效。

（　　）4. 对车票进行赋值有两种方式，一种是在初始化过程中就可以重新赋值，另一种是对已经初始化的车票进行赋值。

(　　) 5. 只有在各个刮票滚轮和传输滚轮都保持清洁干爽时，才能保持最高的票卡效率。

五、问答题

1. 简述票卡清点机的组成部件。

2. 票卡清点机的常见故障有哪些?

3. 简述纸币清点机的常见故障。

4. 编码分拣机的维护内容有哪些?

5. 简述洗卡操作的三个阶段。

附录

单元练习参考答案

单元一 自动售检票系统概述

一、名词解释

1. 自动售检票系统是基于计算机、通信、网络、自动控制等技术，实现轨道交通售票、检票、计费、收费、统计、清分、管理等全过程的自动化系统。

2. 车站计算机用于对车站终端设备进行状态监控，以及收集各终端产生的交易和审计数据。

3. 票卡是旅客乘坐轨道交通的有效凭证，是自动售检票系统中不可缺少的信息载体和信息交互媒介。

4. 票卡管理是对票卡的发行、发售、使用、票务处理和回收等全过程进行有效管理。

5. 账务管理是对系统内的票务收入进行汇缴、分配、入账等过程的管理，包括账户设置、票款汇缴、登账稽核、收益清算、对账、资金划拨和对凭证进行有效管理等。

二、单项选择题

1. C　2. C　3. A　4. B　5. D　6. A

三、多项选择题

1. ABC　2. ABCDE　3. ABCDE　4. ABCDE　5. ABCDE

四、判断题

1. ×　2. √　3. √　4. ×　5. √　6. √

五、问答题

1. 自动售检票的功能有哪些？

答：①售票：用于乘客自助式购买地铁单程票和乘客自助查询车票。②检票：乘客持车票在非付费区进站通道右侧闸机刷卡区域上方出示票卡，验证有效后通过闸机进入付费区。

出站步骤相同，单程票需回收。③统计：车站的 AFC 设备通过网络将数据传到 SC，SC 将数据传给 LCC，继而传给 ACC。

2. 自动售检票系统由哪几层组成，每层的主要功能是什么？

答：城市轨道交通自动售检票系统的结构进行了层次划分，共分为车票、车站终端设备、车站计算机系统、线路中央计算机系统、清分系统五个层次。

第一层：车票，是乘客所持的车费支付媒介。第二层：车站终端设备，安装在各车站的站厅，直接为乘客提供售检票服务的设备。第三层：车站计算机系统，对车站终端设备进行状态监控，以及收集本站产生的交易和审计数据。第四层：线路中央计算机系统，收集本线路 AFC 系统产生的交易和审计数据，并将此数据传送给城市轨道交通清分系统，以及与其进行对账。第五层：清分系统，统计城市轨道交通 AFC 系统内部的各种运行参数，收集城市轨道交通 AFC 系统产生的交易和审计数据并进行数据清分和对账，同时负责连接城市轨道交通 AFC 系统和城市一卡通清分系统。

3. 简述中央计算机系统由哪些设备组成？

答：①数据中心；②管理控制台和认证授权服务器；③中间件服务器；④网络管理控制台，存档服务器，备份服务器和时钟中心；⑤几台操作员工作站。

4. 自动售检票系统有哪几类业务管理？

答：①票卡管理；②规则管理；③信息管理；④账务管理；⑤模式管理；⑥运营监督。

5. 简述票卡管理的主要作用。

答：票卡管理就是对票卡的发行、发售、使用、票务处理和回收等全过程进行有效管理，包括：车票的编码定义、初始化、赋值发售、使用管理、进/出站处理、更新、加值、退换、回收、监督管理、注销及黑名单管理等。

单元二 计算机系统

一、名词解释

1. 库存阀值是定义库存阀值的低阀值和高阀值。当用户希望库存保留在一定水平时，若超出该水平，则系统给出提示，使得库存不会因过多或过少而影响运营。

2. 紧急运营模式是指当车站发生紧急情况需要对乘客进行疏散时采取的一种工作模式。

3. 系统运行日志是记录系统软/硬件运作过程中产生的各种事件，包括系统运行事件，应用软件运行事件、安全事件和异常事件等。

4. 库存管理主要用于管理 AFC 清分中心 ACC，线路票务中心，站区站，普通车站之间的票卡调度，以保证各个车站的票卡库存保持在合理水平。对于车票的管理，主要有车票的申请、车票调配、库存查询、库存阀值定义和库存调整。

5. 车站计算机系统的主要功能是车站收益管理、设备维护管理、数据管理、电源管理等。车站计算机用于收集和存储本站各种终端设备产生的交易和审计数据，为车站运营提供即时数据查询及终端设备状态监控，准确生成各种运营报表，同时肩负着为线路中央计算机及时上传当站设备数据的任务。

二、单项选择题

1. C　2. A　3. D　4. C　5. A　6. B

三、多项选择题

1. ABCDE　2. ABCDE　3. ABCD　4. ABCD　5. ABCE

四、判断题

1. √　2. ×　3. √　4. √　5. ×

五、问答题

1. 简述中央计算机系统的主要技术要求。

答：主机采用成熟、可靠的主流产品，可用性达到99.99%，以集群方式运行，支持实时在线程序的运行，满足系统的处理能力。具有高度可靠性及稳定性，具有7×24h不间断的工作能力，以满足本系统的各类管理要求。

① 系统存储单元满足系统所有数据、参数、报表、日志及软件的存储。

② 系统数据处理能力应满足近期高峰客流规模及全日客流规模。

③ 系统数据处理能力的扩展应只通过增加或更新硬件实现。

2. 简述车站计算机系统的主要功能。

答：①接受线路中央计算机系统下发的系统运行参数、运营模式和黑名单等，并下传给车站检票设备。

② 采集车站售检票设备的原始交易数据和设备状态数据，并上传给线路中央计算机系统。

③ 对车站售票设备进行实时监控，并能显示设备的通信、运营状态及故障等信息。

④ 完成车站各类票务管理工作，自动处理当天的所有数据和文件，并能生成定期的统计报告。

⑤ 在紧急情况下，车站值班员按下紧急按钮，控制所有自动检票机呈自由通行状态，便于乘客快速疏散。

3. 车站计算机系统的主要系统组成有哪些?

答：车站计算机系统主要由车站计算机、系统操作工作站、各种网络设备、紧急报警按钮、打印机、UPS等组成。车站计算机系统具备以下功能：监控车站终端设备的运行状态；设备控制；客流监控；下达系统运营模式和系统参数。

4. 简述车站计算机系统的主要技术要求。

答：车站服务器和工作站应采用成熟、可靠的主流工业级产品，可用性达到99.99%，支持实时在线程序的运行，满足车站的处理能力。应适应轨道交通车站的环境，具有较强的抗电磁干扰、抗振动、抗电压冲击等能力。具有高度可靠性及稳定性，具有7×24h不间断的工作能力，以满足车站的运营管理要求。

① 存储单元满足系统所有数据、参数、报表、日志及软件的存储，具备磁盘镜像功能。

② 系统数据处理能力应满足近期高峰客流规模及全日客流规模。

③ 系统数据处理能力的扩展应只通过增加或更新硬件实现，应满足远期高峰客流规模及全日客流规模。

5. 通过 SC 界面，主要能实现哪些功能？请分别说明。

答：SC 分为这几大功能：AFC 系统监控、AFC 系统管理、报表系统、用户管理等。

① AFC 系统监控：查看设备的状态、控制和管理设备、查看客流信息。

② AFC 系统管理：系统管理、库存管理、参数管理、设备管理。

③ 报表系统：按日报表，周报表，月报表来查看打印。每种表中都包含收益报表和客流报表。

④ 用户管理：管理用户和班次。可以对 BOM 和 SC 的操作员 ID 及密码进行添加、删除和修改操作。还可以对班次进行添加、删除和修改操作。

单元三　轨道交通票卡

一、名词解释

1. 单程票是指乘客以一定金额购得一次服务旅行承诺，只可进行一次进站和一次出站行为的车票。

2. 储值票是指车票内预存有一定资金，在金额足够的情况下可多次使用的车票，每次使用时根据费率扣除乘车费用，出站不回收。

3. 许可票是一种不同于单程票和储值票的特殊票种，由运营方根据某种特殊需要，针对某些群体的特殊要求，以吸引或方便其乘坐地铁为目的而发行的，赋予了特定的使用许可的一种车票。

4. IC 卡（Integrated Circuit Card）又称为集成电路卡或智能卡（Smart Card），它是将一个专用的集成电路芯片镶嵌于符合 ISO/ICE 7816 标准的塑料基片中，封装成外形与磁卡类似的卡片形式，制成一张 IC 卡。

5. 计次卡是乘客一次购买的，可以进出闸特定次数。乘客乘车只计次数，不算票价。

二、单项选择题

1. A　2. C　3. A　4. B　5. D　6. A

三、多项选择题

1. AC　2. BCD　3. ABCDE　4. ABC　5. ABCDE　6. ABCD

四、判断题

1. ×　2. √　3. √　4. ×　5. √　6. ×　7. √

五、问答题

1. 简述单程票的处理流程。

答：初始化（编码）→自动售票（收款，后台记录数据）→入闸（票卡记录、后台记录数据）→出闸（收回票卡，票卡记录并清除入闸记录，后台记录数据）→清分中心处理→循环投入使用。

2. 票卡的加封方式有哪些？具体如何加封？

答：加封方式有直接加封、用票盒加封、用钱袋加封、用信封加封等。

① 直接加封，需在扎把带空白处注明加封内容、加封车站/工班和日期、加封人员。采用“十”字加封法。

② 用票盒加封，在扎把带粘贴封口骑缝处加盖加封人员私章，并在扎把带空白处注明加封内容、加封车站/工班和日期。采用“一”字加封法。

③ 用钱袋加封，把车票放入钱袋，将钱袋口用绳子缠绕扎紧后用封条缠绕加封，封条上注明加封车站/工班、加封人员、加封日期和加封内容。

④ 用信封加封，用扎把带将信封背面的接缝处封住，并在扎把带骑缝处加盖加封人员私章，同时在信封的正面注明加封内容、加封车站/工班和日期。采用“工”字加封法。

3. 票卡的管理主要措施有哪些？

答：①定期对车票的运作情况进行统计分析。车票管理部门定期分析各种车票的库存量、站存量、使用比率、售卖量、报废量、流失量、车站车票最低保有量、车站车票最高保有量等，掌握不同时期车票随客流的波动规律。

② AFC 中设有储值票使用追踪系统。追踪每一张车票的使用情况，对于使用情况异常的车票及时进行报警并设置黑名单。

4. 应急票一般有哪两种表现方式？

答：一种是预先对一定数量的普通单程票进行预赋值，由工作人员人工发售，此类应急票的使用方法和普通单程票相同。另一种是将车票进行应急专用编码，在进站时发放给乘客，当乘客在到达站出站时，根据乘坐情况补票。该方式可解决大客流冲击时，车站售票能力不足的问题。

5. 简述票卡管理的主要作用。

答：一方面从宏观上总体把握所有车票的流向、流量，确保整个车票流程顺畅，保障车票的供应，使车票得以高效利用；另一方面从微观上通过制定严谨的车票交接和保管制度，把握每一张有值车票的去向，确保每一张车票的安全。

6. 常见的票卡媒介有哪些？

答：目前常见的票卡媒介有三种，即纸票（普通纸票、条形码纸票）、磁卡和 IC 卡（接触式和非接触式）。

单元四 自动售票系统

一、名词解释

1. 自动售票机简称 TVM，安装于车站非付费区，用于实现乘客自助购买车票。

2. 乘客状态显示屏是用来显示自动售票机状态，如正在售票和暂停服务等的装置。

3. 硬币回收模块是硬币处理单元附带的硬币回收系统，一般安装在硬币处理单元的下方，由防堵到位开关、硬币回收钱箱和到位开关组成。

4. 主控单元负责运行控制软件，完成车票处理、现金处理显示、数据通信状态监控等功能。

5. 点币箱设有硬币找零，将点币箱插入支架后点币箱自动将硬币清点至相应硬币通道，并在清点完毕（硬币清空）后将计数数字传至硬币模块。

二、单项选择题

1. B　2. B　3. A　4. B　5. C　6. C　7. B　8. D　9. D　10. B

三、多项选择题

1. ABCDE　2. ABCDE　3. ABCDE　4. ABCD　5. ABCD

四、判断题

1. ×　2. √　3. √　4. √　5. √　6. ×　7. √　8. √　9. √　10. ×

五、问答题

1. 自动售票机的运营状态包括哪几种?

答：自动状态有联网运营和单机运营两种情况，通常分正常模式、列车故障模式、进出站忽略模式、时间忽略模式、日期忽略模式和超程忽略模式等多种运营状态。

2. 画出自动售票机交易的基本处理流程图。

答：见本书自动售票机交易基本处理流程图。

3. 如何操作发卡模块?

答：①按正确方向将票箱卡口扳开。

② 单手握住票箱向上提。

③ 松开票箱卡扣，使其自动复位。

④ 插入票箱，也是先将票箱卡扣扳开，放入票箱，然后松开票箱卡扣，卡扣自动复位，将票箱“抱住”。

注意： 放置票箱时，一定要按上端多出的尖端靠近门的方向放置，如果票箱方向放反，则刮票刮不出。

4. 自动售票机一般由哪些部件组成?

答：自动售票机外结构包括乘客状态显示屏、纸币投入口、乘客显示屏（触摸）、储值卡投票口、硬币投币口、乘客操作指南、取票口/取币口/退币口。

自动售票机内结构包括主控模块（ECU）、纸币处理模块、纸币找零模块、硬币模块、单程票处理模块、打印机、电源模块、维修面板和 UPS。

5. 简述打开自动售票机的步骤。

答：①打开 TVM 总电源控制模块开关（断路器）。

② 打开 UPS 后备电源。

③ 打开电源控制箱开关。

④ 打开工控机。

单元五 半自动售票机（BOM 设备）

一、名词解释

1. 半自动售票机又名票房售票机或人工售票机，采用人工方式完成票务处理、车票发售、加值、车票分析、退票及其他票务服务。

2. 票卡发售模块用于发售单程票，桌面读写器用于分析乘客需要处理的车票信息，也可以用于发售车票。

3. 充值是打开充值界面，将一卡通放置外置读卡器上，然后输入充值金额，或点击相应的常用快捷金额，输入实收金额确认后即可完成充值，乘客显示屏上将提示充值金额，以及当前卡内余额。

4. 补票只针对单程票，当单程票无法进出闸机时需在这里做相应处理，打开补票界面，把单程票放在读卡器上查看当前卡内信息，并分析结果得知需做哪些操作，选择补票原因，输入相应的实收金额，确认即可。

5. 车票分析是查看一卡通内信息，达到分析车票的作用，在交易信息栏里可以看到历史查询信息记录。

二、单项选择题

1. B　2. B　3. B　4. D　5. B　6. A　7. D　8. C　9. A　10. A

三、多项选择题

1. CD　2. ABCD　3. AB　4. ABC　5. ACD　6. CD　7. ABCD　8. ABC

四、判断题

1. ×　2. √　3. ×　4. √　5. √　6. ×　7. ×　8. ×　9. √　10. ×

五、问答题

1. 简述 BOM 的硬件组成及功能。

答：BOM 通常由主控单元、乘客显示器、票卡发送装置、读写器与天线、键盘与鼠标、机身、电源模块、支持软件等部件组成。采用人工方式完成票务处理、车票发售、加值、车票分析、退票及其他票务服务。

2. 简述售票界面发售单程票的操作步骤。

答：选择车票类型→选择线路→选择车站→选择张数（默认是一张），价格是单张票价格，应收金额为单张票金额乘以张数，最后输入实收金额，当实收金额大于应收金额时，确认按钮就会激活，确认后 BOM 即会卖票。

3. 简述售票界面发售一卡通（储值票）的操作步骤。

答：把一卡通放在外置读卡器的刷卡位置上，可看到当前的车票信息，如果本卡无效，则会有相应的提示，有效则输入相应的充值金额以及实收金额，确定后即可完成售票操作。这里一卡通是有押金的（有默认值）。若充值完成可以看到充值完成后卡内的信息。乘客显示屏也会显示相应的提示。

4. 简述在 BOM 上进行一卡通充值的基本流程。

答：打开充值界面，将一卡通放在外置读卡器上，然后输入充值金额，或点击相应的常用快捷金额，输入实收金额，确定后即可完成充值，乘客显示屏上将提示充值金额，以及当前卡内余额。

5. 使用 BOM 应用软件完成退票操作处理。

答：对于单程票，如果在本站买的票，且在有效期内则可在本站进行退票，退还卡内的余额给乘客，如果是不在有效期内的单程票，则回收票卡且不予退还余额；对于储值卡，根据上笔交易的情况、卡内金额、卡内押金来确认该退还乘客多少钱。

6. BOM 应用软件的一级菜单中有哪些功能？

答：BOM 软件一级菜单的功能有售票、充值、补票、退票、更新、车票分析、抵消、运营查询、维护、暂停和签退等。

单元六　自动检票系统

一、名词解释

1. 自动检票机：闸机是一种通道阻挡装置，用于管理人流并规范行人出入。其最基本最核心的功能是实现一次只通过一人，可用于各种场合的出入口。

2. 箱体：保护机芯和控制模块等内部部件，并起到支撑作用。

3. 拦阻体：在不允许行人通过的时候起阻拦作用，允许行人通过时会打开放行，一般以门或拦杆的形式实现。

4. 检票机工作模式：检票机具有有多种工作模式，可以满足正常运行和降级运行模式下的控制要求。

5. 双向模式：付费区的乘客可在本模式下出站，非付费区内的乘客可在本模式下进站，付费区或非付费区刷卡感应处为了避免乘客两端刷卡引起的纠纷，检票机设计有防冲突功能，即在同一时刻，双向检票机只有一端允许乘客通行，当一端有乘客使用时，在乘客未通过前，另一端拒收车票并显示请让对方先通过，并显示交易成功的一方通过通道，直至乘客通过后，另一端才允许刷卡检票。

二、单项选择题

1. A　2. A　3. B　4. B　5. A　6. C　7. D　8. C

三、多项选择题

1. ABCDE　2. ACE　3. CE　4. ABCDE　5. ABCDE

四、判断题

1. ×　2. ×　3. √　4. √　5. ×　6. ×　7. ×　8. ×　9. √　10. √

五、问答题

1. 简述三辊闸的优点。

答：能够非常有效地实现单次单人通行，即一次只能通过一人，安全性和可靠性都比较高；成本较低；防水防尘能力较强，对环境的适应性很强，适用于室外和室内。

2. 闸机如何进行断电保护？

答：当断电在3min内恢复供电时，检票机将正常工作；当断电超过3min时，检票机完成最后一笔交易记录，同时保存交易数据和设备数据，然后检票机将自动关闭；恢复外接供电后，检票机需要手动启动。

3. 简述自动检票系统的进出站操作。

答：进站：选择通道；在刷卡区刷卡；迅速通过。

出站：选择通道；投入车票；迅速出站。

4. 简述自动检票机的主要组成部分。

答：工业级计算机，读写器及天线，通道阻挡机构，出站单程票回收装置，乘客显示器，方向指示器，警示灯及语音扬声器，通道传感器，维护面板，电源，机身和软件。

5. 简述自动检票机车票读写故障的排除方法。

答：①检查连接读卡器的通信线、电源线是否松动，若松动则拔下重新进行安装。

② 利用专用工具检查连接读写器的射频线（通信线）是否良好，如通信故障，则直接更换射频线。

③ 检查读写器，更换一个好的读写器再进行调试。

④ 进行检票测试，如果检票正常则故障清除。

⑤ 复位自动检票机。

⑥ 正常运营自动检票机。

单元七　运营辅助设备

一、名词解释

1. 票卡清点机：通过发卡、计数、输送、集卡等步骤完成票卡的清点。它主要由机体部分、发卡机构、防双票机构、光感计数通道、票卡回收箱、LED显示屏和操作面板七部分组成。

2. 防双票机构：由票卡分离机构和防双票挡板组成，票卡分离机构负责将票卡分离，防双票挡板限制单张票卡通过，以保证计数通道不会有双票产生。

3. 点钞机：一种自动清点钞票数目的机电一体化装置，一般带有伪钞识别功能和计数、辨伪钞票功能。

4. 分拣功能：编码分拣机可以按照事先制定的分拣规则对车票进行分拣，并按照制定的票箱存放分拣后的票。在分拣过程中，对出现校验异常的票将被存放在废票箱中。

5. 票卡清洗机：对标准尺寸票卡具有洗涤、去污、消毒、烘干和计数等功能。通过分发入卡、洗涤、漂洗消毒、干燥、输送集卡等步骤完成票卡的清洗。

二、单项选择题

1. A　2. B　3. C　4. B　5. D　6. A

三、多项选择题

1. ABCD　2. ABCD　3. ACE　4. BCE　5. ABCDE　6. ABCDE

四、判断题

1. ×　2. ×　3. √　4. ×　5. √

五、问答题

1. 简述票卡清点机的组成部件。

答：机体部分；发卡机构；防双票机构；光感计数通道；票卡回收机构；LED 显示屏；操作面板。

2. 票卡清点机的常见故障有哪些？

答：①LED 无显示；②故障红灯点亮；③运行速度下降或出卡不顺；④立卡或飞卡。

3. 简述纸币清点机的常见故障。

答：①开机后无显示；②开机后出现故障提示码；③计数不准；④荧光鉴伪不报警或检伪灵敏度降低；⑤启停方式失灵。

4. 编码分拣机的维护内容有哪些？

答：①日常维护包括整机、分拣机体内、传输装置及刮卡模块。

② 周期维护包括触摸屏、工控机、打印机、电源。

③ 年维护包括传输装置及刮卡模块。

5. 简述洗卡操作的三个阶段。

答：预备工作；洗卡工作；结束工作。

参考文献

[1] 鹿国庆. 城市轨道交通概论 [M]. 北京：中央广播电视大学出版社，2014.
[2] 石瑛. 城市轨道交通客运组织 [M]. 北京：中央广播电视大学出版社，2014.
[3] 何静. 城市轨道交通运营管理 [M]. 北京：中国铁道出版社，2007.
[4] 李建国. 城市轨道交通系统概论 [M]. 北京：机械工业出版社，2012.
[5] 徐新玉. 城市轨道交通运营管理规章 [M]. 北京：人民交通出版社，2013.
[6] 于涛. 城市轨道交通票务管理 [M]. 北京：人民交通出版社，2011.
[7] 姜家吉. 城市轨道交通车站设备 [M]. 北京：中央广播电视大学出版社，2010.
[8] 李兆友，王健. 地铁与城市 [M]. 沈阳：东北大学出版社，2014.
[9] 刘婉玲. 城市轨道交通运输设备 [M]. 成都：西南交通大学出版社，2010.